U0932474

本研究系教育部人文社会科学基金项目：“我国货币错配的动态特征、福利效应与最优汇率政策选择研究（15YJC790107）”与国家社科基金一般项目：“人民币国际化的测度、福利效应与策略选择研究（16BJL092）”研究成果

我国货币错配的特征、效应与汇率政策选择研究

王　凯　著

陕西新华出版传媒集团
陕 西 人 民 出 版 社

图书在版编目（CIP）数据

我国货币错配的特征、效应与汇率政策选择研究／王凯著.
—西安：陕西人民出版社，2022.3
ISBN 978-7-224-14377-5

Ⅰ.①我… Ⅱ.①王… Ⅲ.①货币政策—研究—中国
Ⅳ.①F822.0

中国版本图书馆 CIP 数据核字（2022）第 028292 号

我国货币错配的特征、效应与汇率政策选择研究

作　者 王　凯
出版发行 陕西新华出版传媒集团　陕西人民出版社
（西安市北大街 147 号　邮编：710003）
印　刷 广东虎彩云印刷有限公司
开　本 787 毫米×1092 毫米　1/16
印　张 14.25
字　数 220 千字
版　次 2022 年 3 月第 1 版
印　次 2022 年 3 月第 1 次印刷
书　号 ISBN 978-7-224-14377-5
定　价 68.00 元

目　录

1　引言 …… (1)

1.1　研究背景和研究意义 …… (1)

1.1.1　研究背景 …… (1)

1.1.2　理论价值和实践价值 …… (3)

1.2　研究方法和可能的创新之处 …… (4)

1.2.1　研究方法 …… (4)

1.2.2　可能的创新之处 …… (6)

1.3　研究思路及研究内容 …… (6)

1.3.1　研究思路 …… (6)

1.3.2　研究内容 …… (7)

2　相关理论及文献述评 …… (9)

2.1　国外相关理论及文献述评 …… (9)

2.1.1　货币错配相关理论 …… (9)

2.1.2　国外货币错配相关文献述评 …… (25)

2.2　国内文献述评：基于知识图谱的视角 …… (30)

2.2.1　数据及方法说明 …… (30)

2.2.2　研究主体分析 …… (31)

2.2.3　研究热点分析 …… (37)

2.2.4　知识基础分析 …… (39)

2.2.5　小结 …… (45)

3　我国货币错配的特征分析 …… (47)

3.1　我国货币错配的程度测算及特征 …… (47)

3.1.1　货币错配的主要量化指标 …… (47)

3.1.2 我国货币错配的程度测算 …………………………… (52)
3.1.3 我国货币错配的动态特征 …………………………… (56)
3.2 我国货币错配的成因分析 …………………………… (59)
3.2.1 外部原因 …………………………… (59)
3.2.2 内部原因 …………………………… (60)
3.3 我国货币错配的影响分析 …………………………… (74)
3.3.1 影响货币政策的独立性 …………………………… (74)
3.3.2 产生逆资产负债表效应 …………………………… (74)
3.3.3 加剧金融体系的脆弱性 …………………………… (75)
3.3.4 制约汇率制度的灵活性 …………………………… (76)
4 我国货币错配的效应分析 …………………………… (79)
4.1 货币错配对我国经济增长影响的实证分析 …………………………… (79)
4.1.1 理论机制 …………………………… (79)
4.1.2 模型设定及数据说明 …………………………… (80)
4.1.3 实证分析 …………………………… (90)
4.1.4 小结 …………………………… (99)
4.2 货币错配对我国货币政策影响的实证分析 …………………………… (100)
4.2.1 理论机制和典型事实 …………………………… (101)
4.2.2 模型设定及数据说明 …………………………… (106)
4.2.3 实证分析 …………………………… (113)
4.2.4 小结 …………………………… (121)
5 缓解我国货币错配的汇率政策选择：人民币国际化 …………………………… (123)
5.1 人民币国际化的现状分析 …………………………… (123)
5.1.1 人民币加入 SDR …………………………… (123)
5.1.2 人民币跨境结算业务的发展 …………………………… (128)
5.1.3 主要离岸人民币市场发展 …………………………… (132)
5.1.4 人民币货币互换的发展和全球清算系统建设 …………………………… (140)
5.2 人民币国际化进程中风险识别的实证分析 …………………………… (146)
5.2.1 理论机制 …………………………… (146)
5.2.2 模型设定及数据说明 …………………………… (150)

5.2.3　实证分析 …………………………………………………………… (161)
5.2.4　小结 ……………………………………………………………… (172)
5.3　人民币国际化的困境与挑战分析 …………………………………… (173)
5.3.1　人民币跨境贸易结算失衡，国际储备占比较低 …… (173)
5.3.2　人民币资本项目尚未实现完全可兑换 ……………… (174)
5.3.3　人民币国际化问题中的“特里芬难题” …………… (178)
5.3.4　外部环境更加严峻，国际霸权货币的抵制 ………… (179)
5.3.5　离岸人民币市场有待深化发展 ……………………… (182)
5.4　人民币国际化的政策建议 ………………………………………… (184)
5.4.1　主要货币国际化的经验比较 ………………………… (184)
5.4.2　人民币国际化的政策建议 …………………………… (194)
6　结论 ……………………………………………………………………… (203)
参考文献 …………………………………………………………………… (205)

1 引言

1.1 研究背景和研究意义

1.1.1 研究背景

货币错配是经济全球化下发展中国家普遍面临的经济金融现象。在开放经济条件下，以美元和欧元为关键货币的国际货币体系，使得发展中国家不可避免地要面对货币错配。所谓货币错配（Currency Mismatch）是指经济行为主体（政府、金融企业、非金融企业或家庭）进行国际经济交往时，由于其资产和负债、收入和支出使用不同的货币来计值，当汇率发生变动时，其资产和负债、收入和支出会受到影响的经济现象。货币错配可以分为债权型和债务型两类，当一国（包括官方与非官方部门）所拥有的外币资产小于需要偿付的外币负债时，该国属于债务型货币错配；反之，一国的外币资产大于外币负债时，或者说，拥有以外币计值的净债权时，该国属于债权型货币错配。存在债务型货币错配的经济主体，一般对外持有净负债，其形成的外汇敞口容易受到本币的贬值而产生恶化，外汇敞口在汇率贬值时将通过资产负债表来加大经济主体的外债负担，这表现为经济主体对外债务的本币计价有所上升，使经济主体的财务状况恶化，相应净值下降，影响其融资和投资能力，并影响经济主体经营的稳定性。存在债权型货币错配的经济主体，一般对外持有净资产，其形成的外汇敞口容易受到本币的升值而产生恶化，外汇敞口在本币升值时将通过资产负债表形式，使经济主体持有的净资产发生缩水，这表现为对外资产的本币计价有所下降，进一步恶化经济主体的财务状况，降低经济主体的净值，进而影响相应的融资和投资能力，最终影响其经济的稳定性。

20 世纪 90 年代后，货币错配问题引起了国外学者们的高度重视，因为一些发展中国家所发生的多次金融危机，表现出一些与以往金融危机不同的新特点，学者们从这些经济主体资产负债表中的货币错配角度研究了危机爆发的原因，结果显示货币错配是这些国家发生金融危机的一个重要原因，正如 Allen（2002）所发现的，“几乎所有的危机都伴随着货币错配”。这种货币错配是以过度借外债为核心的负债型货币错配，学者们从不同角度对货币错配的引致原因进行研究，提出了多种理论假说，比如原罪论、高储蓄两难论、债务不耐和偏执论等。Eichengreen & Hausmann（2003）提出“原罪论”（Original Sin Hypothesis），由于发展中国家所普遍存在“先天不足”的“原罪”问题，使得这些国家集聚着较为严重的货币错配风险。Mckinnon（2004）提出“高储蓄两难综合症”，具有高储蓄“优点”的国家通常会出现国际收支经常项目顺差，成为国际净债权国，而任何无法以本国货币提供信贷的国家都将出现货币错配问题。Reinhart，Rogoff & Savastano（2003）提出“债务不耐论”，发展中国家因为其自身经济实力的限制，存在“债务偏执”倾向，外债承受能力较弱，使得发展中国家往往借债过多，债务偏执程度直接决定了一国货币错配的程度。既然，货币错配问题是广大发展中国家的“原罪”，是使用外币进行计价结算所面临的不可避免的问题。那么，货币错配问题是否会始终困扰着广大发展中国家呢？当然不是。美国就不存在货币错配问题，即使存在，其影响也是微乎其微的。因为美元是国际化货币，美国企业在贸易和投资过程中用本币结算，债权债务基本上也都以本币计价，可以说不存在货币错配现象，即使美元汇率波动也不会对其造成较大影响。所以，规避货币错配的一个途径就是在国际交往中使用本币计价结算，所积累的债权债务也都用本币计价。

作为货币尚未国际化的发展中国家，外部经济不平衡使得中国存在严重的债权型货币错配，一个突出的特征是高额的外汇储备，我国外汇储备经历了一个由少到多的积累过程，2000 年仅为 1656 亿美元，到 2005 年快速增长到 8188 亿美元，2006 年 2 月超过日本成为世界第一大外汇储备国，2009 年底突破 2 万亿美元，2011 年年底突破 3 万亿美元，2014 年 6 月达到 3.99 万亿美元的历史最高点；截至 2020 年 6 月底，我国的外汇储备规模已高达 31123 亿美元，外债余额为 21324 亿美元，外债规模明显小于外汇储备规模。外汇储备具有保障对外清偿能力、提升国际信誉的重要作用，是反映一国经济实力的重要指标，然而外汇储备并不是越多越好，过多的外汇储备可能导致宏观经济效率损失，使央行资产负债结构失衡，人民币升值压力增大，加剧债权型货币错配风险等。

对我国来说，人民币非国际货币是造成我国货币错配最根本的原因。人民币国际化是破解近年来困扰我国的货币错配难题的根本举措。推动人民币国际化是我国货币战略的一个中长期目标，自 2009 年 7 月人民币国际化进程正式开始启动的十多年来，人民币国际使用稳步发展，国际货币地位不断提升。特别是党的十八大以来，人民币加入特别提款权（SDR），人民币国际化再上新台阶，人民币支付货币功能不断增强，投融资货币功能持续深化，储备货币功能逐渐显现，计价货币功能进一步实现突破，人民币继续保持在全球货币体系中的稳定地位。截至 2020 年 6 月，在基于金额统计的全球支付货币排名中，人民币上升一位至全球第五大最活跃货币的位置，占比 1. 76%；与 2020 年 5 月相比，人民币支付金额总体增加了 14. 15%。

1.1.2 理论价值和实践价值

（1）理论价值

本书以新开放经济的宏观经济学为分析视角，从理论的角度阐明货币错配与最优汇率政策选择的协同关系及作用机理，尝试构建一个完整的分析框架，建立系统的货币错配测度方法，以期有助于丰富货币错配理论及汇率政策理论和研究范式。

（2）实践价值

货币错配程度的加深导致内部均衡目标与外部均衡目标的冲突，使得外部均衡目标更难实现，给我国宏观经济政策造成较大压力，影响到宏观经济的稳健运行：外汇储备急剧增加、人民币升值压力加大、通货膨胀压力等，而且通过资产负债表效应对微观经济主体产生较大影响。货币错配研究为研究汇率风险提供了一种新的视角，对于预警控制货币错配风险和汇率风险，人民币国际化的推进及人民币汇率制度改革具有一定的实践意义。

1.2 研究方法和可能的创新之处

1.2.1 研究方法

（1）规范分析

运用规范分析的方法，分析我国货币错配产生的原因和货币错配的影响，货币错配对经济增长和货币政策影响的理论机制；人民币国际化的现状及困境、人民币国际化的路径选择等。

（2）实证分析

实证分析是从某些前提和经验事实出发，对现实问题和现象进行分析，找出经济变量之间的相互关系，发现其内在规律。实证分析强调对事实的描述和陈述，说明事实“是什么”。在实证研究部分，强调数据可靠、方法实用、手段先进的原则，运用前沿的计量经济学方法。所用的计量软件包括Matlab、OxMetrics 6.0、Eviews、Winrats、Stata等。

运行时变参数结构向量自回归模型（TVP－VAR）对我国货币错配的经济效应进行实证检验。传统向量自回归模型（VAR）假定系数和随机扰动项的方差具有非时变性，然而在现实生活中，经济结构、制度政策等经济变量会随着时间推移发生结构性变化，VAR模型在现实应用中具有很大的局限性。TVP－VAR模型假定待估系数和随机扰动项的方差协方差矩阵都是时变的，参数的时变性能够反映模型中变量之间持续变化影响的特征，而且TVP－VAR模型中的随机波动不仅能够控制模型中的异方差，还能够捕捉模型中可能存在的非线性效应，对宏观经济现象的解释更为合理。

运用非线性格兰杰因果检验对人民币国际化进程中的风险进行识别。传统格兰杰因果检验作为一种计量方法已经被经济学家们广泛使用，然而，近年来非线性领域的最新研究相继表明，传统格兰杰因果检验方法考察的是变量间的线性因果关系，它可能因忽略实际存在的非线性因果关系而导致结论出现显著偏差。而金融时间序列数据大多变动比较剧烈，具有显著“尖峰厚尾”非线性的特点，并非总是呈现简单的线性变化趋势，更有可能存在非线性动态变化趋势。有鉴于此，借鉴Hiemstra & Jones（1994）与Diks & Panchenko（2006）提出的非线性Granger因果检验方法，通过构建非参检验统计量，运用非线性格兰杰因果检验识别人民币国际化与国际金融市场的报酬溢出效应。

采用 DCC - MVGARCH - BEKK 模型揭示人民币国际化与国际金融市场的动态时变联动特征。一般宏观经济数据相比，金融市场数据之间的相关系数不是固定不变的，而是具有随着时间变化而变动的特征，忽视动态性特征容易对市场参与者和监管者的决策和判断造成误判，采用 DCC - BEKK - MVGARCH 模型分析人民币国际化和国际金融市场的波动溢出效应，就国际金融市场对人民币国际化的风险传染效应进行实证检验。

（3）历史分析和逻辑分析相统一

实践是理论的基础，理论研究的深入总是要依附于历史实践的基础，只有理清事物发展的规律性，才有认识事物的本质和运动规律的可能性。在人民币国际化的现状和对策分析部分，将历史分析法和逻辑分析法统一起来，比如，通过对比中国香港离岸人民币市场、中国台湾、伦敦、新加坡、美国的离岸人民币市场格局情况，以及与之相关的经济政策研究。对美元、英镑、日元和欧元等主要货币国际化的经验进行对比，货币国际化是一个由低级到高级循序渐进的过程，历史上英镑、美元、日元、德国马克等货币最初都是伴随着经济的持续高速增长和贸易额的增加而国际化，但是只有美元和英镑彻底实现了国际化，尝试通过历史分析和逻辑分析相统一为人民币国际化的推进提供经验借鉴。

（4）文献计量法

科学知识图谱（Mapping Knowledge Domains）是近年来科学计量学、信息计量学等领域比较新兴的研究方法，通过显示知识单元或知识群之间的网络、结构、互动、交叉、演化或衍生等诸多隐含的复杂关系，能揭示知识来源及其发展规律。科学知识图谱的绘制主要包括引文分析、共词分析和共被引分析。为了准确全面地分析我国货币错配错配领域的研究现状和研究热点，选取信息可视化软件 Bicomb2、VOSviewer 作为分析工具，对 CNKI 数据和 CCSCI 数据库中的货币错配相关文献进行可视化分析，绘制我国货币错配研究的知识图谱，包括作者共现图谱、作者共被引图谱、期刊共被引图谱、文献共被引图谱、关键词共现图谱以及关键词共现密度视图等，以揭示我国货币错配领域的研究主体、研究基础和研究热点等。

1.2.2 可能的创新之处

（1）研究视角的可能创新，关注债权型货币错配问题

国外已有文献主要集中在对以净外币负债为特点的债务型货币错配问题的研究，针对以净外币资产为特征的债权型货币错配研究则相对不足。20世纪90年代以来，我国经济内外部的失衡日益严重，由于人民币不是国际储备货币，使得我国陷入了“货币错配”“高储蓄两难”和“国际收支失衡”的动态“恶性三角循环”困境。而且具有与国外所普遍研究的净外币负债形态的货币错配不同的特点，我国面临的货币错配问题主要表现为外币资产头寸的持续积累和货币错配风险结构的不同，呈现为一种净外币资产为正的独特形态，面临本币大幅升值而引致的风险，传统理论难以对之做出准确的解释。

（2）研究方法的可能创新

本研究属于理论导向型的质性（qualitative methods）和量化（quantitative methods）相结合研究，即先建构后实证的多元整合研究。运用大量理论模型和计量方法，客观、动态、科学地探索货币错配对我国经济增长的影响、货币错配对我国货币政策的影响、人民币国际化的风险等。

（3）尝试测算我国货币错配程度，揭示其动态特征

如何准确测算货币错配的程度？目前对于我国货币错配的研究很大一部分是停留在理论阶段，如何准确量化，具有一定挑战性。解决货币错配问题的重要前提必须对其有相对准确的测度，在货币错配风险超出可容忍的范围时及时给出预警信号，避免货币错配风险的过度累积所造成的效率损失。采用Goldstein & Turner（2004）提出的实际货币错配总额指标（Aggregate Effective Currency Mismatch，AECM）测量了我国货币错配的程度。

1.3 研究思路及研究内容

1.3.1 研究思路

紧紧围绕三大核心问题：如何测算我国货币错配的程度，呈现什么特征？货币错配存在哪些经济损失？如何缓解货币错配？主要沿着“我国货币错配的程度测算—货币错配的经济效应—缓解我国货币错配的最优汇率政策选择：人民币国际化”思路展开研究（见图1－1）。按照“理论分析—

实证支持—结论建议”的研究范式依次展开，在现有的经济理论基础上进一步拓展研究，同时辅以大量数据、图表和模型等加以分析，考虑到理论分析能够使研究更具有可信度，实证分析能够使研究更具有实际参考价值，尽量用“数据说话”，使得研究更具有针对性和可信性，结论更具有科学性。

1.3.2 研究内容

第一章为“引言”，第一节为研究背景及研究意义，第二节为研究方法和可能的创新之处，第三节为研究思路和研究内容。

第二章为“相关理论及文献述评”。第一节阐述了国外货币错配的相关理论和相关文献。第二节，基于文献计量学的视角，利用 VOSviewer 软件绘制知识图谱，对国内货币错配的研究现状进行可视化分析。

第三章为“我国货币错配的特征分析”。主要关注问题是：如何量化我国货币错配的程度？呈现什么样的动态特征？我国货币错配的成因是什么？货币错配有哪些影响？第一节测算了我国货币错配的程度，揭示动态特征。第二节分析了我国货币错配的成因，包括内部原因和外部原因。第三节分析了我国货币错配的影响。

第四章为“我国货币错配的效应分析”。一方面，货币错配对一国的宏观经济具有“双刃剑”效应，巨额净外币资产形式的货币错配的正面影响主要表现在增强了我国应对外部冲击所带来的金融风险的能力，有利于维护我国金融安全，提高我国的经济地位和人民币的国际影响力。然而，另一方面，货币错配制约了我国经济增长和货币政策的独立性。采用 TVP - VAR 模型实证检验了我国货币错配的经济效应，第一节为货币错配对我国经济增长影响的实证分析，第二节为货币错配对我国货币政策影响的实证分析。

第五章为“缓解我国货币错配的汇率政策选择：人民币国际化”。与大多数新兴市场国家缓解货币错配约束的路径不同的是，我国具备从根本上缓解货币错配问题的经济实力和货币地位，即人民币国际化，通过人民币成为国际结算、投资与储备货币，人民币国际化是解决我国在国际货币分工体系中面临被动地位的根本选择，当人民币成为国际货币的时候，以本币借外债就完全可以避免债权型货币错配所导致的“原罪”问题。目前，人民币国际化发展到什么阶段？人民币国际化的进程中是否存在风险和挑战？今后的推动措施是什么？第一节为人民币国际化的现状分析；第二节为人民币国际

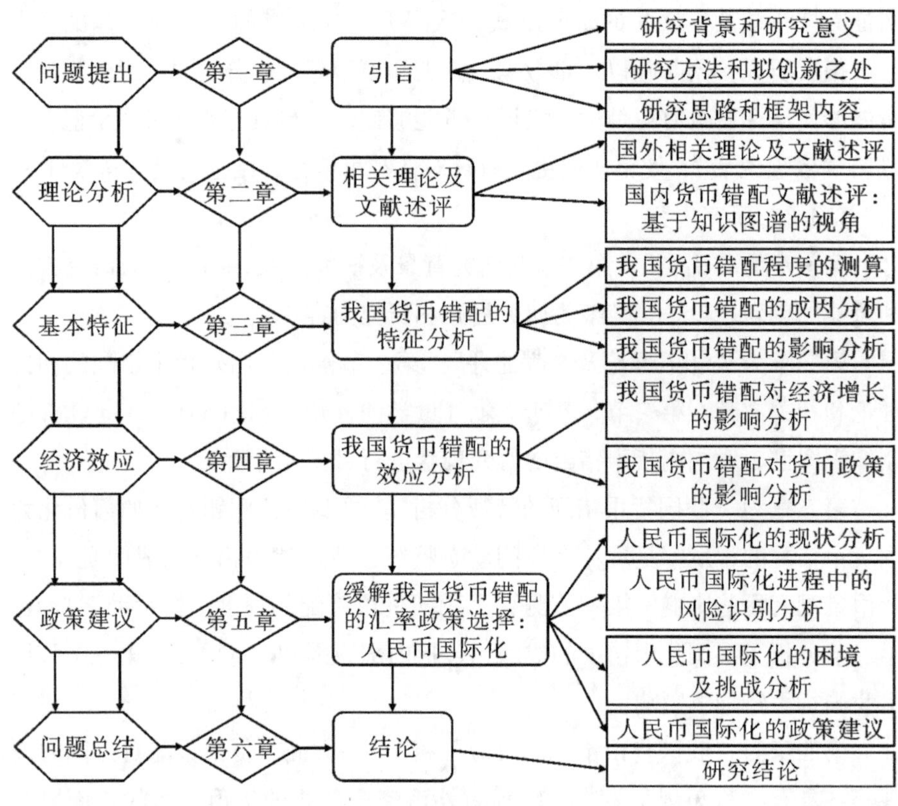

图 1－1　章节框架

化进程中风险识别的实证分析；第三节为人民币国际化的困境与挑战分析；第四节为人民币国际化的政策建议。

第六章为“结论”。

2 相关理论及文献述评

2.1 国外相关理论及文献述评

2.1.1 货币错配相关理论

(1) 货币错配的内涵

货币错配最早出现在 Cooper (1971) 对主权债务币种结构的研究中，而对货币错配的普遍关注，则是在 20 世纪 80 年代拉美债务危机和 20 世纪 90 年代亚洲金融危机，之后，学术界对"货币错配"问题的研究不断深化。Eichengreen & Hausmann (1999) 在分析新兴市场国家的金融脆弱性时，提出了"原罪"假说。"原罪"是指这样一种情形：本国货币不能被用于从国外借款甚至不能被用于国内的长期借款，在这种不完善的情形下，金融体系的脆弱性不可避免，因为所有的国内投资，如果不是货币错配，就是期限错配。由此，Eichengreen & Hausmann 正式提出了"货币错配"这一概念。显然，在 Eichengreen & Hausmann (1999) 看来，"货币错配"是指发展中国家的债务以外国货币计值而未来收入流以本国货币计值，由此而导致的计值货币不相匹配的现象。在此基础上，Eichengreen, Hausmann & Panizza (2003) 将"货币错配"定义为：家庭、公司、政府和整个经济体的资产负债表中以外币计值的资产与负债在价值上的不同。Magud (2004) 对货币错配的定义与 Eichengreen & Hausmann (1999) 基本一致，他也认为货币错配是指债务与未来收入的计值货币之间的不一致现象。

Goldstein & Turner (2004) 对"货币错配"的概念进行了拓展和深化，他们在定义"货币错配"时将资产和负债、收入与支出的计值货币与汇率变动之间的关系联系起来，认为："在一个权益实体的净值或净收入（或二者兼而有之）对汇率的变动非常敏感时，就出现了货币错配，从存量的角度看，货币错配指的是资产负债表（即净值）对汇率变动的敏感性；从流量的角度看，货币错配则是指损益表（净收入）对汇率变动的敏感性。净值/净收入对汇率变动的敏感性越高，货币错配的程度也就越严重”。Goldstein & Turner（2004）对“货币错配”定义强调了当经济行为主体（家庭、企业、金融机构或政府部门）的资产/负债存量、收入/支出流量使用了不同的货币来计值时，汇率变动给经济主体造成的损益以及由此而导致的影响（羌建新，2014）。综上所述，可将货币错配定义为：在开放经济条件下，经济行为主体的家庭、企业、金融机构、政府部门乃至整个国家在对外经济交往中，由于其资产与负债、收入与支出分别使用不同的货币：本币或者外币来计值，由此当汇率发生变化时，其资产与负债、收入与支出受到影响的情况（梅冬州、龚六堂，2011）。

（2）货币错配的分类

第一，负债型货币错配与资产型货币错配。从货币错配的定义可知，它是由经济行为主体的资产负债表中资产、负债的计值货币不一致而引发的（Prat，2007；Ranciere，Tornell & Vamvkidis，2010；贺力平、林娟，2011；金祥义、张文菲，2019）。当经济行为主体资产负债表中的外币资产小于外币负债，或者经济行为主体的资产负债表中存在外币净债务时，该经济行为主体面临的是负债型货币错配，也称之为债务型货币错配或“负”货币错配，主流经济学文献中研究的货币错配大多是指这种类型的“标准”货币错配。当经济行为主体资产负债表中的外币资产大于外币负债，或者经济行为主体的资产负债表中存在外币净资产时，该经济行为主体面临的是资产型货币错配，也称之为债权型货币错配或“正”货币错配。

在负债型货币错配与资产型货币错配下，经济行为主体都会面临由于汇率变动而导致的风险，但是，在这两种类型的货币错配下，经济行为主体所面临的汇率变动风险的方向是不同的。在负债型货币错配下，经济行为主体面临的风险主要来自本币贬值所导致的债务负担加重，本币贬值会导致外币债务折合成本币后的价值上升，而与此同时本币资产价值则保持不变，估值效应会使经济行为主体的净外币债务负担加重，从而导致其财务状况恶化，进而对经济造成冲击，甚至可能会引发货币危机与金融危机。大量的研究表明，严重的负债型货币错配是20世纪90年代以来新兴市场国家所爆发的一系列金融危机，如1994—1995年的墨西哥比索危机、1997—1998年的东亚金融危机、1998年巴西金融动荡、1998年俄罗斯金融危机、2001年土耳其金融危机、2001年阿根廷金融危机等的重要诱发因素（贺力平、林娟，2011；羌建新，2014）。

在资产型货币错配下，经济行为主体面临的风险主要来自本币升值所导致的资产价值缩水，本币升值会导致外币资产折成本币后的价值下降，而与此同时本币负债的价值则保持不变，估值效应会使得净外币资产出现缩水，从而导致其财务状况恶化，进而对经济造成冲击，甚至会出现严重程度的经济衰退（梅冬州、龚六堂，2011）。目前多数东亚新兴市场国家，特别是中国、新加坡所面临的主要是资产型货币错配的风险。

第二，宏观层面货币错配与微观层面货币错配。根据货币错配存在的经济主体的不同，可分为宏观层面货币错配和微观层面货币错配。宏观层面货币错配是指国家或者经济总体的资产负债表中出现由多种货币计值而存在的货币错配，反映了经济总体受汇率波动影响，面临的汇率风险和经济总体金融体系的稳定程度。微观层面货币错配是指企业或金融机构或者政府等非营利性部门在国际贸易和交往中，由于使用了不同种类的货币结算而产生的货币错配，反映了这些微观经济主体受汇率波动影响而面临的收入和资产的变化情况。宏观层面的货币错配和微观层面的货币错配能够相互影响，比如，微观层面货币错配的积累能够引起银行等金融机构的货币错配，并通过银行等金融机构的传导作用，导致经济总体的货币错配，即宏观层面的货币错配。当宏观层面的货币错配程度加剧时，会影响政府的货币政策和财政政策的制定和实行，这直接影响了企业等微观经济部门的经济行为，增加了微观层面货币错配的积累（祝恩扬，2013）。

第三，直接货币错配与间接货币错配。企业或金融机构在其自身的生产等经济活动中，由于使用了外币结算而产生的货币错配属于直接货币错配。间接货币错配是指银行等金融机构自身没有货币错配，但是与其有着业务往来的经济部门的资产和负债的计价货币不匹配现象。当汇率大幅波动时，存在货币错配的部门会面临资产负债状祝恶化，甚至破产的风险，这就使得与之有业务联系的金融机构面临风险。

（3）货币危机相关理论

随着世界经济贸易一体化的快速发展，许多国家放松了金融管制，导致金融危机从区域内向区域外传递。从20世纪90年代开始，金融危机爆发频繁，1992年的欧洲货币危机、1997年的亚洲金融风暴、2007年的全球金融危机等，都对外汇市场甚至全球货币体系造成严重冲击，货币危机理论由Krugman于1979年提出以来不断发展。戈登斯坦与特纳（Goldstein & Turner，2005）指出，基本上所有的货币危机都伴随着货币错配问题。

第一代货币危机模型认为，小国在开放经济条件下，如果采用固定汇率制度则很容易因为国家内外经济失衡而产生内部冲击，政府为了维持内部均衡而必然要放弃外部均衡，当国家的经济基本面和外汇储备不足以维护固定汇率制度的情况下，那么很容易出现外汇储备因维持内部均衡而消耗殆尽，这个时间点就是金融危机爆发的时间点，最终导致固定汇率制度崩溃。第一代危机模型的整个过程就是“不可能三角”的演变过程，因此，必须选择合适的汇率政策、货币政策和财政政策才能够避免危机的发生。

第二代货币危机模型则认为危机的爆发主要来自固定汇率制度的先天不足，使其很容易遭受国际游资的冲击导致自身的内外失衡，当国家维持固定汇率制度成本过高时很容易放弃固定汇率制度，因此在市场预期和政府公信力被质疑的时候，公众的市场行为很容易受到危机预期的传递和扩散，甚至加剧货币危机的损害，投资者因此获利。可以说，第二代货币危机模型实际上也是投机资本与政府主体博弈的结果。因此，选择固定汇率制度，必须对资本市场进行限制或者管制，才可能抵御国际投机资本的侵害（叶冠世，2018）。

第三代货币危机模型的形成基础是1997年的亚洲金融风暴，Krugman（1999）认为前两代货币危机模型不足以完美地解释亚洲金融危机，所以提出了第三代货币危机理论。与第一代货币危机模型的财政扩张要素和第二代危机模型的失业及政府债务要素相比，第三代货币危机模型的核心要素是银行、企业和债权人，该理论将研究重点放在资本流动和货币危机、双货币危机理论和资产负债表方法等方面。可以分成三部分：道德风险论、银行挤兑论、资产负债表多重均衡论。

一是，道德风险论。Mishkin（1999）认为，是市场交易中的信息不对称导致了东南亚金融危机。信息不对称的结果主要有两个：道德风险和逆向选择。道德风险的具体表现是，由于银行与借款人信息存在不对称，借款人对投资项目了解的信息多，而银行了解得少。借款者在获得借款以后，倾向于投资高收益、高风险的项目，项目成功，自身获得高额回报；投资失败，后果有银行共同分担。银行为了防范这种风险，往往提出种种限定性条件，但监督的成本又很高，且未必见效，所以，贷款与投资只能处于次优状态。逆向选择的具体表现是，当市场上存在众多的借款人时，往往信用最差的人能够承受的利率最高，因为他基本不关心还贷，这样会使得整体市场利率上升，于是那些比较谨慎、信用较好的企业就会退出市场，留下的都是信用不好的借款人。作为银行，只能收缩信贷规模，这样便限制了资源的优化配置。在信息不对称的条件下，当道德风险与逆向选择达到一定程度，金融市场的交易就会停止，投资者得不到融资支持，从而导致投资急剧下降，产出减少，大量高风险企业资不抵债，出现财务危机，之后蔓延到其他部门，于是货币危机发生了。

克鲁格曼（Krugman，1998）建立了一个道德风险模型来解释东南亚金融危机。他认为，东南亚国家发生金融危机的原因在于这些国家的金融过度（Financial Excess）、金融脆弱性以及裙带亲缘政治关系。当一国的金融机构可以自由进入国际资本市场时，金融机构容易冒险借入大量外债，并将资金投向证券市场和房地产市场，引发金融泡沫，加剧一国金融体系的脆弱性，引发银行体系的系统性风险。另外，亲缘政治的存在增加了金融过度的程度，主要是在东南亚国家，政府为了优先发展某些产业，对一些大型银行等金融企业和大型企业提供隐性担保，保证在银行或企业出现财务困难时提供财政上的援助，这种隐性担保无疑助长了金融机构和企业的借贷与投资冲动，加剧了银行体系的道德风险。随着外债的增加，国家整体汇率敞口风险越来越大；而由于投资冲动导致的银行呆账的不断增长，使得政府担保难以维系，外资一旦有退出的倾向，这些实行固定汇率制度国家的货币很容易成为国际投机资本的攻击对象，最终引发金融危机。

二是，银行挤兑论。Chang & Velasco（1999，2000）把货币危机解释为银行挤兑的副产品，并沿用 Diamond & Dybvig（1983）的银行危机模型来解释东南亚金融危机。他们指出，由于投资者的恐慌而造成对银行的挤兑，在固定汇率制，且中央银行充当最后贷款人角色的条件下，又会转化为对中央银行的挤兑，有可能引发货币危机。在开放经济条件下，国际投资者由于对新兴市场缺乏充分了解，稍有风吹草动就会影响其投资信心，如预期其他债权人要撤走资金，自身必然也会选择撤资，其结果是短期内快速的集体撤资，迫使金融机构提前清算从而导致危机发生。因此，危机并不是东南亚国家经济政策不当的结果，而是国际资本流动的不稳定性造成的。

三是，资产负债表多重均衡论。艾伦（Allen，2002）等强调政府对贷款的隐性担保和金融机构、政府、企业部门资产负债表上的资产负债币种不匹配、期限不匹配和资本结构不匹配是引发货币危机的原因。克鲁格曼（1999）与 Aghion（2000，2001）等指出，道德风险模型和银行挤兑模型在解释东南亚金融危机时，忽略了微观层面企业部门的资产负债表在决定其投资方面的作用以及资本流动性在影响实际汇率方面的作用，并提出了开放经济条件下的企业资产负债模型。

（4）汇率制度选择相关理论

第一，IMF 汇率制度的分类。汇率制度（Exchange Rate Regime）是一国货币当局对本国汇率形成和变动机制所做出的一系列安排或规定。汇率制度作为汇率的一种基本原则，通常具有普遍适用和相对稳定的特点。根据汇率波动的剧烈程度和频繁程度，可以将汇率制度分为固定汇率制（Fixed Exchange Rate System）和浮动汇率制（Floating Exchange Rate System）两种典型类型。前者指汇率决定于黄金平价，汇率的波动幅度被限制在一定范围内；后者指汇率不受黄金平价限制，取决于外汇市场的供求关系。从历史发展来看，从 19 世纪末至 1973 年，世界主要国家采取的是固定汇率制；从 1973 年以后，则主要采用浮动汇率制。

汇率制度的选择受到众多因素影响，各国根据本国国情和发展阶段采取不同的形式。按照 IMF 分类，汇率制度被分为固定汇率制度、中间汇率制度、浮动汇率制度和其他汇率制度等共 4 大类 10 小类。其中，固定汇率制度包括没有独立法定货币的汇率制度和货币局制度。中间汇率制度是指介于固定汇率和浮动汇率之间的汇率制度，包括传统的固定钉住汇率制度，稳定化的汇率制度、爬行钉住汇率制度、类似爬行汇率制度和钉住平行汇率带汇率制度。浮动汇率制度也称为市场决定汇率，包括浮动汇率制度和自由浮动汇率制度。其他汇率制度也可以称之为“Other managed arrangement”，指既不是固定汇率又不属于浮动汇率的汇率制度。我国被认定的是其他管理汇率制度，美国、德国、日本等世界主要发达国家大都选用自由浮动汇率制度。

表2-1 汇率机制类型

分类	类型	特点
硬钉住	无独立法定货币的汇率安排 exchange arrangement with no separate legal tender	以他国货币作为其法定货币（完全外币化）或成立货币联盟
	货币局 currency board arrangement	用明确的法律形式以固定比率来承诺本币和一特定外币之间的兑换
软钉住	传统固定钉住 conventional pegged arrangement	汇率围绕中心汇率小于上下1%的狭窄范围内波动
	稳定化安排 stabilized arrangement	对单一货币或货币篮子即期汇率波幅保持在2%内
	爬行钉住 crawling peg	本币与外币保持一定的平价关系，但货币当局可以频繁地、小幅度调整平价
	类似爬行安排 crawl-like arrangement	汇率保持在一个2%的狭窄范围内至少6个月
	水平带钉住 pegged exchange rate within horizontal bands	汇率围绕中心固定汇率有至少±1%的波动区间
浮动	浮动 floating	汇率调整可能是非自动的，干预可以直接或间接
	完全浮动 free floating	偶尔干预
其他	其他有管理的安排 other managed arrangement	剩余类别

从IMF对成员国的统计来看，现行的世界各国汇率制度几乎不存在完全没有政府干预的汇率制度，只是政府干预的程度和频度不同。美国、英国、日本等主要发达国家采用的所谓“Free floating”制度，也允许当局在外汇市场条件发生混乱的情况下可以进行有限的干预和调控，绝对的自由浮动只是理论模式。各国现行的汇率制度无非就是对固定汇率或者浮动汇率进行不同程度的变形，很大程度上取决于本国特定的政治、经济等多方面的条件来选择适合自身经济发展的汇率制度（叶冠世，2018）。但从实际来看，我国汇率制度在IMF分类中应该介于“Floating”和“Free floating”之间，既保持了固定汇率制度的价格相对稳定，又包含浮动汇率制度的灵活性，符合我国以市场为基础、保持人民币汇率在合理均衡上的稳定的改革目标要

求。从2005年汇率制度改革以来，央行多次针对人民币汇率形成机制的政策调整和实施的目的，也是为推动人民币汇率制度从“Floating”到“Free floating”而采用的一系列政策措施。

第二，固定汇率制度。固定汇率制包括金本位制下的固定汇率制和纸币流通条件下的固定汇率制度。纸币流通下的固定汇率制度是指第二次世界大战后西方国家根据国际货币基金组织的规定，各成员国要规定金平价，两国货币金平价是固定汇率的基础；这个比价随着外汇市场供求不断波动，波动的幅度不得超过金平价的±1%。两者的共同点是：各国都对本国货币规定了金平价，各国货币的汇率由它们的金平价对比得到；外汇汇率比较稳定，围绕中心率上下波动的汇率的幅度较小。两者之间也有着不同点：

一是，在金本位制度下，固定汇率是自动形成的。因为金本位制规定了各国货币的法定含金量，金币可以自由兑换、自由铸造、自由输出入，这使得汇率的波动幅度不会超过环境输送点。而在纸币流通条件下，固定汇率制度是人为建成的，是通过各国之间的协议达成的，各国货币当局通过虚设的金平价来确定汇率，通过外汇干预或国内经济政策等措施来维持汇率，使它在较小范围内波动。

二是，在金本位制度下，各国货币的法定含金量是始终不变的，从而保障了各国货币间的汇率能保持真正的稳定。而在纸币制度下，各国货币的金平价是可以变动的，国际货币基金组织曾规定，当一国收支出现根本性不平衡时，金平价可以经核准而变更。从这一意义上说，金本位制度下的固定汇率是真正的固定汇率制度，而纸币制度下的固定汇率制度只可称为“可调整钉住汇率制度”（Adjustable Pegging System）。可调整钉住汇率制度由于金平价是虚设的，在一定条件下可以改变，容易引起破坏性的投机活动。例如，假定英镑与美元之间的汇率平价为£1 = $2.00，波动幅度为±1%，即上限为£1 = $2.02，下限为£1 = $1.98。当英国的国际收支逆差已经使英镑汇率下浮至下限，而此时英国国际收支并无好转迹象，投机者会认为英镑贬值将不可避免，于是纷纷卖出英镑。如果正如投机者所料，如果英镑贬值10%，汇率平价变为£1 = $1.8，波动幅度仍为±1%，界限为£1 = $1.782~1.818，投机者通过先卖后买英镑，大约可获利10% [≈（1.98－1.8）/1.98]。即使英镑没有贬值，投机者的损失也是有限的，因为英国货币当局最多将汇率干预维持到原来的汇率上限£ 1 = $ 2.02，那么损失仅为2%左右 [≈ (2.02 - 1.98) /1.98]。在可调整钉住汇率制度下，由于汇率波动的幅度很小，贬值的幅度一般大于波动幅度，这就使得投机者可能获得的收益和损失是不对称的。这导致一定情况下（如国际收支逆差），投机者会沿着同一方向进行投机，最终可能迫使该货币果真沿着该方向贬值。这种单向投机（One - Way Speculalion）的自我实现性对逆差国的外汇储备和经济政策都会造成极大的压力，使本来不必进行的贬值不得不进行，加剧了汇率的不稳定性。

第三，浮动汇率制度。1973 年 2 月后，西方主要工业国纷纷实行浮动汇率制。在浮动汇率制下，一国不再规定金平价，不再规定本国货币与其他国家货币之间的汇率平价，当然也就无所谓规定汇率波动的幅度以及货币当局对汇率的维持义务。但是，浮动汇率制并不意味着货币当局绝不干预外汇市场上的供求关系。

按政府是否干预划分：自由浮动和管理浮动。自由浮动（Free Floating）又称清洁浮动（Clean Floating），是指一国政府对汇率不进行任何干预，汇率完全由市场供求决定。由于汇率的波动直接影响一国经济的稳定与发展，各国政府都不会听任汇率在供求关系的影响下无限制地波动，因此绝对的自由浮动只能是理论上的。现实中即使有，也只是相对的、暂时的，不可能长期存在。管理浮动（Managed Floating），又称肮脏浮动（Dirty Floating），是指一国政府对外汇市场进行干预，以使汇率朝政府目标的方向浮动，这往往不利于对方国家，所以又叫肮脏浮动（雷仕凤，2010）。

按浮动的形式划分：单独浮动和联合浮动。单独浮动（Single Floating）又称独立浮动（Independent Floating），指本国货币不与任何外国货币发生固定联系，其汇率根据外汇市场的供求变化而单独调整变化，如美元、英镑、日元、加拿大元等货币均属单独浮动货币。联合浮动（Joint Floating），又称共同浮动或集体浮动，指由若干国家组成货币集团，集团成员国间的规定货币比价和浮动限制实行固定汇率，而对非成员国则实行同升或同降的浮动汇率安排。如 1973 年 3 月，欧洲经济共同体的成员国联邦德国、法国、比利时、荷兰、卢森堡和丹麦就曾规定，在成员国货币之间实行固定汇率，并规定浮动的界限为货币平价上下各 1.125%，对欧共体外的货币实行联合浮动，并保持对该货币汇率浮动大体一致（张新亚，2009）。

目前世界上各主要工业国所实行的大多是管理浮动，绝对的自由浮动较少。一方面。管理浮动制从长期看可以反映各国经济实力的对比，在一定程度上避免了可调整钉住汇率制缺乏弹性的问题，从而避免了可能导致的破坏性的单向投机活动所带来的经济冲击。然而另一方面，管理浮动制下政府对外汇市场的干预有一定困难，一般来说，有下列几种干预原则可供选择：一是，逆风行事（Leaning Against the Wind）原则。当市场上出现对外汇的超额需求，货币当局就动用外汇储备，增加外汇供给，缓和本币汇率下跌趋势；反之，则吸收外汇，减少外汇供给，缓和本币汇率上升趋势。二是，规定汇率应达到的目标值。但是当干预规模较大时，货币当局有可能会修改或放弃目标。三是，制定一客观指标（如在某一特定时间内对某一方向的干预净额），即当干预达到此限度时，就停止干预，这容易使干预活动功亏一篑。另外，国际货币基金组织对成员国汇率的监督存在严重的信息不对称，很难防止会员国以干预外汇市场为名损害他国利益，破坏国际金融秩序。1978 年生效的《国际货币基金协定第：二次修正案》规定了国际货币基金组织的监督责任，并规定了成员国干预汇率应遵循的原则，即：会员国应避免操纵汇率妨害对国际收支的调节或获取不正当利益；外汇市场出现短期的破坏性波动，各会员国应进行干预；会员国在干预外汇市场时应考虑其他会员国的利益；等等。由于国际货币基金组织对这些原则没有明确规定，对会员国的监督实际上是徒有虚名的。

表 2-2　2016 年 IMF 汇率制度分类及成员国的汇率安排①

大类	小类	数量	国家
硬钉住	没有独立法定货币	14	厄瓜多尔、津巴布韦
	货币局制度	10	保加利亚、格林纳达
软钉住	传统的固定钉住汇率制度	42	伊拉克、委内瑞拉、丹麦
	钉住平行汇率带汇率制度	1	汤加

① 资料来源：*Annual Report on Exchange Arrangements and Exchange Restrictions*. 2016.

续表

大类	小类	数量	国家
软钉住	稳定化的汇率制度	18	新加坡、黎巴嫩、玻利维亚
	爬行钉住汇率制度	3	洪都拉斯、尼加拉瓜、波斯瓦纳
	类似爬行汇率制度	10	克罗地亚、伊朗、牙买加
浮动汇率制	浮动汇率制度	40	阿根廷、韩国、巴西、印度
	自由浮动汇率制度	31	美国、英国、德国、日本、澳大利亚
其他	其他管理汇率制度	20	中国、埃及、塔吉克斯坦

第四，中间汇率制度。中间汇率制度（Intermediate Exchange Rate Regime）指介于固定汇率制度与浮动汇率制度之间的汇率制度，主要包括爬行钉住汇率制度和汇率目标区制。

一是，爬行钉住汇率制度。爬行钉住汇率制度（Crawling Pegging）指在短期内将本币汇率钉住某平价，但可根据一组选定的指标经常地、小幅度地调整所钉住的平价的汇率制度。这一制度有两个基本特征：第一个特征是实行此种制度的国家有义务维持某种平价，因而具有固定汇率制度的特点；第二个特征是这一平价可以频繁地进行小幅度调整，又使其具有浮动汇率制度的一些特点。当然，此制度下的汇率调整与固定汇率制度下的汇率调整不同，后者是偶然的、幅度较大的调整，前者是经常的、小幅度的调整。当一国汇率所要调整的幅度较大，为了避免采用一次到位的调整方式对经济产生较大的冲击，故而采用爬行钉住汇率制度，以一系列很小的幅度逐渐调整（见图 2-1）。自 20 世纪 60 年代起，部分拉美国家采用了此种汇率制度，比如智利（1965—1970 年，1973—1979 年）等。

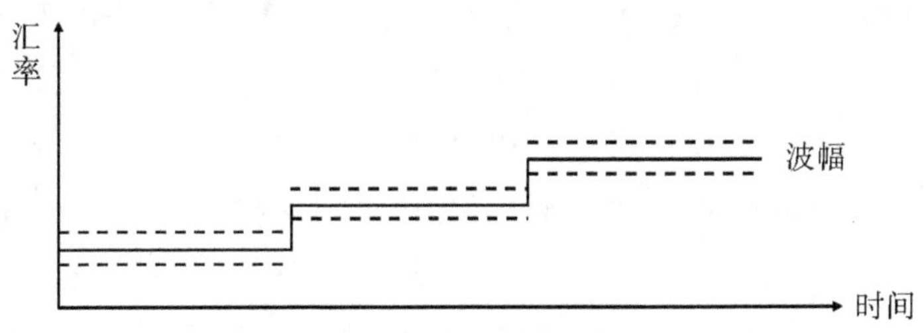

图 2-1　爬行钉住汇率制度

二是，汇率目标区理论。1973 年布雷顿森林体系的瓦解，使得全球货币体系进入了浮动汇率制度时期，汇率的波动使各国货币管理部门具有较大的灵活性，但是究竟是选择固定汇率制还是浮动汇率制呢？这是当时摆在各国决策者面前的一个十分棘手的现实问题。国际汇率制度的历史变迁表明，无论是自由浮动汇率制度还是严格固定汇率制度，都有其利弊。赞成严格固定汇率制的一派看到的是汇率的稳定对投资贸易所带来的便利，而支持浮动汇率制度的一派看到的却是浮动汇率制带给本国的货币政策制定的自主性和独立性，这样国际上就产生了所谓的"固定汇率制"与"浮动汇率制"之争。然而由于各国货币政策决策者们既对两次世界大战期间的自由浮动汇率制所带来的动荡感到恐惧，又对布雷顿森林体系下的固定汇率制所带来的名义汇率与实际汇率长期错位感到后怕，所以各国的政策决策者们就试图综合固定汇率制与浮动汇率制两者的长处，建立一种既有稳定性又有灵活性的汇率制度，这便是汇率目标区，即以现行的浮动汇率和钉住汇率混合为特征的汇率体制，汇率目标区理论的关键是要在浮动汇率体制的内部加入固定汇率制的因素（原雪梅，2010）。

汇率目标区制（Exchange Rate Target - zone）指将汇率浮动限制在一定区域内（如中心汇率的上下 10%）的汇率制度。依据目标区区域的范围、目标区调整的范围、目标区公开程度以及对目标区进行维持的承诺程度，目标区制度可以分为严格的目标区与宽松的目标区。前者指目标区区域较小，区域上下限极少变动，目标区公开，政府负有较大的维持目标区责任的制度；后者指目标区区域较大，经常进行调整，目标区保密，政府只是有限度地用货币政策来维持汇率目标区。最早提出"汇率目标区"这一汇制改革举措的是荷兰财政大臣杜森贝里（Duilsenbery），他在 1976 年曾提出过建立欧洲共同体六国货币汇价变动的目标区计划。1985 年，美国著名学者约翰·威廉姆森（John Williamson）和伯格斯坦（Bergsen）共同又提出了详细的汇率目标区设想及行动计划，即以限制汇率波动范围为核心，包括中心汇率及变动幅度的确定方法、维持目标取得国内政策搭配、实施目标区的国际政策协调等一整套内容的国际汇率协调方案。1987 年 2 月，七国集团中的六国财长在巴黎会议上，将汇率目标区思想写入会后发表的《卢浮宫协议》。1991 年克鲁格曼（Krugman）基于 1985 年威廉姆森倡导的汇率目标区方案（见图 2 - 2），创立了汇率目标区的第一个规范理论模型——克鲁格曼的基本目标区理论及模型，并引起了学术界对汇率目标区问题的浓厚兴趣。

克鲁格曼假定汇率依赖于现行基本因素和未来汇率的预期值，同时该模型还有两个关键假设：其一是汇率目标区完全是可靠的，其上下限能永远保持不变；其二是目标区仅由“边际”干预防卫，也即只有当汇率运行到上下限时，货币当局才出手干预，而在目标区内，没有干预发生。在这些假定下，目标区汇率行为波动幅度明显小于浮动汇率制下汇率行为，这意味着，完全可靠的汇率目标区具有内在稳定机制。但是，克鲁格曼模型的边界“完全可靠”和“边际干预”假设已为实际数据分析所否定，而且其他经济学家也相继指出，当汇率达到目标区的边界时，面临着与固定汇率制度同样的问题。

一般而言，汇率目标区制具有以下特点：第一，在目标区制度下，货币管理当局在一定时期内对汇率波动有比较明确的区间限制；第二，在目标区制度中，货币当局更关注汇率变动幅度，必要时要利用货币政策等措施将汇率波动尽可能地限制在目标区内；第三，在目标区制度下，政府并不严格承诺在任何情况下都对外汇市场进行干预，只有当汇率波动超过上、下限时，政府才会进行干预；第四，在目标区制度下，汇率变动的范围较大。假定汇率目标区是完全可信的，也就是交易者确信汇率永远将在目标区内变动，政府仅在汇率变动至目标区的上下限时才进行干预，经济基本面的变动完全是随机的。在这种情况下，当汇率的变动逐渐接近目标区边缘时，交易者将会预期汇率将会很快做反向调整，重新趋近于中心汇率。这一预期将会产生稳定性作用，交易者在这一预期下的交易行为将会使汇率重新回归中心汇率。因而，汇率的变动在不存在政府干预时也不会超过目标区范围，而是保持在目标区边缘并且常常会自动向中心汇率调整。这一情况就像热恋中的情侣短暂分离一段时间后就会尽可能地抗拒进一步的分离，急于寻求重新相聚，因而被称为“蜜月效应”（Honey - moon Effect）。

此外，按照汇率目标区理论的要求，主要干预协调国家的宏观经济管理部门面临着履行国际义务与实现国内货币政策目标之间的矛盾：首先，丧失国内货币政策的独立性。因为汇率制度目标区理论的倡导者要求参与国以牺牲国内货币政策目标为代价来承担对外责任。其次，货币政策工具有限。在现有的货币政策工具中，可用于干预外汇市场的手段有“消毒的外汇市场干预”（不改变现行货币政策的干预）、财政政策和货币政策。而货币政策才是汇率行为的一个重要的决定因素，但它对日常的事件只有短期的灵活性，因而不能指望通过对货币政策的频繁调整来保持汇率的稳定性。否则，就是“不消毒的外汇市场干预”（改变现行货币政策的干预），通常情况是一个国家要使本国的货币政策按有效和及时的方式来解决国内问题，就不可能顾及国际承诺。也就是说，在力求使货币汇率波动局限在一个狭小的范围内时，就会减弱其致力于实现国内货币政策目标的有效性和及时性。实行固定的但可调节的汇率制度，可以增强参与国之间的贸易和投资机会，设定汇率波动的界限，可以减少不确定性所带来的好处往往大大超过因丧失政策灵活性以实现国内政策目标所付出的代价。该理论在现实社会中有了自己的最大成就，即 1979 年 3 月实行的欧洲货币体系内的欧洲汇率机制（ERM）通常被认为是汇率目标区的典范。欧洲汇率机制虽然在货币一体化的道路上经过了许多曲折，但是也克服了诸多的困难，最终于 2002 年实现了货币的统一。然而，“汇率目标区”理论的反对者也提出，对汇率波动起作用的关键是宏观经济政策，如果宏观经济政策所带来的种种严重后果没有消除，是不可能通过设定汇率目标区来解决汇率本身的波动问题的。“汇率目标区”理论的倡导者把世界经济关系仅仅局限在汇率问题上，将会对世界经济造成损害（韩博印、王学信，2007）。

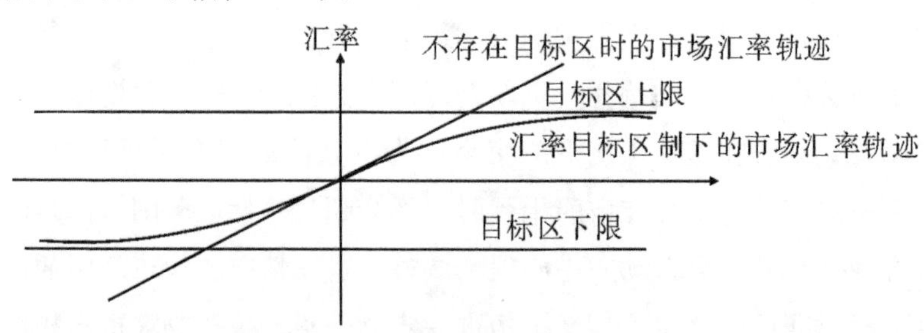

图 2－2　克鲁格曼汇率目标区

第五，汇率制度选择理论的新发展。长期以来，伴随着主流经济学基础理论分析工具和分析技术的不断发展与进步，汇率制度选择的理论研究范式处于不断地发展与创新之中。自 20 世纪 50 年代发生固定汇率制度与浮动汇率制度的优劣之争以来，国际社会关于汇率制度选择的争论就从来没有停止过，而且随着时间的推移，关于汇率制度选择的争论变得愈发激烈。在激烈的思想碰撞中，汇率制度选择的理论研究层出不穷，呈现出令人眼花缭乱的繁荣景象。总体来看，在汇率制度选择理论的争论过程中，一方面，形成了在某个时代占据主流地位的汇率制度选择理论，或者说形成了某个时代的汇率制度选择“共识”；另一方面，随着时间的推移，汇率制度选择“共识”也处在不断的发展变化之中。

布雷顿森林体系解体以后，经济学家在汇率制度选择问题上的分歧更加严重。汇率制度选择的“共识”经历了从20世纪60年代后期对浮动汇率制度的“幼稚”热情，到20世纪80年代前期对固定汇率制度的偏好，再到20世纪90年代早期对中间汇率制度的偏好。但是，20世纪90年代以来，国际金融危机频繁发生，特别1997年亚洲金融危机爆发以后，汇率制度选择的“共识”似乎转向了汇率制度的两极论点：不可撤销的固定汇率（货币局、美元化）或真正的浮动汇率制度，由此汇率制度选择的争论再度升温（Fisher，2001；Carmignani，Colombo & Tirelli，2008）。在20世纪90年代所掀起的汇率制度选择争论中，国际学术界开始从汇率制度的可持续性和危机预防的角度，来重新审视世界各国特别是新兴市场国家在国际资本高度流动条件下的汇率制度选择问题，由此形成了“中间制度消失论”以及围绕它的理论论争。

一是，中间制度消失论。在目前关于汇率制度选择的新理论中，“中间汇率制度消失论”所引起的争议最大，同时也最具挑战性。Eichengreen（1994）、Obstfeld & Rogoff（1995）、Summers（1999，2000）和Fischer（2001）等根据资本高度流动使得汇率承诺变得日益脆弱的事实，提出了汇率制度的“两极论”或“中间空洞论”假说。他们认为，只有自由浮动的汇率制度或者具有强硬承诺机制度的固定汇率制度（如货币联盟与货币局制度）才能够持久，介于二者之间的中间汇率制度（intermediate regimes），包括“软”的钉住汇率制度如可调节的钉住、爬行钉住、区间（目标）汇率制以及管理浮动制度越来越难以维持，都正在消失或应当消失。

从理论渊源来说，“中间制度消失论”的思想可以追溯到Swoboda（1986），他认为汇率的目标区制度和各种类型的可调整钉住汇率制度或者不具有公信力，或者难以与所建议的宏观经济政策相协调，随着资本的流动性越来越强，这种制度会变得越来越难以维持。“中间制度消失论”的正式首倡者是 Eichengreen，Eichengreen（1994）针对 1992—1993 年间的欧洲汇率机制危机提出了汇率制度的“角点解”假说。Eichengreen 明确指出，欧洲汇率机制危机清楚地表明，通过分步逐渐收窄汇率目标区过渡到欧洲货币联盟的战略难以实现，各国将被迫在浮动汇率和货币统一之间，做出抉择。Obstfeld & Rogoff（1995）认为，欧洲汇率机制危机表明，“形成和保持信誉已变得越来越困难，甚至像 EMS 那样的宽幅汇率目标区也面临着投机攻击”，“在实行浮动汇率与采用共同货币之间，不存在舒适的中间地带”。Fischer（2001）认为，“在过去的 10 年中，汇率制度分布存在着中间汇率制度空洞化趋势，这不仅对于积极进入国际资本市场的经济体而且对于所有的国家都是真实的”。

“中间制度消失论”的理论依据主要包括开放经济下的“三难选择（trilemma）”和政策的“可核验性（verifiability）”两大问题。对于“三难选择（trilemma）”问题，Summers（1999，2000）提出，日益增长的资本流动性使得政策当局对汇率的承诺变得十分脆弱。因此，对于那些进入国际资本市场的经济体而言，合意的汇率制度选择是从中间汇率制度转向角点汇率制度——自由的浮动汇率或真正的固定汇率制度。对于政策的“可核验性（verifiability）”问题，Frankel & Fajnzlber（1999）指出，为具有公信力，当政府宣布实行某种汇率制度时，就必须使这种制度简单而又透明，易于公众识别。“角点”汇率制度如完全的钉住汇率制度或者自由的浮动汇率制度，对公众来说比较容易核查从而易于识别。因此，基于公信力的考虑，各国政府将会选择“角点”汇率制度而放弃中间汇率制度（张志超，2002）。

二是，害怕浮动论。“中间制度消失论”一经提出，就立即遭到了许多经济学家的质疑。Frankel（2001）旗帜鲜明地提出，“对于许多国家而言，中间汇率制度通常要比角点汇率制度更为合适，特别是对于那些资本大规模流动尚未构成严重问题的新兴市场国家而言，情况更是如此”。Masson（2001）运用马尔柯夫链和转换矩阵检验了汇率制度的“中间空洞论”假说。其实证结果否定了“中间空洞论”假说，表明中间汇率制度将继续成为未来事实汇率制度选择的重要组成部分。Calvo & Reinhart（2002）认为对汇率制度“中间制度消失论”构成最直接、最具有冲击性挑战的是“害怕浮动”论，实证研究显示，一些名义上宣称实行弹性汇率制度的新兴市场国家，事实上并没有真正让汇率自由浮动，而是频繁地通过外汇市场干预或利率操作将其汇率维持在对某一货币（通常为美元）的一个狭小幅度内，即这些国家的汇率制度存在着“害怕浮动”的倾向，钉住汇率制度消亡其实不过是一种幻象而已（羌建新，2012）。

2.1.2 国外货币错配相关文献述评

（1）货币错配相关假说

第一，原罪论。Eichengreen & Hausmann（1999）以及 Hausmann 等（2000）在解释发展中国家无法真正放手让汇率自由浮动的原因时提出了“原罪论”（original sin），认为发展中国家由于金融市场不完善，即存在所谓的“原罪”，导致在国际金融市场上不能以本币进行借贷而形成货币错配，甚至在国内也不能以本币进行长期借贷而形成期限错配。原罪论指出，发展中国家的这种先天不足与其以往的不良借贷交易记录并没有关系，它更多地强调了国际资本市场的不完善、货币使用的网络外部性和交易成本等外部因素，因为随着经济水平的提高和经济制度的完善，发展中国家的“原罪”状况并没有实质性的改变。事实上，货币错配和期限错配的形成并不是经济主体不谨慎，而是在发展中国家中由于金融市场的不健全，根本就没有对冲货币风险的手段。这是因为面对信息不对称和较高的国家风险，外国投资者不愿意承担与发展中国家货币计值债券相关的较高风险。

第二，浮动恐惧论。所谓“浮动恐惧”，是指这样一种现象：一些名义上实行弹性汇率制的国家，却将其对某一货币（通常是美元）的汇率维持在一个狭小的幅度内，反映了这些国家对大规模的汇率波动存在一种长期的恐惧（Calvo & Reinhart，2000）。“浮动恐惧”的产生是因为“原罪”的存在导致发展中国家货币错配不断积累，进而汇率的波动会通过资产负债表效应导致其经济增长的波动甚至是货币危机。Chang & Velasco（2005）指出，正是资产和负债（而不是债务美元化本身）存在货币错配导致了“浮动恐惧”，而且债务美元化本身也可是由于对“浮动恐惧”的理性预期而形成的。如果发展中国家在解决货币错配问题方面不能取得成效，那么只能选择对美元保持高度稳定的钉住制或者实行美元化，因此“浮动恐惧”是发展中国家或新兴市场的一种无奈选择。

第三，债务不耐论。“债务不耐（Debt Intolerance）”是 Reinhart（2003）

提出来的。所谓债务不耐是指新兴市场国家由于制度环境和政治体系存在缺陷，其政府所经历的无法有效控制其总债务水平的一种状况，而这在发达的工业国家是可以管理的。由于存在债务不耐问题，新兴市场国家往往依赖对外借债来解决税收与支出之间的矛盾，这样会形成过度借债，造成对外债的过度依赖，从而货币错配不断累积。Reinhart（2003）认为美元化是债务不耐问题的一种表现。债务不耐的形成原因可能在于一国在过去有偿债违约和高通货膨胀的历史而导致其现在的资信等级较低（Reinhart，2003；Borio & Packer，2004）。Eichengreen（2005）认为债务不耐是由新兴市场国家制度缺陷所引起的，反过来又导致不合理和不可靠的政策，从而成为金融导致脆弱性的原因之一。此外，很多文献认为新兴市场国家的一些“软”因素，如制度、腐败和治理等与债务不耐的形成有关。

第四，高储蓄两难论。“高储蓄两难”是 McKinnon（2005）在研究东亚汇率困境时所提出的，反映了净外币资产形式的货币错配问题。东亚危机以后，大多数东亚经济体的经济强劲复苏，出现了较大的经常项目顺差，迅速由国际债务国变为国际债权国。然而，日益增加的国外权益并非以本币计值，而是流动性很高的美元资产。他认为，任何无法以本币提供信贷的国际债权国都将出现货币错配问题，并称之为“高储蓄两难”。随着美元债权存量的增多，国内美元资产持有者会争相持有本币，迫使本币升值，而一旦将美元资产变为本币资产的风潮发动，政府就会左右为难：一方面，本币升值可能引发严重的通货紧缩和出口企业失去竞争力，经济最终将陷入零利率的流动性陷阱；另一方面，如不让本币升值，外国也会威胁实行贸易制裁。债权国的高储蓄两难与债务国的原罪问题实属异曲同工，发展中国家在这两种情况下都会陷入困境的根本原因是存在货币错配问题。

第五，过度借贷论和道德风险论。“过度借贷综合症”是由 McKinnon（1973，1993）提出的一个概念。他认为在经济自由化过程中，即使经济体实行经过精心设计的产业政策和金融改革，也可能发生过度借贷问题。货币危机的道德风险理论认为，来自 IMF 等国际机构或发展中国家中央或地方政府对其企业或金融机构的隐性或明确的担保构成道德风险的来源，进而导致经济主体的过度借贷或过热投资行为，而大量未进行套期交易的外币债务使得货币错配规模迅速上升（McKinnon & Pill，1999；Burnside，1999；

Corsetti，1999；Tornell，2004）。这些担保包括固定汇率制度、政府为保证国内金融体系的运行而采取的政策措施等。McKinnon & Pill（1998）通过对“过度借贷综合症”模型的研究，发现东亚国家由于救助担保导致过度借贷和没有对银行的外汇头寸进行对冲操作，加重了货币危机的程度（夏建伟，2007）。

（2）国外货币错配的文献述评

对货币错配问题的较多研究始于20世纪90年代发生的金融风暴，这次风暴导致国际金融市场上爆发了多次货币危机和金融危机，并对整个世界造成了较大的影响和冲击。这次金融风暴所显示出的一些独特的特点对第一、二代货币危机模型提出了强有力的挑战，促使研究者不得不重新审视货币危机爆发的原因和内在的影响机制。随着对危机爆发的原因和传导机制研究的不断深入，研究者的视角也从单纯地注重发展中国家宏观经济政策、金融自由化的次序、内部金融市场的不完善等逐渐转向对国际金融市场的不完善和发展中国家的内部微观经济主体结构等方面的关注。于是，三次危机中危机国所共同存在的货币错配问题逐渐进入了研究者的研究视野（刘少波，贺庆春，2007）。

学者们研究发现，货币错配会通过货币危机传染危害实体经济，比如，Chui，Kuruc & Turner（2018）认为自2010年以来，新兴市场经济体中的货币错配日益加剧，由非金融公司推动的。由于较低的政策利率和主要发达经济体央行资产负债表的大幅扩张，这些国家的融资条件得到了极大缓解。这使得这些公司能够提高其负债比率，特别是通过增加外币借贷，从而大大增加了货币错配的风险。不仅是提供贸易商品和服务的公司，而且那些生产非贸易商品的公司也增加了外汇借款。从2010年中期到2015年中期，新兴市场经济体企业的盈利能力全线下滑，暴露出重大漏洞，限制了企业的固定投资，从而抑制了经济增长。Rancière & Romain（2011）构建了一种新的衡量银行业货币错配的方法，明确考虑了银行向在大幅贬值情况下无力偿还贷款的借款人放贷时所承担的间接汇率风险。针对1998—2008年期间的10个欧洲新兴经济体和19个其它新兴经济体的研究发现，许多新兴经济体积累了间接货币错配脆弱性，能更准确地衡量货币错配，有助于各国当局在适当的时候解决脆弱性问题，避免损害经济增长。

Romain & Aaron（2014）通过宏观和微观两个层面分析货币错配的双重作用，货币错配是一种让经济暴露于系统性风险的工具，但它也是一种增长引擎。构建了一个衡量银行业货币错配的新指标，该指标控制银行向无对冲借款人（没有外汇收入的借款人）放贷。研究发现，在欧洲新兴经济体中，货币错配的增加与稳定时期的高速增长有关，但也与更严重的危机有关。总的来说，在考虑了危机时期之后，发现货币错配与经济增长之间存在着正相关关系。这些结果在一些新兴经济体样本中也得到了证实。从企业层面分析中，研究发现，在欧洲新兴市场，货币错配放松了借贷约束，降低了利率，也促进了信贷约束最严重的企业，即非贸易部门的小企业的增长，但对大型企业却没有影响。Shao - Bo & Qing - Chun（2010）通过建立多元均衡模型，分析在本币升值情况下，外币净资产形式的货币错配对银行、企业和宏观经济的影响，研究结果表明：本币大幅升值会使微观经济主体的资产负债表恶化，使经济在一个坏的均衡状态下保持稳定。

货币错配同时会对微观部门的债务结构产生影响。非金融部门和金融企业部门如果在债务结构中持有外币融资头寸，就可能会因本外币资产负债价值的不匹配产生估值效应的变化。比如，Ramirez - Rondan（2019）通过利用74家秘鲁非金融企业2002—2014年的财务信息，发现货币错配低于负的10.4%的企业对资产负债表有显著影响。秘鲁经济同其他新兴经济体一样，企业持有的债务中有很大一部分是以美元计价的。研究结果表明存在显著货币错配的企业中汇率贬值可能会增加企业债务，并且影响企业的投资和生产决策。Bystrom（2014）通过对汇率和上市公司市值变化的时间序列数据进行计量分析，发现公司价值对汇率波动的敏感性很强，在汇率急剧波动时，可能会因为对外币计价的资产价值估值效应产生影响，而对非金融企业部门造成伤害。Kim（2016）通过对韩国的公司数据的实证研究，发现估值效应的影响可以从资产负债表效应和竞争性效应两个维度来解读，货币错配存在于韩国企业中，并且当急速贬值的时候，韩国企业持有的外债对于公司价值会产生显著的负面影响。

以外币计价的债务被认为是最容易对新兴经济体国家的企业产生价值冲击的原因之一。Beckmann & Stix（2015）以微观经济部门的借贷行为作为研究对象，通过对8个中欧和东欧国家的借贷数据的研究，发现超过40%

的企业融资依靠外币计价的贷款。这些借贷企业普遍缺乏外汇风险对冲意识，并没有使用外汇衍生产品对汇率风险进行对冲，在金融危机中因为汇率巨幅波动造成公司价值巨幅萎缩，对实体经济造成伤害。Ye（2014）选取了20个新兴市场国家的1523家公司作为研究样本，研究汇率制度、外汇风险敞口对公司层面的货币错配的影响机制。按照国家的汇率制度对样本公司进行分类，有2个国家采用固定汇率制度，2个国家采用浮动汇率制度，7个国家采用固定汇率制与浮动汇率制并行的汇率制度，研究发现采用固定汇率制的国家公司的外汇风险敞口要显著大于采用浮动汇率制度和并行制度的国家。

对于“浮动恐惧”带来的非金融企业部门估值变动现象，Endresz & Harasztosi（2014）研究匈牙利2004年到2010年的企业发现，匈牙利政府2001年开始从“浮动恐惧”的钉住汇率制度转轨成水平区间钉住的自由浮动制度后，持有外币贷款的企业开始注重使用汇率风险对冲策略，外汇衍生产品的交易量显著增加，相较“浮动恐惧”时期应对货币错配的表现更佳。Kamil（2012）同样认为一些国家从“浮动恐惧”的汇率制度向浮动汇率制度转型之后，企业部门开始重视对汇率风险敞口进行管理，制度选择也为汇率风险的主动管理提供了足够的动力，这有助于降低非金融企业部门以外币计价的杠杆债务的风险和促进金融稳定（苗师玮，2016）。

Magud（2010）分析了存在外币负债货币错配的小型开放经济体，在纳入金融加速器的情况下汇率制度的选择，发现传统观点所认为的浮动汇率制度应使经济免受真正的冲击，这一结果取决于经济的开放程度和外币债务水平，然而，对相对封闭的经济体并不适用，按照Fisher（1933）的理论，这种传导机制依赖于非预期的实际价格变化对外部融资溢价的影响的非线性作用。Baek（2013）使用Lane & Shambaugh的面板数据，测算了1990—2004年97个国家的货币错配的决定因素。估计结果表明，国内和国际因素都很重要。加强国内政策和体制改革是必要的，但还不足以控制发展中国家和新兴经济体的货币错配。所以，应该推进金融自由化和开放，发展国内证券市场，审慎地监管金融中介机构，提高政策质量，采取可靠的货币政策。Janković & Živković（2014）测量了中东欧和巴尔干西部地区的部分发展中国家和新兴市场国家的货币错配状况，实证检验证实了货币错配增加了企业违约风险的风险。Goldstein & Turner（2017）认为货币错配是指汇率变化如何影响未来收入和支出流的当前贴现值。这将取决于两大因素，一是金融资产和负债的货币计价：金融净值对汇率变化越敏感，在其他条件不变的情况下，则货币错配程度就越大；另一种是未来收入和支出流的货币计价（资本资产收益率除外）。

2.2 国内文献述评：基于知识图谱的视角

2.2.1 数据及方法说明

科学知识图谱，以知识域（knowledge domain）为研究对象，展现了科学知识的发展过程与结构之间的关系。它既是可视化的知识图形，又是序列化的知识谱系，具有“图”和“谱”的双重特性。主要基于 VOSviewer 文献可视化软件绘制知识图谱，VOSviewer 软件由荷兰莱顿大学学者 Nees Jan van Eck 和 Ludo Waltman 合作开发，是目前学术界主流的网络可视化工具之一，他们通过将距离和强度算法进行融合，提出莱顿算法，处理过程是：首先，使用 VOS Mapping 算法实现共现矩阵；然后，依据关系远近在二维空间进行分布；最后，使用 VOS Clustering 算法对共现网络进行聚类分析，并在图谱上用不同的颜色代表不同的主题聚类。

VOSviewer 可以对文献数据进行国家共现、机构共现、作者共现、作者共被引和文献共被引等分析。VOSviewer 通过网络可视化、叠加可视化、密度可视化三种视图展现作者（机构、国别）合作网络分析、关键词共现分析、引文（期刊、作者、机构、国别）分析、文献（期刊、作者、机构、国别）耦合分析、文献（期刊、作者）共被引分析等内容。比如，在作者合作网络（期刊共被引、文献共被引、关键词共现）知识图谱的网络可视化视图中，每个圆圈代表一个作者（期刊、引文、关键词），圆圈和字体越大代表该对象发文数量（被引次数、被引次数、出现次数）越多；两个圈之间连线越粗代表两者合著次数（共被引次数、共被引次数、共现次数）越多，距离越短表示两者之间的关系和相似性越高；并用颜色区分不同的聚类（马续补、刘玮，2019）。

为了揭示我国货币错配领域的研究现状与未来发展趋势，数据来源主要有两部分：一是从知网期刊数据（CNKI）中提取货币错配的研究文献，检索主题为“货币错配”，来源类别选取“CSSCI”和“核心期刊”。截至2020年6月30日，人工剔除书评、会谈纪要，等非研究型文献，并去除重复记录，最终获得208篇有效文献（见图2-3和图2-4）。二是从CSSCI数据库，利用国内最权威的中文社会科学引文索引收录的期刊，能够展现科研水平较高的研究成果，在CSSCI检索界面中设置篇名或关键词为“货币错配”，文献类型为“论文”，每一条文献记录称为施引文献（Citing article），剔除无效文献，最后得到90篇有效施引文献的题录，基本涵盖了这一时期该领域主流的主要成果，施引文献题录中包含了分析所需的主要字段，包括论文的题目、作者、机构、关键词、摘要、发表期刊、发表年份及期（卷）、参考文献等信息。需要指出的是，每篇施引文献题录中的参考文献则被称为被引文献（Cited article），总共759条被引文献，对被引文献进行分析可以了解施引文献的主要内容，一篇文献引用其他文献可以看作是知识单元从游离状态到重组产生新知识的过程。

首先使用Bicomb2软件作为文本挖掘的基础工具，提取文献数据中的关键字段进行统计分析，继而利用VOSviewer软件绘制网络知识图谱，以期科学呈现我国“货币错配”研究领域的发展趋势，进而为其系统化研究提供依据。一是基于CNKI数据库的我国货币错配领域文献的相关数据，统计分析该领域的核心作者和高产出研究机构，使用VOSviewer的作者合作网络分析功能绘制高产作者的合作网络知识图谱，识别该领域的主要科研团队和合作情况。二是基于CNKI数据库我国货币错配领域文献的关键词数据，采用VOSviewer的关键词共现分析功能，绘制该领域的关键词共现知识图谱，挖掘该领域的研究热点和演化路径。三是基于CSSCI数据库的我国货币错配领域文献的引文数据，采用VOSviewer的文献共被引分析功能，绘制该领域的文献共被引知识图谱，识别该领域的知识基础。

2.2.2 研究主体分析

（1）作者共现分析

通过对核心作者群体的统计和分析，可以较好地预测和把握某一领域研究现状和发展前景。普赖斯定律能够有效衡量各个学科领域文献作者分布规律，反映出某研究领域中核心作者的情况。利用Bicomb软件提取和统计文献作者的数量，结果显示总共265位作者，发文量最多的是夏建伟，为8

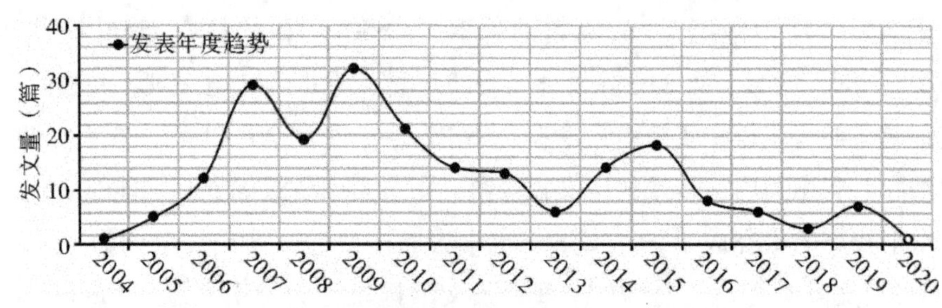

图 2-3　CNKI 数据库货币错配文献的年度发文趋势

篇。使用普赖斯定律公式计算出发文数量在 2 篇以上的为核心作者，经统计得出该领域的核心作者有 36 位，占总文献的 54.33%，高于普赖斯定律规定的 50% 标准，说明核心作者群已经形成。（见表 2-3）。发文量大于等于 6 篇的作者为 5 位，大于等于 4 篇的作者为 9 位，大于等于 3 篇的作者为 16 位：夏建伟（8 篇）、李新功（7 篇）、贺庆春（7 篇）、王中昭（7 篇）、朱超（6 篇）、刘少波（5 篇）、唐宋元（4 篇）、李雪莲（4 篇）、刘晓辉（4 篇）、余维彬（3 篇）、李扬（3 篇）、叶文娱（3 篇）、何金旗（3 篇）、史安娜（3 篇）、苏应蓉（3 篇）、陶士贵（3 篇）等。

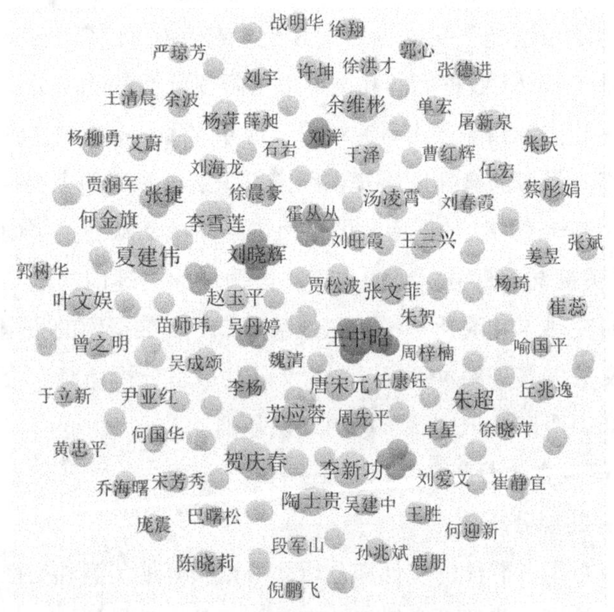

图 2-4　作者共现知识图谱（阈值 1）

为进一步展现作者间的合作关系，绘制作者合作知识图谱，对 265 位作者，选择最少发表论文篇数为“1”“2”，使用 VOSviewer 对作者进行合作网络分析，分成生成知识图谱图 2-4 和图 2-5，可以看出，“货币错配”研究领域的最大合作团队为“王中昭”团队，有 6 位成员形成合作网络；“刘晓辉”团队为 5 位成员，“苏应蓉”团队为 5 位成员，“魏博文”团队和“张捷”团队为 4 位成员；“贺庆春”团队、“夏建伟”团队、“陶士贵”团队、“李雪莲”团队、“徐尧”团队、“钟红”团队、“王三行”团队、“刘洋”团队、“汤凌霄”团队、“谭本艳”团队、“余力”团队、“周梓楠”团队、“项后军”团队、“李杨”团队、“崔蕊”团队、“吴成颂”团队、“于泽”团队、“许坤”团队和“张文菲”团队等有 3 位成员。

图 2-5　作者共现知识图谱（阈值 2）

表 2-3　作者发文量（阈值 2）

序号	作者	出现频次	百分比%	累计百分比%	序号	作者	出现频次	百分比%	累计百分比%
1	夏建伟	8	3.85	3.85	19	张文菲	2	0.96	37.98
2	李新功	7	3.37	7.21	20	尹亚红	2	0.96	38.94
3	贺庆春	7	3.37	10.58	21	赵玉平	2	0.96	39.90
4	王中昭	7	3.37	13.94	22	金祥义	2	0.96	40.87
5	朱　超	6	2.88	16.83	23	杨　萍	2	0.96	41.83

续表

序号	作者	出现频次	百分比%	累计百分比%	序号	作者	出现频次	百分比%	累计百分比%
6	刘少波	5	2.40	19.23	24	许　坤	2	0.96	42.79
7	唐宋元	4	1.92	21.15	25	徐　梅	2	0.96	43.75
8	李雪莲	4	1.92	23.08	26	皮天雷	2	0.96	44.71
9	刘晓辉	4	1.92	25.00	27	王三兴	2	0.96	45.67
10	余维彬	3	1.44	26.44	28	谭本艳	2	0.96	46.63
11	李　扬	3	1.44	27.88	29	汤凌霄	2	0.96	47.60
12	叶文娱	3	1.44	29.33	30	陈晓莉	2	0.96	48.56
13	何金旗	3	1.44	30.77	31	崔　蕊	2	0.96	49.52
14	史安娜	3	1.44	32.21	32	范利民	2	0.96	50.48
15	苏应蓉	3	1.44	33.65	33	郑　璇	2	0.96	51.44
16	陶士贵	3	1.44	35.10	34	邓　翔	2	0.96	52.40
17	张　捷	2	0.96	36.06	35	曹广喜	2	0.96	53.37
18	曾之明	2	0.96	37.02	36	蔡彤娟	2	0.96	54.33

（2）机构共现分析

从研究机构分布情况来看（见表2－4），高校占据了绝大多数，其中广西大学商学院发文总数居于首位，累计发表文章9篇，发文量超过3篇的单位分别是：河南大学工商管理研究所（7篇）、西南财经大学中国金融研究中心（6篇）、武汉大学经济与管理学院（5篇）、中南财经政法大学金融学院（4篇）、中国人民大学经济学院（3篇）、对外经济贸易大学金融学院（3篇）、中国人民大学财政金融学院（3篇）、四川大学经济学院（3篇）、中国社会科学院金融研究所（3篇）等。

表2－4　核心发文机构（阈值2）

序号	机构	出现频次	百分比%	累计百分比%	序号	机构	出现频次	百分比%	累计百分比%
1	广西大学商学院	9	3.30	3.30	18	湖北大学商学院	2	0.73	22.71
2	河南大学工商管理研究所	7	2.56	5.86	19	河海大学商学院，河海大学商学院	2	0.73	23.44

续表

序号	机构	出现频次	百分比%	累计百分比%	序号	机构	出现频次	百分比%	累计百分比%
3	西南财经大学中国金融研究中心	6	2.20	8.06	20	首都经济贸易大学金融学院	2	0.73	24.18
4	武汉大学经济与管理学院	5	1.83	9.89	21	西南财经大学经济学院	2	0.73	24.91
5	中南财经政法大学金融学院	4	1.47	11.36	22	天津商业大学经济学院	2	0.73	25.64
6	中国人民大学经济学院	3	1.10	12.45	23	西南财经大学金融学院	2	0.73	26.37
7	对外经济贸易大学金融学院	3	1.10	13.55	24	厦门大学金融系	2	0.73	27.11
8	中国人民大学财政金融学院	3	1.10	14.65	25	云南大学经济学院	2	0.73	27.84
9	四川大学经济学院	3	1.10	15.75	26	浙江大学经济学院	2	0.73	28.57
10	中国社会科学院金融研究所	3	1.10	16.85	27	中国人民银行沈阳分行	2	0.73	29.30
11	南京大学经济学院	2	0.73	17.58	28	中国社会科学院金融研究所	2	0.73	30.04
12	江西财经大学国际经济与贸易学院	2	0.73	18.32	29	中国中投证券研究总部	2	0.73	30.77
13	南京师范大学商学院	2	0.73	19.05	30	中南财经政法大学经济学院	2	0.73	31.50
14	山东大学经济学院	2	0.73	19.78	31	重庆大学经济与工商管理学院	2	0.73	32.23
15	吉林大学商学院	2	0.73	20.51	32	暨南大学金融研究所	2	0.73	32.97
16	华中科技大学经济学院	2	0.73	21.25	33	安徽大学经济学院	2	0.73	33.70
17	上海社会科学院世界经济研究所	2	0.73	21.98	34	长春理工大学经济管理学院	2	0.73	34.43

（3）发文期刊分析

对我国货币错配领域的发文期刊分布进行研究，便于研究者明确后期研究的领域和方向。鉴于期刊较多，对208篇文献中发文量不少于2篇的出版期刊进行抽取统计，得到核心期刊42个（见表2-5）。统计结果显示发文量大于等于3篇的期刊分别是《国际金融研究》（10篇）、《上海金融》（9篇）、《经济学动态》（7篇）、《金融理论与实践》（7篇）、《统计与决策》（6篇）、《商业时代》（6篇）、《财经研究》（5篇）、《金融与经济》（4

篇)、《世界经济》(4篇)、《数量经济技术经济研究》(4篇)、《特区经济》(4篇)、《管理世界》(4篇)、《思想战线》(3篇)、《世界经济研究》(3篇)、《当代财经》(3篇)、《金融论坛》(3篇)、《金融研究》(3篇)、《现代经济探讨》(3篇)、《商场现代化》(3篇)、《亚太经济》(3篇)、《宏观经济研究》(3篇)、《经济经纬》(3篇)、《南方金融》(3篇)、《经济研究》(3篇)等,可见,关于货币错配领域的发文期刊大多为经济管理类期刊。

表2-5 货币错配发文期刊(阈值2)

序号	发文期刊	出现频次	百分比%	累计百分比%	序号	发文期刊	出现频次	百分比%	累计百分比%
1	国际金融研究	10	4.81	4.81	22	经济经纬	3	1.44	48.08
2	上海金融	9	4.33	9.13	23	南方金融	3	1.44	49.52
3	经济学动态	7	3.37	12.50	24	经济研究	3	1.44	50.96
4	金融理论与实践	7	3.37	15.87	25	经济问题	2	0.96	51.92
5	统计与决策	6	2.88	18.75	26	江汉论坛	2	0.96	52.88
6	商业时代	6	2.88	21.63	27	中南财经政法大学学报	2	0.96	53.85
7	财经研究	5	2.40	24.04	28	投资研究	2	0.96	54.81
8	金融与经济	4	1.92	25.96	29	中国金融	2	0.96	55.77
9	世界经济	4	1.92	27.88	30	南京师大学报(社会科学版)	2	0.96	56.73
10	数量经济技术经济研究	4	1.92	29.81	31	企业经济	2	0.96	57.69
11	特区经济	4	1.92	31.73	32	山西财经大学学报	2	0.96	58.65
12	管理世界	4	1.92	33.65	33	现代管理科学	2	0.96	59.62
13	思想战线	3	1.44	35.10	34	现代财经(天津财经大学学报)	2	0.96	60.58
14	世界经济研究	3	1.44	36.54	35	武汉大学学报(哲学社会科学版)	2	0.96	61.54
15	当代财经	3	1.44	37.98	36	中央财经大学学报	2	0.96	62.50
16	金融论坛	3	1.44	39.42	37	财经问题研究	2	0.96	63.46
17	金融研究	3	1.44	40.87	38	财经理论与实践	2	0.96	64.42

续表

序号	发文期刊	出现频次	百分比%	累计百分比%	序号	发文期刊	出现频次	百分比%	累计百分比%
18	现代经济探讨	3	1.44	42.31	39	财经论丛	2	0.96	65.38
19	商场现代化	3	1.44	43.75	40	财贸研究	2	0.96	66.35
20	亚太经济	3	1.44	45.19	41	改革	2	0.96	67.31
21	宏观经济研究	3	1.44	46.63	42	河南金融管理干部学院学报	2	0.96	68.27

2.2.3 研究热点分析

关键词是研究文献核心内容的提炼，某种程度上能够代表文献的主题和核心思想，如果某些关键词在其所在领域的文献中反复出现，则反映出该关键词有可能是该领域的研究热点。对 208 篇文献的题录信息提取关键词字段并进行频次统计，共得到原始关键词 697 个，其中，出现频次大于等于 2 的关键词有 121 个，出现频次大于等于 3 的关键词有 52 个，出现频次大于等于 4 的关键词有 33 个，出现频次大于等于 5 的关键词有 18 个（见表 2－6）。选择关键词频次为“3”和“4”，使用 VOSviewer 的模块化聚类算法对关键词进行共现分析，绘制关键词共现图谱（见图 2－6）和关键词共现叠加可视化图谱（见图 2－7）。

部分高频关键词为：货币错配（107 次）、Currency Mismatch（38 次）、汇率制度（17 次）、货币政策（14 次）、外汇储备（14 次）、人民币国际化（10 次）、债权型货币错配（9 次）、人民币汇率（9 次）、国际货币体系（8 次）、汇率风险（8 次）、汇率（8 次）、本币升值（8 次）、汇率波动（8 次）、Monetary Policy（8 次）、金融危机（7 次）、货币危机（5 次）、汇率政策（5 次）、Exchange Rate（5 次）、体系错配（4 次）、汇率变动（4 次）、影响因素（4 次）、外币资产（4 次）、新兴市场（4 次）、期限错配（4 次）、资产负债表（4 次）、金融加速器（4 次）、新兴市场国家（4 次）、VAR 模型（4 次）、AECM（4 次）、RMB Exchange Rate（4 次）、International Monetary System（4 次）、Foreign Exchange Reserves（4 次）、Sudden Stops（4 次）等，高频关键词所代表的研究方向被较多学者所关注，均为货币错配领域的研究热点。关键词共现图谱中，不同的颜色代表不同的聚类，从图

2－8可以看出形成了以“货币错配的成因和内涵”“汇率政策和人民币国际化”“货币错配的测算和影响因素”为代表的聚类，这三个聚类是我国货币错配领域的三个研究热点主题（见表2－6）。

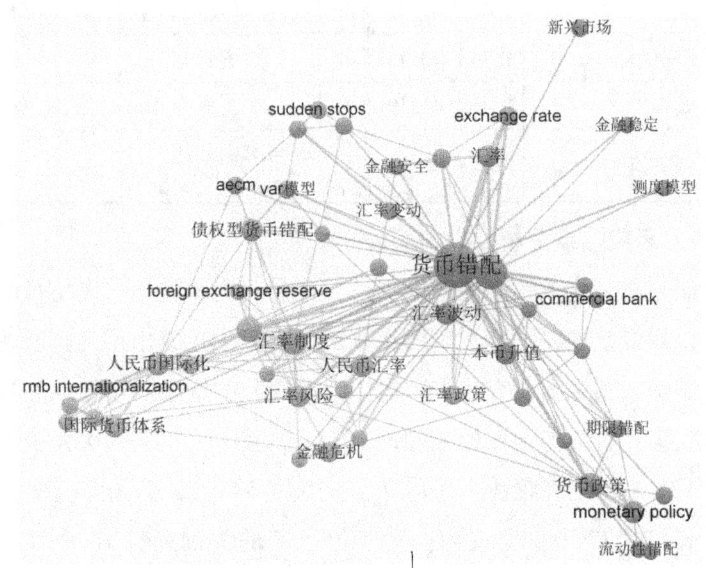

图2－6　关键词共现知识图谱（阈值3）

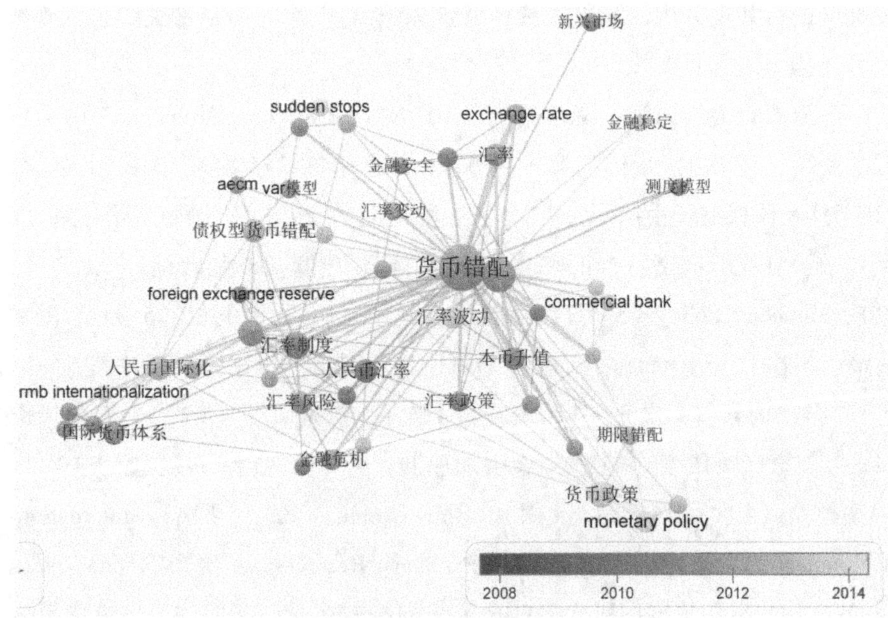

图2－7　关键词共现叠加可视化图谱（阈值3）

表 2-6 货币错配领域的研究热点

聚类	研究热点	关键词
聚类 1	货币错配的内涵和成因	货币错配（107 次）、currency mismatch（29 次）、monetary policy（8 次）、汇率波动（8 次）、本币升值（8 次）、货币政策（5 次）、新兴市场（4 次）、期限错配（4 次）、资产负债表（4 次）、balance sheet（3 次）、commercial bank（3 次）、中央银行（3 次）、商业银行（3 次）、流动性错配（3 次）、测度模型（3 次）、金融加速器（4 次）、金融稳定（3 次）、银行危机（3 次）、风险管理（3 次）
聚类 2	汇率政策和人民币国际化	汇率制度（17 次）、外汇储备（14 次）、人民币国际化（10 次）、人民币汇率（9 次）、国际货币体系（8 次）、汇率风险（8 次）、金融危机（7 次）、foreign exchange reserves（7 次）、汇率政策（5 次）、international monetary system（4 次）、rmb exchange rate（4 次）、体系错配（4 次）、exchange rate system（3 次）、rmb internationalization（3 次）、国际生产中心（3 次）、新兴市场经济体（3 次）、资产负债表效应（3 次）
聚类 3	货币错配的测算和影响因素	债权型货币错配（9 次）、汇率（8 次）、exchange rate（5 次）、货币危机（5 次）、sudden stops（4 次）、var 模型（4 次）、外币资产（4 次）、影响因素（4 次）、新兴市场国家（4 次）、AECM（4 次）、汇率变动（4 次）、通货膨胀（3 次）、金融安全（3 次）

2.2.4 知识基础分析

（1）作者共被引分析

一篇论文引用其他论文可以看作是知识从不同的研究主题流动到当前研究主题，是知识单元从游离状态到重组产生新知识的过程。当两个作者各自的作品同时被第三个作者引用，则称其间存在着作者共被引关系。作者经常被共同引用表明他们的作品研究主题的概念、理论或方法相关，作者共被引次数越多，他们之间的关系就越密切。因此，根据作者共被引知识图谱判断出核心作者对货币错配研究领域产生的影响。

初步统计发现，引文文献总共 415 位作者，其中，共被引次数大于等于 3 的作者为 54 位，大于等于 4 的作者为 38 位，大于等于 5 的作者为 28 位，大于等于 6 的作者为 20 位。通常判断某研究领域的高影响力作者依据的是普赖斯定律，其计算公式为：$M=0.749\sqrt{N_{max}}$，N_{max}为统计年限中该研究领域被引频次最高的作者的被引次数，M 为被引频次的临界值。只有被引频

次高于 M 的作者，才是该领域有影响力的作者。统计可知 N_{max} 为 34，则 $M = 0.749 \times \sqrt{34} \approx 4.37$，即共被引频次高于 4 次的作者是货币错配研究领域的高影响力作者。满足该条件的作者共有 38 位，运用 VOSviewer 绘制知识图谱（见图 2－8）。作者共被引次数大于等于 6 的分别为：李杨（34 次）、Eichengreen（27 次）、戈登斯坦·莫里斯（25 次）、刘少波（24 次）、夏建伟（24 次）、裴平（17 次）、朱超（16 次）、Mishkin，F（13 次）、唐宋元（11 次）、Jeanne，O（10 次）、Krugman（9 次）、陈晓莉（8 次）、施建淮（8 次）、贺庆春（7 次）、Calvo，G（7 次）、Magud（6 次）、Mckinnon（6 次）等。

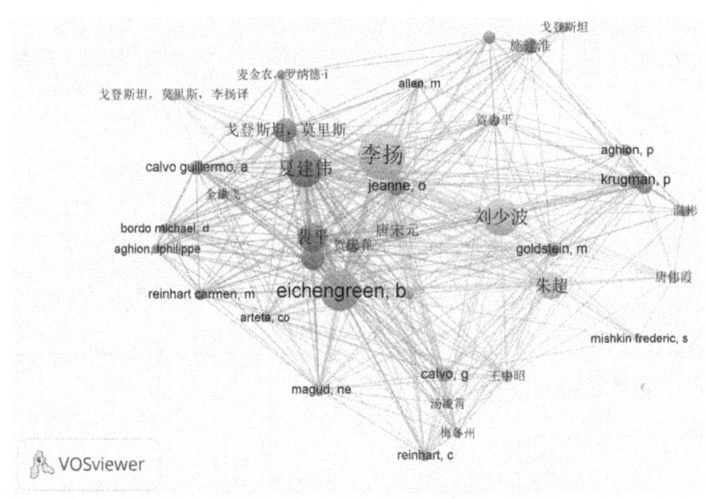

图 2－8　作者共被引知识图谱（阈值 4）

（2）期刊共被引分析

期刊共被引是指两种期刊的文献同时被别的期刊文献引用，以此将众多表面上无外部联系的期刊有机地联系起来。探寻货币错配领域的共被引期刊，可揭示期刊间互相依赖和交叉的关系，判断该刊的专业限制和内容覆盖范围，揭示学科的发展状态、结构和期刊之间的相互关系，并确定相关领域的核心期刊。选择期刊共被引次数为“5”和“10”，绘制领域的期刊共被引知识图谱（见图 2－9 和图 2－10）。初步统计，共被引次数大于等于 3 次的期刊为 57 个，大于等于 4 次的期刊为 39 个，大于等于 5 次的期刊为 34 个，大于等于 6 次的期刊为 30 个，大于等于 7 次的为 27 个，大于等于 8 次的为 22 个，大于等于 10 次的为 16 个，分别为：*NBER working paper*（53 次）、《国际金融研究》（44 次）、《经济研究》（31 次）、《管理世界》（28 次）、《财经理论与实践》（27 次）、《世界经济》（26 次）、《金融研究》（19 次）、*IMF Working Paper*（19 次）、《货币错配：新兴市场国家的困境与对策》（18 次）、《数量经济技术经济研究》（13 次）、*American Economic Review*（13 次）、《财贸研究》（13 次）、*Journal of Political Economy*（12 次）、《上海金融》（12 次）、《经济学动态》（11 次）、*European Economic Review*（10 次）等。

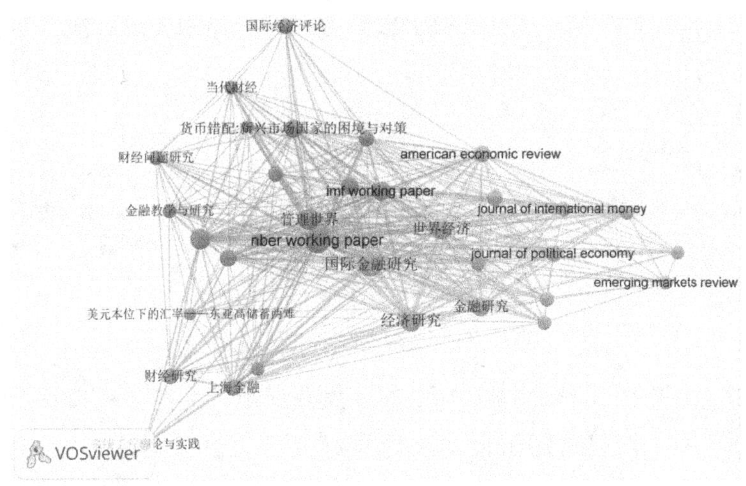

图 2－9　高共被引期刊（阈值 5）

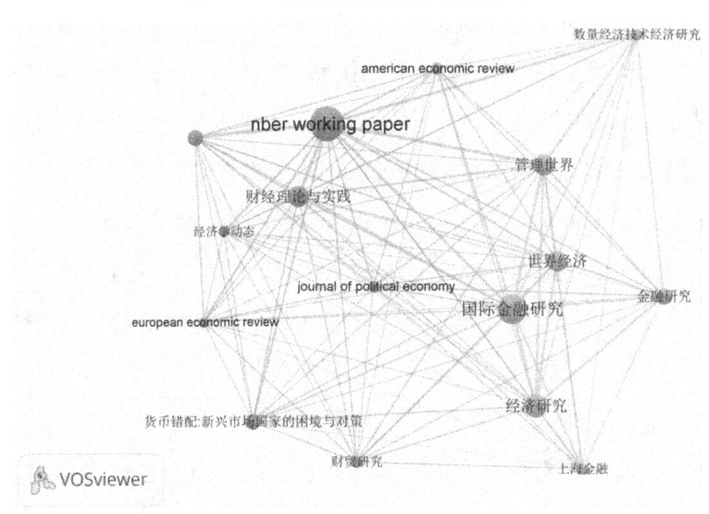

图 2－10　高共被引期刊（阈值 10）

(3) 文献共被引分析

“文献共被引”是指不同文献在一篇文章中被同时引用的现象，文献共被引的频次越高，说明文献之间研究方向、研究主题的关联性越强。同时，多篇文献共被引可以形成被引聚类，聚类文献之间研究方向、研究主题关系密切，从而形成代表文章知识基础的知识域。论文被引频次的多少是论文学术影响力的体现。通常而言，论文的被引次数越多，其学术价值也就越大。在 VOSviewer 中导入 759 条引文文献数据，可以获得我国货币错配领域的关键文献或著作。共被引频次在 3 次以上的文献有 46 篇；共被引频次在 5 次及以上的文献有 17 篇。选择共被引次数为“3”，绘制文献共被引知识图谱(见图 2－11)。

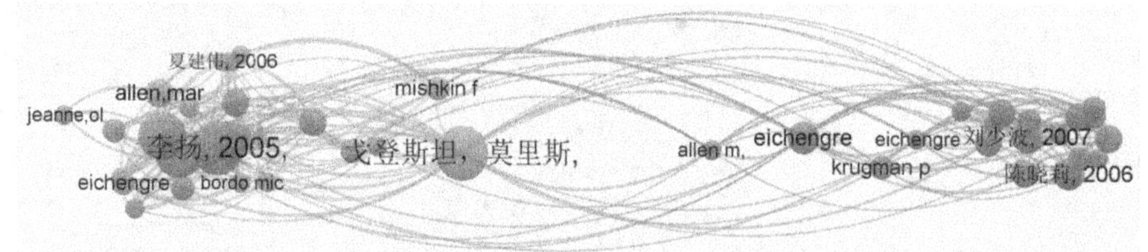

图 2－11　文献共被引（阈值 3）

表 2－7 展示了部分高被引频文献，戈登斯坦·莫里斯（2005）的著作《货币错配——新兴市场国家的困境与对策》共被引次数为 22 次、李扬（2005）的《汇率制度改革必须高度关注货币错配风险》共被引频次为 21 次、裴平（2006）的《中国的国际收支失衡与货币错配》共被引次数为 15 次、刘少波（2007）的《中国货币错配程度及其影响因素》共被引次数为 13 次、夏建伟（2006）的《我国货币错配问题探讨》共被引次数为 10 次、唐宋元（2006）的《有关货币错配问题研究的文献综述》共被引次数为 7 次、Eichengreen（2003）的 *Currency Mismatches, Debt Intolerance and Original Sin: Why They Are Not the Same and Why it Matters* 共被引次数为 6 次、陈晓莉的《本币升值冲击与银行业危机：一个基于不对称信息的分析框架》共被引次数为 6 次，夏建伟（2006）的《货币错配理论研究进展》共被引次数为 5 次，李扬（2006）的《人民币汇率制度改革：回归有管理的浮动》共被引次数为 5 次，刘少波（2008）的《货币错配与经济金融稳定》共被引次数为 5 次，Allen（2002）的 *A Balance Sheet Approach to Financial Crisis*

共被引次数为5次，王中昭（2010）的《汇率与货币错配协动性关系及机理探析》共被引次数为5次等。从内容上看，高共被引文献多为概念内涵、研究范式等基本理论的思辨类文章，选题的开创性与观点的权威性为后续研究明确了研究领域并提供了具有可操作性的研究框架，产生了极其重要的影响。

李扬（2005）认为货币错配风险是着力从稳定性的角度来考察汇率波动对经济运行带来的冲击。随着世界经济一体化程度的加深，本币不是"关键货币"的国家都面临着货币错配的风险。中国也存在着较大程度的货币错配问题。但汇率和资本流动制度的改变是大势所趋，严重货币错配的存在将使金融的稳定运行如履薄冰。因此，在确定汇率制度与外汇管理制度改革方略的时候，应当将与之相关的各种问题进行统筹安排。

裴平、孙兆斌（2006）认为作为货币尚未国际化的发展中国家，中国的国际收支失衡导致了严重的货币错配。从国际收支失衡的角度，采用AECM指数体系，对1985—2004年中国的货币错配进行了实证分析。结果表明，1985年以来中国的货币错配日益严重，虽然货币错配及其风险尚未达到不可控制的程度，但已对中国经济产生了较大的负面影响。因此，政府和企业都必须采取有效措施对货币错配及其风险进行控制和管理。

刘少波、贺庆春（2007）认为货币错配是发展中国家普遍存在的一种经济金融现象，研究这一现象对我国汇率制度改革和金融深化过程中经济金融政策的制定具有重要的意义，测量了我国在1986—2005年20年间的货币错配程度，发现我国总体上存在较为严重的货币错配，但并非这20年都维持在同样的水平，而是经历了缓慢增长、快速上升、回落和回涨四个演变阶段。

夏建伟、曹广喜（2006）认为大规模的货币错配对一国金融体系的稳定性、货币政策的有效性和汇率政策的灵活性等方面会造成巨大的不利影响，甚至引发货币金融危机；根据戈德斯坦和特纳提出的货币错配衡量指标对中国的货币错配现状进行了探讨，认为中国存在一定程度的货币错配，其风险表现为本币升值下净外汇资产净值的缩水。

陈晓莉（2006）认为由于全球国际收支失衡日趋严重，拥有较多话语权的西方逆差国越来越多地把调整的负担强加给顺差国，对顺差国的汇率施加升值压力。而存在国际收支顺差的发展中国家，非常担心这种升值会对国内经济，尤其是脆弱的金融体系造成不利影响。通过基于信息的银行挤兑模型，构建了一个本币升值冲击通过银行的资产负债表渠道引起银行危机的模型。模型表明在货币升值的情况下，只要银行及其客户存在相当多的外币资产、本币负债的货币错配，并且这种错配情况能被部分存款人观察到，从而使得他们改变原来的提款计划，就可能引起银行部门的流动性危机。

李扬、余维彬（2005）认为在人民币汇率制度改革过程中，确定汇率形成机制变革和汇率水平变化的优先次序至关重要：机制改革优先，并且在改革过程中始终重视汇率稳定，应当是人民币汇率制度改革的基本战略。回归有管理的浮动汇率制度，是实施这一战略的适当选择，在回归有管理的浮动汇率制的过程中，货币错配构成主要风险。为了有效管理这一风险，我国应保持较高水平的外汇储备，在稳步推行资本项目放松管制过程中加强针对货币错配问题的审慎性监管，实施稳健的宏观经济政策，促进资本市场发展。

刘少波、贺庆春（2008）认为货币错配是造成金融和经济危机的主要原因之一。构建了两期微观经济主体（银行、企业）行为模型，模型表明本币的大幅升值会恶化微观经济主体的资产负债表，在一定情况下会导致一国的金融或经济危机。王中昭（2010）从汇率对货币错配传导性入手，对汇率与货币错配的传导协动性关系和机理进行探讨。通过引入随机干扰的正向和逆向冲击因素，构建汇率等影响因素与货币错配协动性关系联立方程模型。研究表明：单一钉住美元汇率制度下的货币错配与各种因素综合协动性关系弱化，但参考一篮子货币汇率制下的综合传导协动性明显，并且货币错配汇率风险在缓慢增强；汇率升值政策效果受到阻滞比贬值大，呈现很快由强转弱的变异性；汇率与货币错配协动性关系呈现出 12 年左右周期性特征；低利率水平有助于弱化货币错配；货币错配与人民币汇率、外币负债以及外汇储备协动性关系均具有不对称性。

表 2-7 部分高被引文献

序号	作者	文献	发文期刊	年份	共被引次数
1	戈登斯坦·莫里斯	货币错配——新兴市场国家的困境与对策	社会科学文献出版社	2005	22
2	李扬	汇率制度改革必须高度关注货币错配风险	财经理论与实践	2005	21
3	裴平	中国的国际收支失衡与货币错配	国际金融研究	2006	15
4	刘少波	中国货币错配程度及其影响因素——1986—2005 年中国货币错配的演变态势分析	管理世界	2007	13
5	夏建伟	我国货币错配问题探讨	财贸研究	2006	10
6	唐宋元	有关货币错配问题研究的文献综述	金融教学与研究	2006	7
7	Eichengreen B	Currency Mismatches, Debt Intolerance and Original Sin: Why They Are Not the Same and Why it Matters	NBER working paper	2003	6
8	陈晓莉	本币升值冲击与银行业危机：一个基于不对称信息的分析框架	世界经济	2006	6
9	夏建伟	货币错配理论研究进展	经济学动态	2006	5
10	李扬	人民币汇率制度改革：回归有管理的浮动	经济研究	2005	5
11	刘少波	货币错配与经济金融稳定——一个基于本币升值预期的两期微观经济主体行为模型	国际金融研究	2008	5
12	Allen Mark	A Balance Sheet Approach to Financial Crisis	IMF working paper	2002	5
13	王中昭	汇率与货币错配协动性关系及机理探析	国际金融研究	2010	5

2.2.5 小结

以 CNKI 和 CSSCI 数据库中收录的我国货币错配领域文献为研究对象，采用 VOSviewer 可视化分析工具识别我国货币错配研究领域的研究主体、研究热点与知识基础，主要得出如下结论：

第一，作者和机构共现图谱有助于梳理我国货币错配领域的研究主体。该领域形成若干核心作者，但作者之间合作程度不高，高产作者为夏建伟、李新功、贺庆春、王中昭、朱超、刘少波、唐宋元、李雪莲、刘晓辉、余维彬、李扬、叶文娱、何金旗、史安娜、苏应蓉、陶士贵等。

该领域形成若干核心研究机构，但研究机构之间的合作紧密度和强度欠缺，部分核心机构为：广西大学商学院，河南大学工商管理研究所、西南财经大学中国金融研究中心、武汉大学经济与管理学院、中南财经政法大学金融学院、中国人民大学经济学院、对外经济贸易大学金融学院、中国人民大学财政金融学院、四川大学经济学院、中国社会科学院金融研究所等。

第二，关键词共现图谱有助于揭示我国货币错配领域的研究热点和主题脉络。研究热点主要有货币错配、Currency Mismatch、汇率制度、货币政策、外汇储备、人民币国际化、债权型货币错配、人民币汇率、国际货币体系、汇率风险、汇率、本币升值、汇率波动、Monetary Policy、金融危机等。研究主题主要聚焦于“货币错配的成因和内涵”“汇率政策和人民币国际化”“货币错配的测算和影响因素”三大主题。

第三，共被引知识图谱有助于揭示我国货币错配研究领域的基础知识，识别高被引作者、评估重要核心期刊和代表性文献。高共被引作者为李杨、Eichengreen、刘少波、夏建伟、戈登斯坦·莫里斯、裴平、朱超、Mishkin、唐宋元、Jeanne、Krugman、陈晓莉、施建淮、贺庆春、Calvo、Magud、Mckinnon 等。

高共被引期刊为 *NBER working paper*、《国际金融研究》、《经济研究》、《管理世界》、《财经理论与实践》、《世界经济》、《金融研究》、*IMF Working Paper*、《货币错配：新兴市场国家的困境与对策》、《数量经济技术经济研究》、*American Economic Review*、《财贸研究》、*Journal of Political Economy*、《上海金融》、《经济学动态》、*European Economic Review* 等。

高共被引文献为戈登斯坦·莫里斯（2005）的著作《货币错配——新兴市场国家的困境与对策》、李扬（2005）的《汇率制度改革必须高度关注货币错配风险》，裴平（2006）的《中国的国际收支失衡与货币错配》、刘少波（2007）的《中国货币错配程度及其影响因素》，夏建伟（2006）的《我国货币错配问题探讨》等。

3 我国货币错配的特征分析

3.1 我国货币错配的程度测算及特征

3.1.1 货币错配的主要量化指标

(1) 原罪指标

第一，OSIN1 指标。Eichengreen、Haussmann & Panizza (2003) 从原罪论角度，最早提出了测度货币错配的原罪指标 ($OSIN$)：

$$OSIN1_i = 1 - \frac{\text{i 国发行的以 i 国货币计值的国际债券}}{\text{i 国发行的国际债券总和}} \tag{3-1}$$

当一个国家没有发行以本国货币计值的国际债券时，则 $OSIN1 = 1$；发行的国际债券都以本国货币计值，则 $OSIN1 = 0$，但是，$OSIN1$ 指标的缺点在于没有反映一个国家除了债券以外的其他形式的债务。

第二，INDEXA 指标。由于 OSIN1 指标中只包含债券债务而未包含非债券债务，为更全面地反映原罪情况，Eichengreen，Hausmann & Panizza (2003) 在 OSIN1 指标的基础上引入了 INDEXA 指标，其计算公式为：

$$INDEXA_i = \frac{\text{i 国发行的以 5 种世界主要货币计值的所有债券} + \text{国际贷款}}{\text{i 国发行的国际债券} + \text{国际贷款}} \tag{3-2}$$

式 (3-2) 中的五种主要货币是美元、欧元、英镑、日元和瑞士法郎。可以看出，如果一国发行的国际债券全部是以本国货币来计值，那么，INDEXA 值等于 0；反之，如果一国发行的国际债券全部是以五种主要货币计值来计值，那么，INDEXA 值就等于 1。

与 OSIN1 指标相比，INDEXA 指标不仅考虑了债券债务，而且也考虑了银行贷款，提高了外币债务的覆盖率，从而更全面地反映了一国外币债务风险暴露的状况。当然，INDEXA 指标也存在问题，主要是这一指标假定所有其他以非五种主要货币发行的国际债券和国际贷款都是以本国货币发行的，这可能会在一定程度上低估原罪的程度。

第三，INDEXB 指标。为了克服 OSIN1 指标中未考虑通过互换等交易对冲货币头寸风险的缺陷，Eichengreen，Hausmann &Panizza（2003）在 OSIN1 指标的基础上引入了一个新的指标 INDEXB：

$$INDEXB_i = 1 - \frac{\text{以 i 国货币计值的国际债券}}{\text{i 国货币对应的该国发行的全部国际债券}} \tag{3-3}$$

但是在现实中，货币敞口风险的对冲可以通过货币互换来实现，也可以通过远期外汇交易来实现，然而，INDEXB 指标没有考虑到后一种对冲形式，因而也不完善。

第四，OSIN3 指标。由于 INDEXB 取值可能会为负，此时以 i 国货币计值的债券数额大于该国发行的债券总额。于是，对后面项的负数取 0，这就是 OSIN3。即 1 减去以 i 国货币计值的所有国际债券对 i 国居民签发债券数量的比例。后者如果为负数，则取值为 0。

$$OSIN3_i = \max\left(1 - \frac{\text{i 国货币计值的国际债券}}{\text{i 国货币对应的该国发行的全部国际债券}}, 0\right) \tag{3-4}$$

以本币计值的国际证券占本国发行的全部国际证券的比率越高，则“原罪”越小；反之，以本币计值的国际证券占本国发行的全部国际证券的比率越低，则“原罪”越大。从原罪（OSIN）指标体系可以看出，原罪指标显然是一个单向度的货币错配测度指标，它主要强调了资产负债表中的外币债务问题，对于那些外币债务负担很重的国家来说，这一指标可以在一定程度上反映货币错配的程度。但是，用原罪指标来测算货币错配，显然存在结构性缺陷。

一方面，原罪指标只考虑了经济行为主体资产负债表中负债方的计值货币问题，而没有考虑资产负债表中资产方的计值货币。在现实中，资产负债表中不仅可能拥有外币债务，也可能同时拥有外币债权，因此当资产负债表中同时拥有外币债务和外币债权时，二者往往可以相互对冲。原罪指标仅仅考虑了负债中的本、外币结构关系，测度一国国际债务中外币外债所占的比例，从本质来说，原罪指标实际上只是测度了一个国家对外负债中外币债务的负担程度，而不是对货币错配程度本身的真正度量。

另一方面，对于那些外币资产稀缺而外币债务负担十分沉重的负债型货币错配国家来说，原罪指标可以在某种程度上反映出其货币错配的程度，而对于那些拥有庞大外币资产而较少外币债务负担的资产型货币错配国家来说，原罪指标根本无法体现资产负债表中外币资产的存在，也就无法度量资产型货币错配的程度，甚至可能会产生根本性的误导（Goldstein & Turner，2004，2005）。Goldstein & Turner（2005）指出“原罪指标忽视了各国在出口依存度、外汇储备数量以及外汇资产数量等方面的差异：它只关注跨国债券融资和银行贷款，忽视了外债的币种结构、国内债券市场的发展程度、国际投资者对国内债券市场的参与程度等因素；它只强调跨国债券融资和银行借贷的最初面值，而实际上借款人可以通过衍生产品市场控制货币风险或将风险转移给他人”，因此原罪指标无法衡量债权型货币错配程度。显然，为了更加准确地体现货币错配的内涵和本质特征，货币错配指标不仅要考虑资产负债表中债务的本外币构成，而且还要考虑资产的本外币构成，以及由此而形成的整个资产负债表的总体本外币构成（羌建新，2012）。

（2）净外币敞口指标

第一，净外币头寸指标。鉴于原罪指标忽略了外币资产的形式，学者们使用了净外币头寸来测量经济体的货币错配程度（Billmeier & Mathisen，2006）：

净外币头寸 = 外币资产 - 外币负债　　(3-5)

这一指标从外币资产和外币负债两个方面来测量货币错配程度。由货币错配的定义可知，货币错配的形成是因为经济总体资产负债表中的资产或者负债有外币计值的情况，因此，在测量货币错配程度时，既要考虑外币资产也要考虑外币负债的情况。净外币头寸指标能够较好地反映出汇率变动对经济体资产和负债或者收入和损失的影响程度，如果经济体净外币头寸指标为正值，说明存在净外币资产，本币升值对其影响敏感；如果经济体净外币头寸指标为负值，说明存在净外币负债，本币贬值对其影响敏感。然而净外币头寸指标也有其不足，如果金融市场中有对敞口头寸的反向对冲行为，这一指标则不能真实的体现货币错配程度。所以说，净外币头寸指标不能反映市场对敞口头寸的对冲行为，在实际应用中有可能出现高估货币错配的情况（关建新，2012）。

第二，外汇风险敞口。由于净外币头寸指标不能完全反映实际的货币错配程度，将金融衍生产品的交易纳入了货币错配的测度指标，形成货币错配的外汇风险敞口指标。这一指标在考虑外汇敞口时，将金融衍生产品的交易与权益资产考虑进去，从而形成了更加完整的外汇风险敞口指标。其计算公式为：

$$\begin{aligned}\text{外汇风险敞口} = &\text{以外币计值的债务工具（资产）} - \\ &\text{以外币计值的债务工具（负债）} + \\ &\text{外币衍生品买入头寸} - \\ &\text{外币衍生品卖出头寸} + \text{国外资产权益}\end{aligned} \tag{3-6}$$

第三，综合货币错配绝对量指标（*ACMAQ*）。在已有研究工作的基础上，我国学者朱超（2008）构建了综合货币错配绝对量指标（aggregate currency mismatch absolute quantity，*ACMAQ*），一个更加全面的测度货币错配的指标，其计算公式如（3－7）所示：

$$ACMAQ = FCA - FCL + FCDLP - FCDSP + EI - IE - NEI \tag{3-7}$$

公式（3－7）中，*ACMAQ* 为一个国家、一个部门或一个主体的综合货币错配绝对量。*FCA* 表示以外币计值的对外资产，包括所有的以外币计值的债券、银行贷款及权益性资金运用；*FCL* 表示以外币计值的对外负债，包括所有的以外币计值的债券、银行贷款及权益性资金来源；*FCDLP* 表示外币衍生产品的长头寸（买入头寸）；*FCDSP* 表示外币衍生产品的短头寸（卖入头寸）；*EI* 表示商品与服务的出口收入；*IE* 表示商品与服务的进口支出；*NEI* 表示净权益性资本流入。显然，*ACMAQ* 实际上是从技术细节上对净外币头寸指标或净外汇风险敞口指标的改良或进一步细化。为了进行国际比较，可将货币错配表示为 *ACMAQ* 与 *GDP* 的比率，构建综合货币错配相对量指标（aggregate currency mismatch relative quantity，*ACMRQ*）：

$$ACMRQ = \frac{ACMAQ}{GDP} \times 100\% \tag{3-8}$$

第四，外汇暴露指标。Lane & Shambaugh（2009，2010）在其关于对外财富数据的研究中，定义了一个外汇暴露指标 FX_{it}^{AGG}：

$$FX_{it}^{AGG}=\omega_{it}^{A}S_{it}^{A}-\omega_{it}^{L}S_{it}^{L} \tag{3-9}$$

公式（3-9）中，ω_{it}^{A}表示以外币计值的对外资产在对外资产中所占的比例，S_{it}^{A}表示对外资产在对外资产与对外负债之和中所占的比例，ω_{it}^{L}表示以外币计值的对外负债在对外负债中所占的比例，S_{it}^{L}表示对外负债在对外资产与对外负债之和中所占的比例（羌建新，2012）。

因此，FX_{it}^{AGG}又可以表示为：

$$FX_{it}^{AGG}=\omega_{it}^{A}\left(\frac{A_{it}}{A_{it}+L_{it}}\right)-\omega_{it}^{L}\left(\frac{L_{it}}{A_{it}+L_{it}}\right) \tag{3-10}$$

其中A_{it}表示对外资产，L_{it}表示对外负债。

FX_{it}^{AGG}是一个衡量货币风险暴露的相对指标，它不仅反映了外汇风险暴露的方向，而且反映了这种风险暴露在资产负债表中的相对比重。

此外，Lane & Shambaugh（2009，2010）还建立了另一个净外汇暴露指标$NETFX_{it}$：

$$NETFX_{it}=FX_{it}^{AGG}\times IFI_{it-1} \tag{3-11}$$

其中，$IFI_{it}=\dfrac{A_{it}-L_{it}}{GDP_{it}}$ （3-12）

因此，式（3-12）可表示为

$$NETFX_{it}=\frac{\omega_{it}^{A}A_{it}-\omega_{it}^{L}L_{it}}{GDP_{it-1}} \tag{3-13}$$

在Lane & Shambaugh（2009，2010）关于FX_{it}^{AGG}，$NETFX_{it}$定义的基础上，可进一步得出外汇暴露的绝对量指标：$NETFXA_{it}$，资产负债表中的净外币资产。

$$NETFXA_{it}=\omega_{it}^{A}A_{it}-\omega_{it}^{L}L_{it} \tag{3-14}$$

（3）Mismatch 指标

Mismatch 指标是 Eichengreen，Haussmann & Panizza（2003）在原罪指标的基础上提出的，计算公式如式（3-15）所示：

$$Mismatch=\frac{RES-DEBT}{EXP}OSIN \tag{3-15}$$

其中，RES 为外汇储备；$DEBT$ 为外币负债，EXP 为出口，$OSIN$ 为原罪，见式（3-16）：

$$OSIN = \max\left(1 - \frac{\text{以 i 国货币计值的国际债券}}{\text{该货币对应的 i 国发行的全部国际债券}},\ 0\right) \quad (3-16)$$

将 OSIN 代入，可得：

$$Mismatch = \frac{RES - DEBT}{EXP}\max\left(1 - \frac{\text{以 i 国货币计值的国际债券}}{\text{该货币对应的 i 国发行的全部国际债券}},\ 0\right) \quad (3-17)$$

Mismatch 代表了经济体货币错配的程度，值越大，说明货币错配程度越严重；值越小，货币错配程度就越小（祝恩扬，2013）。

与 Eichengreen（2003）的 Mismatch 指标类似，Bordon & Meissner（2006）建立了一个更简单的货币错配多维度复合指标。

$$Mismatch = \frac{\text{未清偿的全部硬货币债务} - \text{国际储备}}{\text{出口}} \quad (3-18)$$

3.1.2 我国货币错配的程度测算

（1）我国货币错配程度的绝对指标——净外币头寸指标

Billmeier & Mathisen（2006）使用净外币头寸来测度一国的总体货币错配及经济中各个部门的货币错配：国外净资产是货币当局与银行机构国外净资产之和；净对外头寸指经济总体层面的净对外头寸。早期的学者用国际投资净头寸来反映货币错配风险，反映特定时点上一个国家或地区对世界其他国家或地区金融资产和负债的存量，且国际投资头寸的变动是由特定时期内交易、价格变化、汇率变化和其他调整引起的。根据我国外汇管理局发布的国际投资头寸表（International Investment Position，IIP）对我国货币错配风险进行一个初步的分析，IIP 是反映特定时点上（如年末）一个国家或地区对世界其他国家或地区的金融资产和负债存量（余额）的统计报表，IIP 中对外金融资产和负债的差额是净头寸，表明此国家或地区是对外净债权国还是净债务国（张瑞琪，2015）。

我国从 2004 年起对外金融净资产就大于零，表明我国的对外金融资产规模大于负债规模，即属于对外债权国（见图 3－1 和表 3－1）。我国对外金融资产在 2004—2014 年一直保持增长的态势，从 2004 年的 9291 亿美元增长到 2014 年的 64383 亿美元，年均增长率达到了 20%，增长较为迅速；在 2015 年我国对外金融资产出现了短暂下降，降到了 61558 亿美元，但在

2016 年又重新回到了 2014 年的规模，达到 65070 亿美元，2017 年为 71488 亿美元，2018 年为 73242 亿美元。2019 年年末，我国对外金融资产 77145 亿美元，较 2018 年年末增长 4.2%；2019 年对外资产中储备资产仍居首位，国际储备资产余额为 32229 亿美元，占我国对外金融资产总额的 42%，继续占据对外资产首位，但比重较 2018 年年末下降 1 个百分点，为 2004 年公布国际投资头寸数据以来的最低水平；直接投资资产 20945 亿美元，占资产总额的比重为 27%，提高 0.4 个百分点；证券投资资产 6460 亿美元，占比 8%；金融衍生工具资产 67 亿美元，占比 0.1%；存贷款等其他投资资产 17443 亿美元，占比 23%，下降 1 个百分点。

从我国对外金融负债方面来看，我国对外金融负债小于对外金融资产，2004 年为 6929 亿美元，2006 年为 11741 亿美元，2009 年为 21381 亿美元，2011 年为 32089 亿美元，2013 年为 41770 亿美元，2017 年为 50481 亿美元，2018 年为 51941 亿美元，2019 年年末我国对外负债 55905 亿美元，增长 6.3%；对外负债仍然以外国来华直接投资为主，来华证券投资增长较快。2019 年年末，我国对外负债中，外国来华直接投资 29281 亿美元，较 2018 年年末增长 3.6%，继续位列对外负债首位，占比 52%；外国来华证券投资 13646 亿美元，占比 24%。2019 年年末，境外投资者对我国境内证券市场持仓市值约 6500 亿美元，其中股票持仓量占 A 股总市值的 4.3%，较 2018 年年末提高 1.1 个百分点；债券持仓量占境内债券托管总量的 2.3%，较 2018 年年末提高 0.2 个百分点；存贷款等其他投资负债 12913 亿美元，占比 23%，下降 2.2 个百分点。

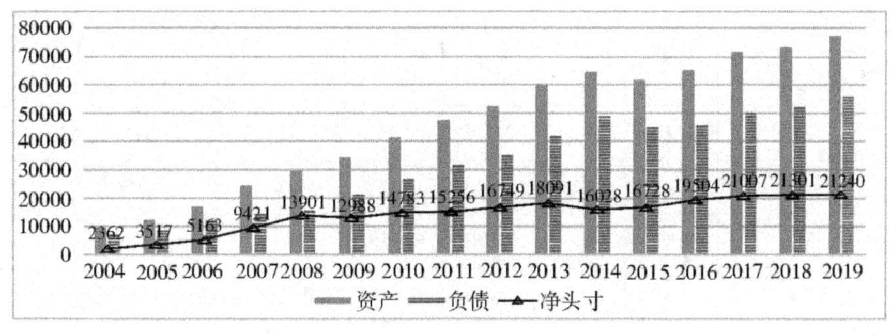

图 3－1　我国国际投资头寸

总的来看，我国国际投资净头寸规模处于一个较为稳定的水平，我国投资债权国的地位短期内不会改变。从国际投资净头寸来看，我国国际投资净头寸规模较大，2004年为2362亿美元，2008年为13901亿美元，2011年为15256亿美元，2016年为19504亿美元，2017年为21007亿美元，2018年为21301亿美元，2019年我国对外净资产为21240亿美元，这表明我国存在债权型的货币错配。拥有巨额对外净资产是一把“双刃剑”，从积极的方面看，这意味着我国外汇资源供求关系发生了根本变化，外汇供给大于需求，具备较强的国际清偿能力；从消极的方面看，巨额的对外净资产意味着我国汇率敞口头寸不断扩大，面临汇率波动的风险持续上升。

表3-1　中国国际投资头寸表（年度表）　（单位：亿美元）

项目	2004年	2005年	2006年	2007年	2008年	2009年	2010年	2011年
净头寸	2362	3517	5163	9421	13901	12988	14783	15256
资产	9291	12233	16905	24162	29567	34369	41189	47345
1 直接投资	527	645	906	1160	1857	2458	3172	4248
2 证券投资	920	1167	2652	2846	2525	2428	2571	2044
3 金融衍生工具	0	0	0	0	0	0	0	0
4 其他投资	1658	2164	2539	4683	5523	4952	6304	8495
5 储备资产	6186	8257	10808	15473	19662	24532	29142	32558
负债	6929	8716	11741	14741	15666	21381	26406	32089
1 直接投资	3690	4715	6144	7037	9155	13148	15696	19069
2 证券投资	968	1326	2446	3927	2715	3817	4336	4113
3 金融衍生工具	0	0	0	0	0	0	0	0
4 其他投资	2271	2675	3152	3778	3796	4416	6373	8907
项目	2012年	2013年	2014年	2015年	2016年	2017年	2018年	2019年
净头寸	16749	18091	16028	16728	19504	21007	21301	21240
资产	52132	59861	64383	61558	65070	71488	73242	77145
1 直接投资	5319	6605	8826	10959	13574	18090	18990	20945
2 证券投资	2406	2585	2625	2613	3670	4925	4980	6460
3 金融衍生工具	0	0	0	36	52	59	62	67

续表

项目	2012 年	2013 年	2014 年	2015 年	2016 年	2017 年	2018 年	2019 年
4 其他投资	10527	11867	13938	13889	16797	16055	17530	17443
5 储备资产	33879	38804	38993	34061	30978	32359	31680	32229
负债	35382	41770	48355	44830	45567	50481	51941	55905
1 直接投资	20680	23312	25991	26963	27551	27257	27623	29281
2 证券投资	5276	5734	7962	8170	8111	10994	10964	13646
3 金融衍生工具	0	0	0	53	60	34	60	65
4 其他投资	9426	12724	14402	9643	9844	12197	13294	12913

（2）我国货币错配程度的相对指标——AECM 指数

Goldstein & Turner（2004）提出了 AECM（Aggregate Effective Currency Mismatch）指标，由于 AECM 指标综合考虑了一国的资产情况和负债情况，得到了广泛的应用（黄西洋、方兆本，2009），因此，本研究主要采用 AECM 指标测算我国货币错配程度。

$$AECM = (NFCA/EXP) \times (FC/TD),\ NFCA < 0 \quad (3-19)$$

$$AECM = (NFCA/IMP) \times (FC/TD),\ NFCA < 0 \quad (3-20)$$

货币错配指数（AECM）指标主要由三部分构成：净外币资产额（*NFCA*）、出口贸易总额（*EXP*）或进口贸易总额（*IMP*）、外币债务占总债务中的比重（*FC/TD*，*FC* 表示外币债务，*TD* 表示总债务）。

第一步，测算净外币资产额（*NFCA*）。

$$NFCA = NFAMABK + FD - FL + FLMABK \quad (3-21)$$

公式（3-21）*NFAMABK* 是央行与商业银行的国外净资产，*FL* 为外债余额，数据来源于国家外汇管理局；*FD* 是金融机构中的外币存款，*FLMABK* 为金融机构外币负债，数据来源于中国人民银行和《中国金融年鉴》。*NFAMABK* 能客观、准确地测度一国因汇率变动带来的损益，如果 $NFAMABK < 0$，则表示净外币负债；如果 $NFAMABK > 0$，则表示净外币资产（项后军、吴丹婷，2016）。

第二步，测算外币债务在总债务中所占的比重（*FC/TD*）

$$FC = FL + DCPf \quad (3-22)$$

公式（3－22）中 *FC* 为外币债务，*DCPf* 为国内金融机构的外币贷款。

则总债务 *TD* 可以表示为公式（3－23）：

$$TD = FC + DCP + DB \tag{3-23}$$

式（3－23）中 *DCP* 为国内人民币信贷总额，*DB* 为国内发行的以人民币计值的债券总额，*FC*、*DCP* 数据来源于中国人民银行，*DB* 数据来源于《中国证券期货统计年鉴》。

第三步，测算我国货币错配指数。

$$AECM = \frac{NFAMABK + FD - FL + FLMABK}{EXP} \times \frac{FL + DCPf}{FL + DCPf + DCP + DB} \tag{3-24}$$

$$AECM = \frac{NFAMABK + FD - FL + FLMABK}{IMP} \times \frac{FL + DCPf}{FL + DCPf + DCP + DB} \tag{3-25}$$

其中，式（3－24）适用于处于净外币负债头寸的经济体，当用于净外币资产头寸的经济体时必须对其加以修正，采用式（3－25）。由于我国具有正净外币资产额，因此采用式（3－25）来测算我国 1986—2017 年 AECM 指数，计算结果如图 3－2 所示。

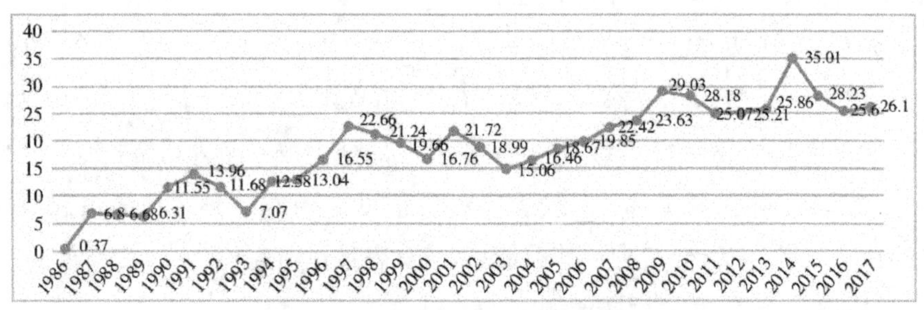

图 3－2　我国货币错配 AECM 指数

3.1.3　我国货币错配的动态特征

根据货币错配指数测算可知，我国货币错配指数变动具有明显的阶段性特征，表现为依次经过稳步上升期（1986—1999 年）、缓慢增长期（2000—2006 年）、快速增长期（2007—2014 年）和回落期（2015 年至今）四个阶段。

第一个阶段：1986—1999 年为货币错配的稳步上升期。1986—1989 年货币错配为缓慢增长期，AECM 指数均值为 5.1%，各年份也基本上处于 10% 以下，其中，1986 年仅为 0.37%，1989 年上升到 6.31%（见图 3－

3），此时我国仍然处于由计划经济体制向市场经济体制转化的初期，对外汇需求十分强烈，政府也采取了鼓励出口贸易、限制进口贸易以及大力引进外商直接投资的外向型经济发展策略，使得外汇净资产增加，货币错配指数缓慢增加，但总体上我国货币错配指数处于较低水平，货币错配的风险压力较小。

1990—1999 年货币错配程度的较快上升期，AECM 指数均值为 15.4%（见图 3－4）。这个阶段我国货币错配指数稳步上升，并呈现上下波动的趋势。主要原因在于 1994 年人民币汇率制度的重大改革，取消了外汇调剂价，实现了人民币汇率制度并轨。在人民币汇率制度改革当日人民币贬值幅度高达 52.60%，汇率贬值使得我国资本项目和经常项目出现持续的双顺差，我国外汇储备呈现明显的增长趋势，所以这一时期我国外汇资产的增长远远大于外汇负债的增长。特别是在 1997 年和 1998 年亚洲金融危机时我国货币错配指数第一次达到峰值，1997 年为 22.6%，1998 年为 21.2%，平均每年增长 1.5 个百分点，蕴含着严重的货币错配风险，主要原因在于受到亚洲金融危机的影响，国际短期资本流出数额大幅攀升，人民币汇率、外汇储备陷入非常不稳定状态，且外债增长迅速。

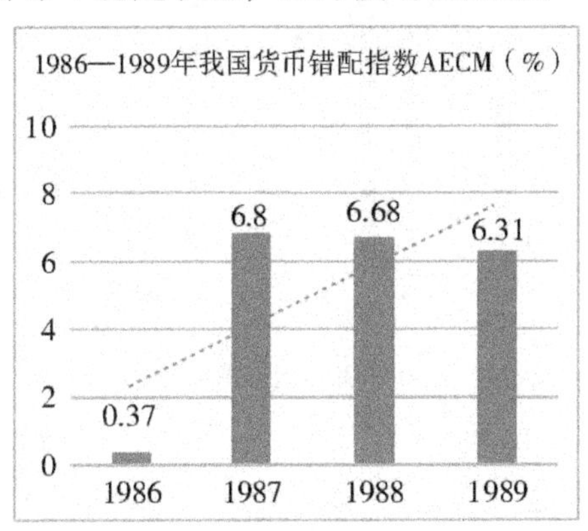

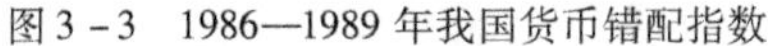
图 3－3　1986—1989 年我国货币错配指数

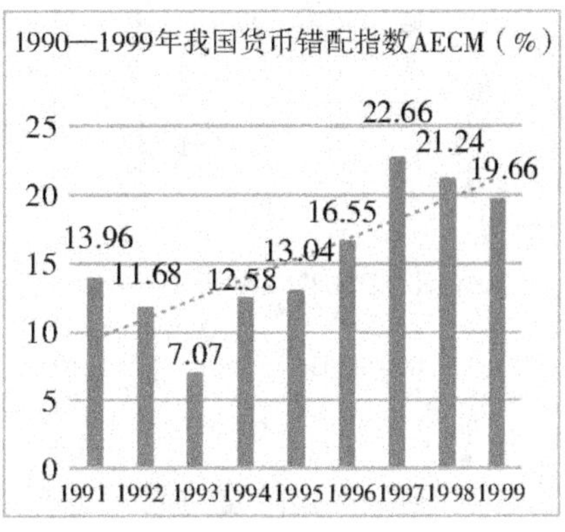

图 3－4　1990—1999 年我国货币错配指数

第二个阶段：2000—2006 年为货币错配的缓慢增长期，AECM 指数均值为 18.2%。此期间货币错配回落趋势明显，在 2000 年为 16.76%，最低值出现在 2003 年，为 15.06%（见图 3－5），货币错配压力得到了一定的缓解。后金融危机时代，东南亚各国汇率贬值严重，为了防止货币竞相贬值的连环效应，中国作为一个负责任的大国，主动承诺人民币汇率保持稳定，人民币不贬值相对于周边国家货币就意味着升值，由于我国在出口产品的结构上和周边亚洲国家极为相似，人民币不贬值的政策相对削弱了我国出口产品的竞争力，使得外汇储备下降，货币错配压力减轻。

第三个阶段：2007—2014 年为货币错配的快速增长期，AECM 指数均值为 26.8%。作为净外币资产的重要组成部分，随着我国外汇储备存量的持续上升（见图 3-6），受到人民币升值预期的影响，由于我国的外汇储备大多用于投资美元或者以美元计价的其他资产，一旦美元兑人民币贬值，外汇储备同样面临贬值风险，使得货币错配风险的不确定性增强。特别在 2007 年以后，货币错配程度均都超过 20%，呈现跳跃式增长的趋势，到 2014 年随着我国外汇储备达到创纪录的 3.99 万亿美元，货币错配指数达到历史最高点 35.01%，由于外汇储备无法在国内转化为资本，因此大量流入美元市场和欧元市场，购买国外的债权和资产，进一步导致货币错配问题的恶化（王三兴、陈帅，2012）。

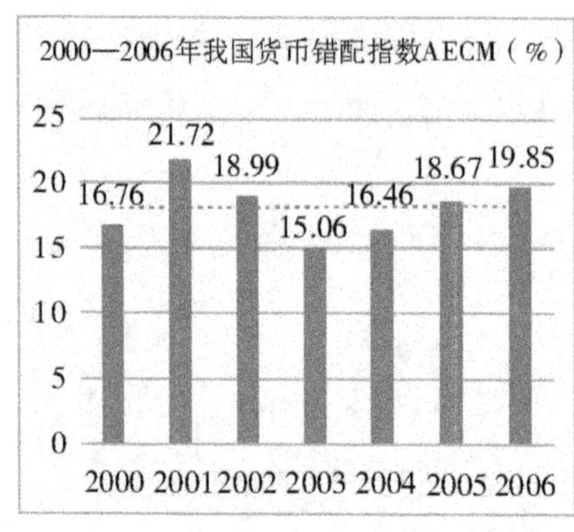

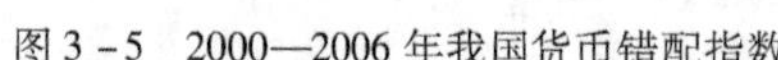
图 3-5　2000—2006 年我国货币错配指数

图 3-6　2007—2017 年我国货币错配指数

第四个阶段：2015 年之后为货币错配的回落期。从 2014 年 7 月开始我国多年持续高速增长的外汇储备开始下降，到 2014 年年底为 3.84 万亿美元，2015 年年底为 3.33 万亿美元；2017 年 1 月底，外汇储备规模为 2.9982 万亿美元，时隔 6 年重回“2”时代，但仍是全球最高水平。截至 2020 年 6 月末，外汇储备余额 31123 亿美元，较 2019 年年末增加 44 亿美元，增幅为 0.14%。随着外汇储备的下降，我国货币错配程度开始降低，2015 年 AECM 指数为 28.23%，2016 年为 25.6%，2017 年为 26.1%，之后缓慢下降，但仍然高位运行，债权型货币错配的风险仍然较高。

综上所述，由于我国存在一定程度的政府资本管制以及强制结汇政策，使得我国货币错配的风险主要集中在国家层面上，虽然并未达到不可控制的程度，然而其造成的消极影响威胁着我国的金融安全和经济安全，因此，在政府制定和实施政策的过程中应该引起足够的重视。

3.2　我国货币错配的成因分析

3.2.1　外部原因

（1）美元本位制

麦金农（1982）是较早提出“美元本位”的经济学家。2000 年以来，安迪森·维金的《美元的坠落》、理查德·邓肯的《美元危机》、彼得·D·希夫和约翰·唐斯的《美元大崩溃》都提出用“美元本位制”来描述现行国际货币体系。他们的著作中指出，在金本位制下，黄金既是国际货币，也是国际储备；在布雷顿森林体系下，别国可以储备美元或黄金，因为美元可以随时兑换黄金，但美国必须储备黄金；而在目前的美元本位制下，各国的主要储备资产是美元，美国却不必再储备黄金或其他类型担保资产用于国际支付。美元本位制与金本位制、布雷顿森林体系相比，一个最主要的不同在于美元的发行不受任何类似于黄金的实物支持，美国可以凭空创造大量的信用来支持美国的经济体系，并通过创新各种金融工具来达到这个目的。麦金农与大野建一（McKinnon & Ohno，1999）通过对 20 世纪 80—90 年代日元升值以后美日等国的实证分析，认为美国对汇率波动的反应比较温和，他们认为美日经济关系中需要引起重视的另一个特点是，两国对日元兑美元汇率变动的反应不同，至少在短期内，美国经济比日本经济更不容易受汇率不稳定的影响，且这种传导作用的不对称非常有助于解释为什么美联储和日本银行会对汇率波动做出不同的货币政策反应。

（2）经济全球化

20 世纪 90 年代以来，世界经济发展的主要特征之一就是经济全球化，经济全球化的基本特征包括贸易自由化、金融全球化和生产全球化，三者之间相互促进。金融全球化推动了生产全球化和贸易全球化的发展，而生产全球化和贸易全球化反过来也会促进金融全球化的发展。经济全球化把几乎所有的国家或地区卷入其中，一个国家要发展，必然要融入这一洪流，完全孤立封闭的后果就是落后与贫穷。对于发展中国家而言，在经济全球化的大潮中谋得利益和发展是有前提的，就是合理利用规则，保持开放的限度。

全球化其实就是西方化，或是美国化、美元化，发展中国家由于先天不足，发展较晚，几乎没有参与制定规则的权力，只能被动地接受一切。运用的规则是别人的，国际贸易和融资中使用的货币是别国的，发生了争议调节机制也是他国制定的，可以说，经济全球化极大地削弱了发展中国家的经济主权，加剧了金融风险，导致发展中国家的金融安全和经济安全面临着更大的不确定性。与发达国家相比，发展中国家从经济全球化中获得的利益要小得多，而且，随着经济全球化的加深，一些发展中国家不可避免地出现了一定程度的实际美元化，加剧了其货币替代和资产替代程度，进而导致金融美元化程度的加深。金融美元化是实际美元化的反映，货币错配则是这一过程的产物（石岩，2019）。

3.2.2 内部原因

（1）高储蓄两难综合症

麦金农（McKinnon，2005）用“高储蓄两难综合症”分析了亚洲金融危机之后东南亚新兴市场经济体的货币错配。危机以后，如韩国等东南亚经济体在经济复苏的同时积累了较大的经常项目顺差，使其从国际债务国变为国际债权国。然而，由于东南亚地区实际上是处于美元体系之中，因此它们增加的国外权益只能以美元计值，并形成流动性很高的美元资产。以韩国为例，其87%的出口和81%的进口都以美元定价。除日本外的其他东南亚各国与韩国相仿，对外贸易皆以美元定价。因此在全球经济失衡背景下，东南亚新兴市场经济体对美贸易持续顺差而累积的美元债权使它们面临两难：美元汇率的波动容易导致本国潜在的资产负债表损失，一旦本币升值，可能引发通货紧缩并使出口企业失去竞争力，而私人和机构持有的美元资产多未进行套期保值，这使他们将面临贬值风险；若保持美元相对本币的稳定，外贸对象如美国又会威胁实行贸易制裁。总之，本币国际地位的丧失使货币错配成为新兴市场国家的必然现象。虽然，1990年代后新兴市场国家采取了一系列的措施来降低货币错配风险，但都难以取得理想的成效（郭萍，2010）。

（2）原罪论

Eiehengreen（1995，2003），Hausmann（2000）认为新兴市场国家自身

的金融市场发育不完善而导致了货币错配。由于金融体系发展不完善的“原罪”存在，会导致新兴市场国家在国际上不能用本币借贷形成货币错配，在国内不能以本币进行长期借贷形成期限错配。新兴市场国家在经济发展过程中，不断进行自身制度的完善、大力发展国内债券市场等，并且实行稳健的政策保证经济的稳步增长。但即使如此，仍然不能解决其“原罪”问题。因此，Eiehengreen & Hausmann 更强调了这种“原罪”在新兴市场货币错配形成过程中的重要作用（郭萍，2010），主要表现在以下几个方面：

第一，国内金融市场不发达，债券市场发展落后，筹资能力不足。“原罪”说解释了发展中国家早期货币错配问题的形成原因：发展中国家正因为在国内筹集不到足够的资金，才转而向国外借入资金，而国际金融市场在发达国家控制之下，发展中国家的货币在国际上不被认可和接受，因此必须借入以外币（主要是美元）计价的债务。因此说，发展中国家发展债券市场对于降低金融部门脆弱性和促进金融发展具有十分重要的意义。学者们通过对 1994 年墨西哥比索危机和 1997 年东南亚金融危机的研究发现，这些发生危机国家的金融部门存在严重的结构缺陷，主要表现在这些国家债券市场不发达，企业部门对银行贷款依赖性较强。相比之下，在美国等成熟的金融市场融资结构中，债券融资起着支配性作用。

第二，外汇市场落后，缺乏避险手段。大多数发展中国家缺乏一个活跃的美元或其他货币的远期外汇市场，这使得潜在的做市商无法持有一组具有各种期限的灵活的附息国内债券，因而无法轻易抵补卖出本币远期的交易风险，比如通过买入美元远期。因此，厌恶风险的进口商和出口商无法方便地对外汇敞口风险进行套期保值——国内远期外汇市场缺乏流动性使得这种交易很困难或交易成本很高，银行由于国内缺乏具有流动性的货币市场工具也不能轻易地抵补外汇市场上的敞口风险，因而形成货币错配。

（3）外向型经济发展战略

以我国为例，改革开放以来，我国一直实行鼓励出口和吸引外资的外向型经济发展战略。虽然外向型战略对于推动我国对外贸易和国民经济的发展起到了重大作用，但它的缺陷也是比较明显：它使中国经济对外依存度不断提高，国内的市场需求长期得不到开发，对外资过于优惠而挤压了国内企业的发展空间。外向型战略使我国国际收支连年双顺差，积累了大量外汇储备，这些外汇储备无法在国内转化为投资，不得不通过资本外流大量流向美元市场、欧元市场或其他货币定值的市场，从而使得货币错配问题更加恶化（蔡彤娟，2010）。

根据国际收支平衡表的记账原理，经常项目差额与资本项目差额之和始终为零，用公式表示为：$CA+KA=0$（其中 CA 为经常项目差额，KA 为资本项目差额）。然而事实上我国国际收支却出现双顺差即经常项目顺差和资本项目顺差，也就是说 $CA+KA>0$，这是为什么呢？原因是我们在计算资本收支顺差时剔除了官方储备资产的变化，官方储备资产的增加或减少意味着官方资本的输出或输入。如果把官方储备增减量加上去，资本收支差额与经常收支差额之和始终为零。换言之，当出现经常项目盈余时，必定对应着资本收支逆差，或者资本净输出，而资本净输出会导致本国对外资产的增加。反之，出现经常项目逆差时，则引起资本净流入，或者本国对外债务的增加，对外资产的增加会增大一国对外资产存量，对外债务的增加则增大该国对外负债存量。一国债权债务地位如何取决于一国对外资产存量与对外负债存量的对比，当一国对外资产累积存量大于对外负债累积存量时，表明该国属于债权国，反之为债务国。如果不考虑错误与遗漏项目，可得出两个关系式：

经常项目累积盈余/赤字 = 累积的资本净输出/输入

对外净资产存量/对外净负债存量 = 累积的资本净输出/输入

可见，一国对外净资产存量的增加源于历年资本输出/输入的净额，而历年资本输出/输入的净额又源于历年经常项目收支差额的累积，因此，债权国之所以出现，其根本原因在于该国经常项目收支的盈余。

我国自1994年以后持续保持了经常项目顺差，2001年我国加入WTO后，对外贸易规模迅速扩大，经常项目顺差也随之迅速扩大。尤其是2001—2008年期间，经常项目顺差从2001年的174亿美元增长到2008年的4206亿美元的峰值，净增加4032亿美元，增长24倍。经常项目余额占GDP的比重由2001年的1.3%攀升至2007年的9.95%的峰值，经常项目失衡程度不断加重，具体来看，这期间经常项目顺差迅速扩大的重要原因在于货物贸易顺差的迅速增长，八年间货物贸易顺差从340亿美元增长到3606亿美元，增加了3266亿美元（袁佳、魏磊，2014）。

表 3－2　我国国际收支差额主要构成　　(单位：亿美元)

项目	2013 年	2014 年	2015 年	2016 年	2017 年	2018 年	2019 年
经常项目差额	1482	2360	3042	2022	1951	255	1413
与 GDP 之比	1.5%	2.3%	2.8%	1.8%	1.6%	0.2%	1.0%
非储备性质的金融账户差额	3430	－514	－4345	－4161	1095	1727	378
与 GDP 之比	3.6%	－0.5%	－3.9%	－3.7%	0.9%	1.3%	0.3%

2009 年，中国经常项目顺差在经历了多年的持续增长后大幅降低，降幅接近 40%。此后经常项目顺差呈逐年下降的趋势。2019 年，我国经常账户顺差 1413 亿美元，货物贸易出口 23990 亿美元，较 2018 年下降 1%，进口 19737 亿美元，下降 2%；货物贸易顺差 4253 亿美元，增长 8%；服务贸易收入 2444 亿美元，较 2018 年增长 5%；支出 5055 亿美元，下降 4%；逆差 2611 亿美元，下降 11%。在经常项目顺差下降前，经常项目顺差占 GDP 的比重就已经开始降低，经常项目占比从 2007 年的 9.95% 降至 2018 年的 0.2%，2019 年为 1%，低于 ±3% 全球公认的警戒线（见表 3－2 和图 3－7）。

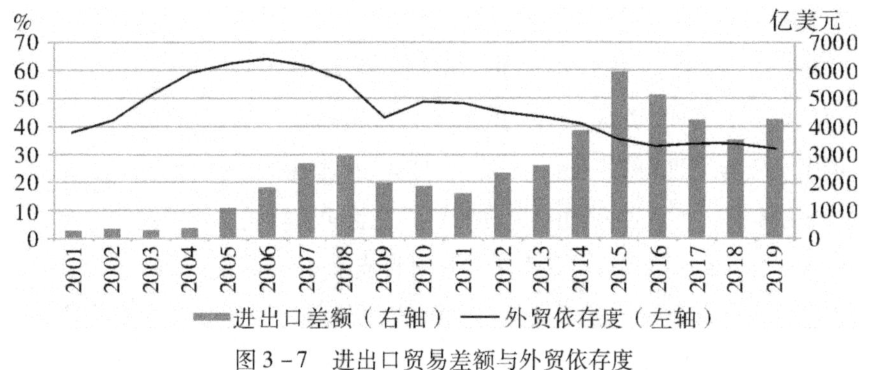

图 3－7　进出口贸易差额与外贸依存度

（4）巨额外汇储备

在外向型战略下，1994—2019 年，我国经济持续了 26 年的经常项目顺差，积累了巨额的外汇储备，这些外汇储备无法在国内转化为资本，因此大量流入美元、欧元市场，购买国外的债权和资产，造成货币错配问题的恶化。

第一，我国外汇储备增长的阶段分析。总体上看，自 1980 年开放以来，可以将我国外汇储备的变动分为三个阶段。

阶段一（1980—1993 年），外汇储备规模偏低，增长较为缓慢。这一时期我国外汇储备规模的总体上看处于短缺状态。具体来看，在 1980—1989 年十年间，我国外汇储备余额一直未超过 100 亿美元，自 1990 开始，外汇储备规模突破了 100 亿美元，但 1990—1993 年四年储备规模也只在 200 亿美元左右徘徊，数额仍然偏低。此外，从增长情况看，每年储备增长额也大多在 100 亿美元以下，且有五个年份外汇储备出现了负增长，1980—1993 年的年均增长额仅为 14. 54 亿美元。这一阶段储备变动的特征基本反映了我国在开放初期综合竞争能力低的现实，由于产品的国际竞争力较弱，企业出口规模较小，外汇收入来源有限，使得我国的外汇储备水平难以实现较快增长（见图 3 –8）。

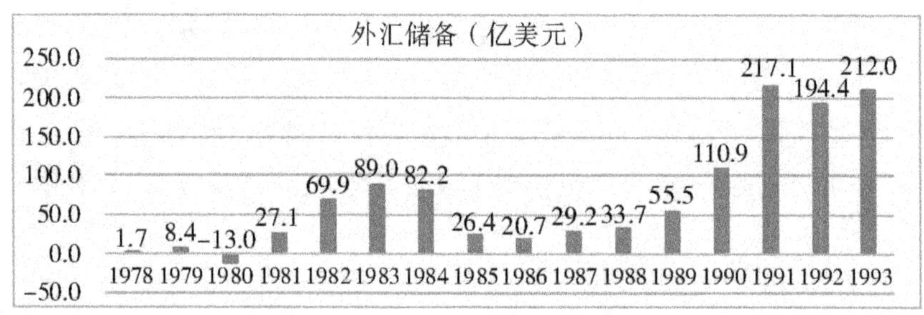

图 3 – 8　1978—1993 年外汇储备规模

阶段二（1994—2000 年），外汇储备规模适度。在这一阶段，20 世纪 80 年代开放与引进的效果逐步显现，再加上我国在 1994 年进行的财税和外贸、外汇体制改革，使我国的劳动密集型产业的国际竞争优势逐步显现，产品出口能力得到逐步提升，贸易项下的收支获得了明显改善。与此同时，1993 年引进外资政策的进一步放开，使我国利用外资的规模也呈现出快速增长势头，这一时期的外汇储备保持了稳定增长，外汇储备由 1993 年年底的 211. 99 亿美元增加到 2000 年的 1655. 74 亿美元，除 1998 年、1999 年受东南亚金融危机的影响，储备增长额低于 100 亿美元外，其余年份的储备增长额均超过 100 亿美元，年均增长额为 206. 3 亿美元，是第一阶段年均增长额的 14. 2 倍（见图 3 –9）。因此在这一阶段，我国开始扭转了外汇储备不足的局面，总体规模处于一个相对适度水平（申宏丽，2009）。

阶段三（2001 年至 2014 年 6 月），外汇储备增长过快，规模较大。

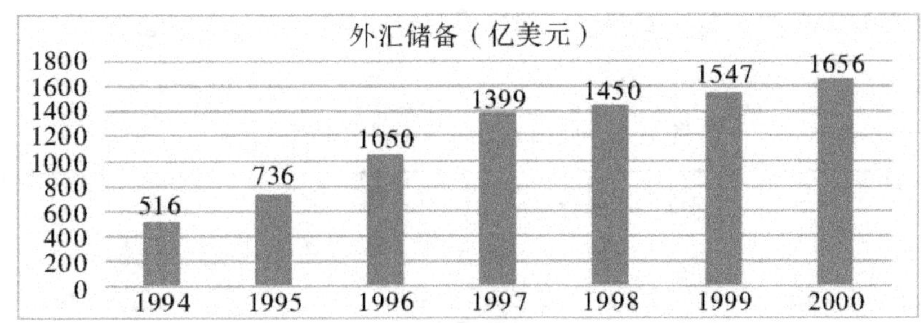

图 3 – 9　1994—2000 年我国外汇储备规模

2001 年 12 月我国加入世界贸易组织（WTO）之后，外汇储备出现了持续快速增长态势，由 2000 年年底的 1655. 74 亿美元增长到 2008 年的 19495 亿美元，2001—2008 年间年均增长率高达 36. 3%。此外，自 2006 年 2 月超过日本成为全球第一大储备国后，2006 年年末又成为首个外汇储备超过万亿美元的国家。到 2007 年、2008 年连续两年外汇储备增加额在 4000 亿美元以上，我国外汇储备的增长成为全球关注的热点问题。2009 年年底突破 2 万亿美元；2010 年年末，外汇储备余额为 28437 亿美元，同比增长 18. 7%；2011 年年末，外汇储备余额为 31811 亿美元；2014 年 6 月末为历史最高点 39932 亿美元，这期间外汇储备的高速增长举世瞩目，远远超过日本稳居世界第一（见图 3 – 10）。

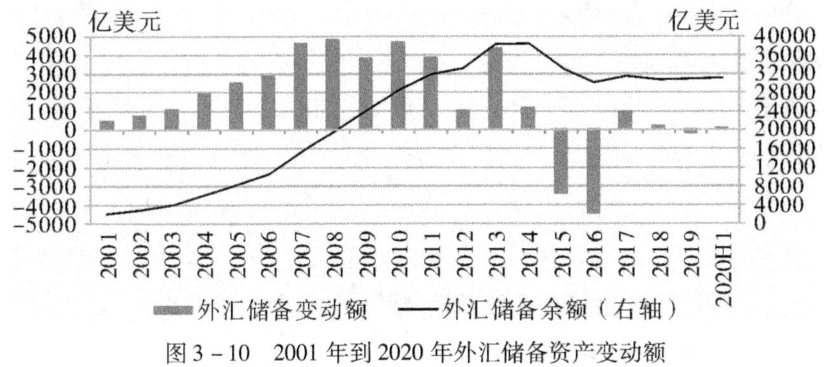

图 3 – 10　2001 年到 2020 年外汇储备资产变动额

阶段四（2014 年 7 月之后），外汇储备规模下降并趋于稳定。自 2014 年 7 月开始多年持续高速增长的外汇储备开始下降，到 2016 年年底为 30105 亿美元；2017 年 1 月底，外汇储备为 29982 亿美元，跌破 3 万亿美元；2017 年 2 月和 3 月有所回升，2017 年，我国交易形成的储备资产增加 915 亿美元，之后外汇储备规模相对稳定。2018 年我国外汇储备余额 30727 亿美元；

2019年年末，外汇储备余额为31079亿美元，较2018年年末增加352亿美元（见图3－10和表3－3）。

表3－3　我国外汇储备突破大关时间表

外汇储备突破金额（亿美元）	时间	所花时间	外汇储备突破金额（亿美元）	时间	所花时间
1000	1996年12月	72个月	15000	2007年12月	14个月
2000	2001年10月	58个月	20000	2009年4月	16个月
3000	2003年1月	15个月	30000	2011年3月	23个月
4000	2003年10月	9个月	35000	2013年7月	27个月
5000	2004年9月	11个月	39932	2014年6月	11个月
6000	2004年12月	3个月	33304	2015年12月	18个月
7000	2005年6月	6个月	30105	2016年12月	12个月
8000	2005年12月	6个月	29982	2017年1月	1个月
9000	2006年5月	5个月	31399	2017年12月	11个月
10000	2006年10月	5个月	30727	2018年12月	12个月

2014年7月后我国外汇储备下降的原因在于三个方面：

一是汇率、价格等估值因素导致外汇储备减少。外汇储备是中央银行的重要资产，人民币汇率的上下波动会产生汇兑损益。我国一部分外汇储备的减少是由于人民币兑美元的升值所导致的汇兑损失。据国际清算银行的统计数据显示，2005—2017年人民币汇率形成机制改革以来，人民币名义和实际有效汇率累计分别升值33.4%和43.1%。汇兑损失与储备资产总规模、人民币升值幅度成正比，所以随着人民币对美元升值幅度的加大，外汇储备的汇兑损失也不断增加。另外，从国际市场看，2014—2016年美元汇率持续升值和走强，由于我国外汇储备资产的计量货币主要是美元，如果美元升值，英镑、欧元和日元等非美元资产折算成美元时将导致外汇储备资产规模的减少，然而这些并不是实际的外汇从储备资产中流出，主要是因为名义汇率波动和资产价格变化引起的估值变动，是账面的损益，如债券和股权类资产按市场价值重估也会产生外汇储备资产账面的损益，从而发生汇兑损失。

二是资本管制的放松，“藏汇于民”导致外汇储备减少。从2009年7月开始，我国逐步放宽了对资本流出的限制，积极推进资本项目可兑换，并于2012年终止了强制结售汇制度。2015年在上海自由贸易试验区、天津滨海新区等16个国家级经济金融改革区域试点外商投资企业外汇资本金结汇管理方式改革，并计划将外资企业外汇资本金意愿结汇政策推广至全国。目前，我国已允许家庭、企业和机构投资者通过海外投资来分散投资，增强了居民配置资产的自由度，企业和个人持汇意愿增强，企业可自主保留外汇收入，居民个人也可持有外汇存款。

特别是当前我国房地产市场不稳定和股票市场波动频繁的情况下，部分居民或企业选择持有美元作为资产保值的手段，导致我国部分外汇储备资产由政府持有转向居民、企业或金融机构持有，企业、居民和金融机构的资产配置更加丰富，实现了“藏汇于民”和“藏汇于企”（王凯、庞震，2017）。2014年8月至2015年4月我国银行结售汇连续9个月出现逆差，在2015年5月和6月出现短暂顺差，至2016年12月连续17个月出现逆差；2016年，银行累计结汇14383亿美元，累计售汇17760亿美元，累计结售汇逆差3377亿美元，总体看，银行售汇多于银行结汇，所以我国外汇储备资产持续减少（见图3－11和图3－12）。

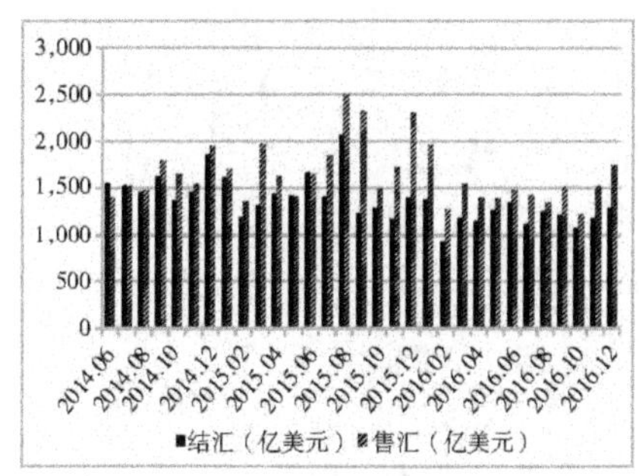

图3－11　我国银行月度结售汇额

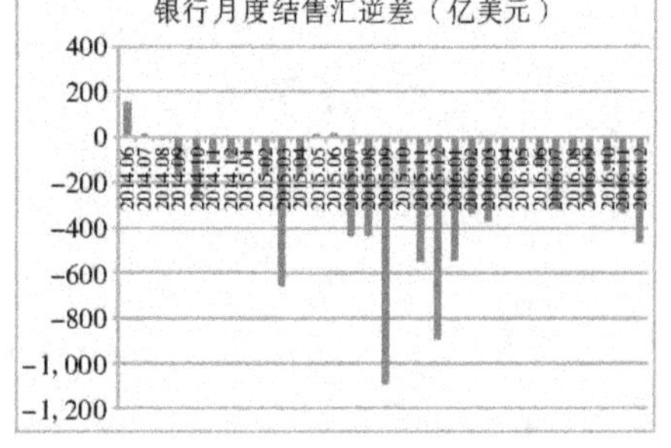

图3－12　银行月度结售汇逆差

三是企业“走出去”导致外汇储备减少。我国企业“走出去”的跨境外汇净支付是资本流出扩大、外汇储备减少的主要原因之一，在人民币汇率双向波动环境下，我国企业参与国际竞争和全球资源配置的意愿不断增强，“走出去”的诉求更加明显，这也是“藏汇于企”的必然过程（王凯、庞震，2017）。2013年9月和10月，习近平总书记先后在哈萨克斯坦、印度尼西亚提出共建“丝绸之路经济带”和“21世纪海上丝绸之路”倡议，掀起了合作热潮，我国对外投资迎来了重要发展机遇期，呈加速增长的趋势，

2016 年，我国对“一带一路”沿线国家直接投资 145 亿美元，比 2013 年的 134 亿美元增长了 8.2%，投资额占我国对外投资总额的 8.5%。

第二，我国外汇储备的充足性分析，主要从四个方面展开分析：

一是，外汇储备与进口贸易额比值。一个国家或地区的外汇储备余额与进口贸易额的比值被称为特里芬比例法，特里芬（Triffin，1960）认为一国或地区外汇储备适度规模的最优标准为外汇储备与进口贸易的比例保持在 40%；如果一个国家或者地区年度特里芬比值小于 20%，则在面对国际收支逆差或金融危机时就很有可能陷入经济困境；而当年度特里芬比值小于 30% 且大于 20% 时，政府就应增加本国外汇储备的规模，以改善其国际收支失衡状况（王凯、庞震，2017）。1985—1989 年，我国年度特里芬比值小于 20%，说明这个时期外汇储备规模远远不足；1994 年之后，年度特里芬比值大于 40%，1995 年为 55.72%，从 2004 年之后特里芬比值大于 100%；到 2009 年达到历史高位 239%，2016 年为 190%，2017 年为 170%，2018 年下降至 144%，2019 年小幅上升为 150%（见图 3－13 和图 3－14）。

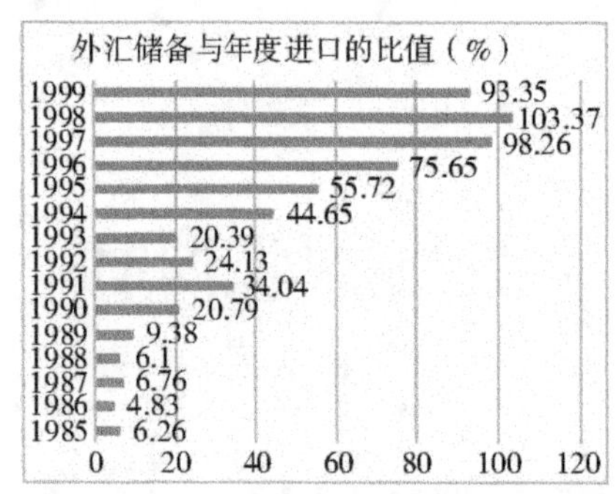

图 3－13　1985—1999 年外汇储备与年度进口比例

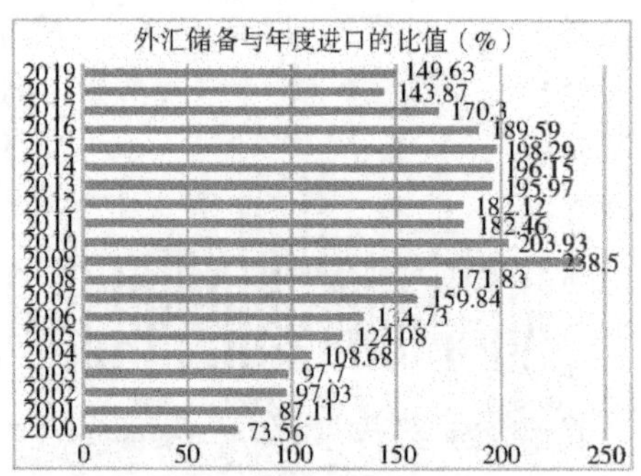

图 3－14　2000—2019 年外汇储备与年度进口比例

从月度进口贸易的角度来衡量外汇储备是否充足，特里芬认为外汇储备余额至少应满足本国三个月或四个月的进口贸易额。自 1994 年起我国外汇储备余额就已超过三个月的进口贸易额所需，并在 1998 年达到第一次阶段性峰值 12.4，超过 12 个月；从 2004 年开始外汇储备余额可满足全国一年以上进口贸易需求，2008 年超过 20 个月，2009 年超过 28 个月，2015 年超过 23 个月，2016 年超过 22 个月，2017 年为 20 个月，2018 年为 17 个月，2019 年接近 18 个月，远远超过月度特里芬比值提出的三个月或者四个月的一般标准。所以说，从年度特里芬比值和月度特里芬比值看（见图 3 - 15 和图 3 - 16），我国外汇储备规模远超出正常值范围。

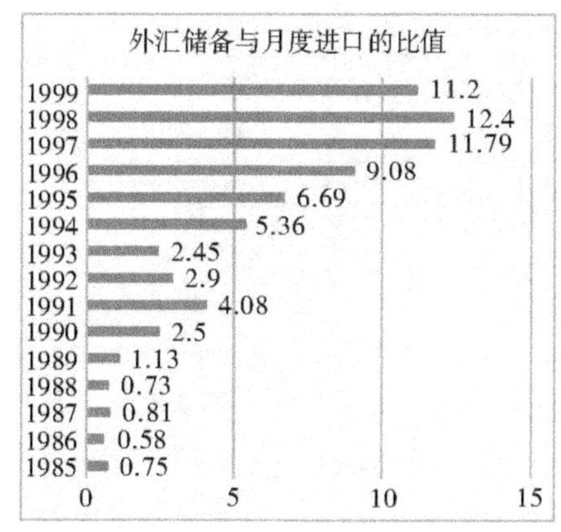

图 3 - 15　1985—1999 年外汇储备与月度进口比例

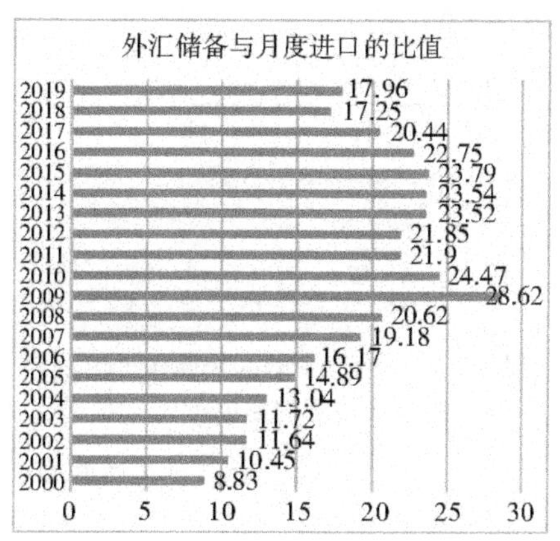

图 3 - 16　2000—2019 年外汇储备与月度进口比例

二是，外汇储备与广义货币供应量的比值。各国中央银行持有外汇储备的重要原因之一是审慎动机的预防需求，主要是为应对可能发生的货币投机和金融危机，稳定本国货币币值，以降低本国货币对国际储备货币汇率过度波动及汇率失调。Wijnholds & Kapteyn（2006）研究指出，作为外汇储备充足性的判断标准，外汇储备与本国货币供应量的比例应设定在 10% ~20% 比较合适，这一指标是从一个经济体资本流动性角度来考察的，表明对持有该国或是该地区货币的信心。

在 1995 年以前，我国外汇储备与广义货币供应量（M2）的比值虽然处于缓慢上升阶段，但一直没有超过 10%，1997 年达到这一时期的高位 12. 74%。由于亚洲金融危机的影响，1998—2001 年外汇储备与 M2 的比值出现短暂下降，在 10% ~11% 之间波动；2002 年后开始不断攀升，到 2003 年达 15. 09%，2006 年为 24. 60%，2007 年更是达到 28. 8% 的历史高点，2008 年仍然高达 28. 4%，之后开始缓慢下降；在 2014 年下降至 20% 以下，为 19. 22%；2015 年为 14. 90%，2016 年为 12. 90%，2017 年为 12. 5%，2018 年为 11. 1%，2019 年为 10. 8%（见图 3 - 17、图 3 - 18 和表 3 - 4），仍然处于合理区间内，所以说，我国外汇储备已达到充足状态。

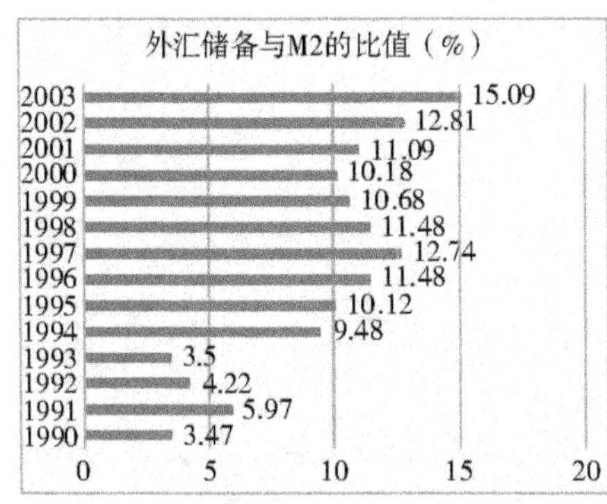

图 3－17　1990—2003 年我国外汇储备与 M2 的比值

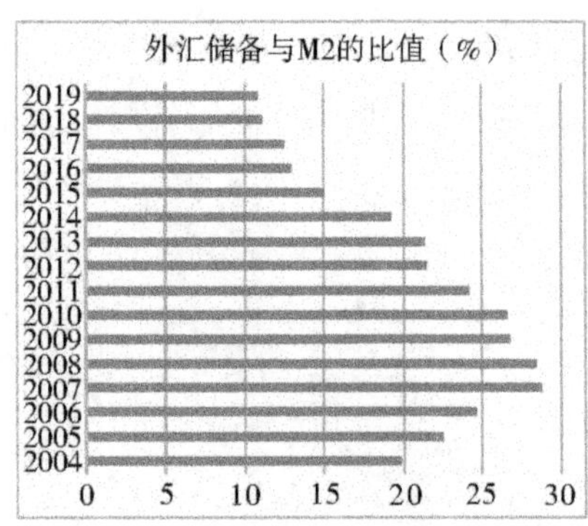

图 3－18　2004—2019 年我国外汇储备与 M2 的比值

表 3－4　外汇储备与 GDP、M2 和进口额的比值

年份	外汇储备与 GDP 比值（%）	外汇储备与 M2 比值（%）	外汇储备与年度进口额比值（%）	年份	外汇储备与 GDP 比值（%）	外汇储备与 M2 比值（%）	外汇储备与年度进口额比值（%）
1985	0.85	—	6.26	2003	24.29	15.09	97.70
1986	0.69	—	4.83	2004	31.19	19.87	108.68
1987	0.89	—	6.76	2005	35.81	22.45	124.08
1988	0.83	—	6.10	2006	38.74	24.60	134.73
1989	1.22	—	9.38	2007	43.00	28.80	159.84
1990	2.81	3.47	20.79	2008	42.30	28.44	171.83
1991	5.25	5.97	34.04	2009	46.95	26.86	238.50
1992	3.94	4.22	24.13	2010	46.67	26.56	203.93
1993	3.42	3.50	20.39	2011	41.99	24.13	182.46
1994	9.15	9.48	44.65	2012	38.69	21.46	182.12
1995	10.02	10.12	55.72	2013	39.76	21.39	195.97
1996	12.16	11.48	75.65	2014	36.66	19.22	196.15
1997	14.55	12.74	98.26	2015	30.10	14.90	198.29
1998	14.09	11.48	103.37	2016	26.89	12.90	189.59
1999	14.14	10.68	93.35	2017	25.63	12.54	170.30
2000	13.67	10.18	73.56	2018	22.12	11.13	143.87
2001	15.84	11.09	87.11	2019	21.64	10.79	149.63
2002	19.48	12.81	97.03		—	—	—

三是，外汇储备与国内生产总值的比值。Jeanne & Ranciere（2008）认为，外汇储备与国内生产总值（GDP）的比例指标可用来衡量一国或地区的外汇储备是否充足，如果该比值达到为 9% 则为最优规模。1994 年之前，我国外汇储备与 GDP 的比值低于 9%，之后进入缓慢增长阶段，维持在 10% ~15% 之间。直到 2001 年外汇储备与 GDP 比值开始快速增长，维持在 15% ~38% 之间。2007 年后超过 40%，2009 年和 2010 年分别为 47.0% 和 46.8%，之后有所下降，2014 年为 36.7%，2015 年为 30.1%，2016 年为 26.8%，2017 年为 25.5%，2018 年为 22.1%，2019 年为 21.6%（见图 3 - 19 和图 3 - 20），已经远远超过 Jeanne & Ranciere（2008）提出的 9% 标准，所以说从外汇储备与 GDP 的比值来看，我国外汇储备非常充裕。

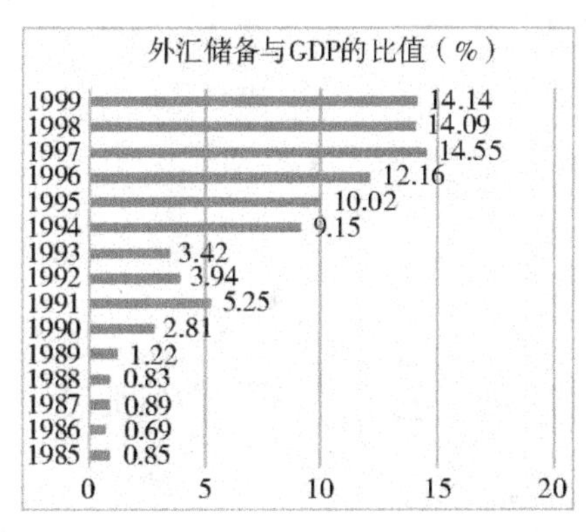

图 3 - 19　1985—1999 年外汇储备与 GDP 比例

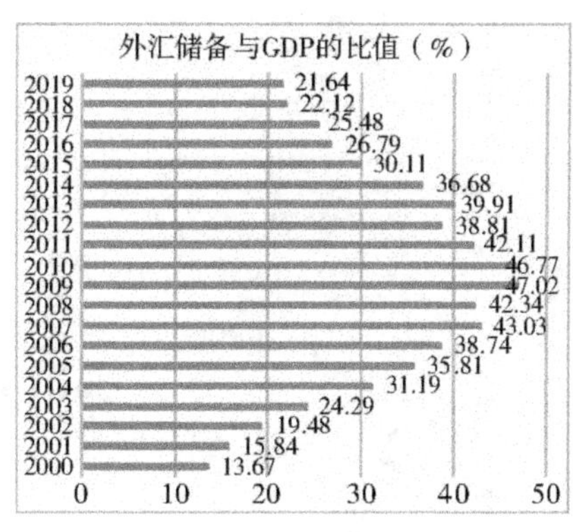

图 3 - 20　2000—2019 年外汇储备与 GDP 比例

四是，外汇储备与短期外债的比例。一个国家或地区的外汇储备余额与年度短期外债的比值被称为圭多惕—格林斯潘法则（Guidotti - Greenspan），其中心内容是：发展中国家必须持有足够的外汇储备资产，而且至少能支付下一个年度到期的短期外债额。自 1994 年开始，我国外汇储备资产余额完全能支付下一年度的短期外债额，2000 年我国外汇储备余额是短期外债的 12.66 倍，达到历史峰值。2001 年我国短期外债上升至 837.7 亿美元，同比增长了 540%，使外汇储备与短期外债的比值迅速降至 2.53；但 2008 年和 2009 年分别达 8.6 和 9.25，再次达到历史高位。2015 年年底我国短期外债为 8874.1 亿美元，使这一比值下降至 3.75；2016 年年底，我国短期外债为 8660.4 亿美元，比值为 3.48；2017 年，我国短期外债余额为 11452.4 亿美元，比值为2.74；2018年，我国短期外债余额为12891.5亿美元，比值为2.38；2019年为12053.1亿美元，比值为2.58（见图3－21、图3－22和表3－5）。从Guidotti－Greenspan法则看外汇储备处于充足状态，完全有能力支付到期的短期外债，可以应对潜在的债务危机。

综上所述，无论是以外汇储备绝对量还是各种充足性指标的测算可知，虽然我国外汇储备有所下降，但外汇储备规模还是处于非常充裕的状态，仍是高位运行。虽然充足的外汇储备是应对国际投机资本冲击“缓冲器”，然而外汇储备是把“双刃剑”，并不是越多越好，高额外汇储备面临着巨大的汇率风险、流动性风险和通货膨胀风险等，给宏观经济调控增加了难度，有效发挥外汇储备功能的关键是把外汇储备控制在合理的区间内，并加强对其风险的管理。

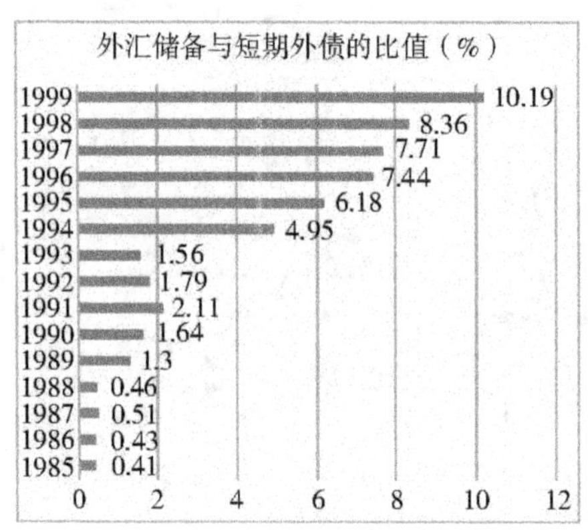

图3－21　1985—1999年我国外汇储备与短期外债比例

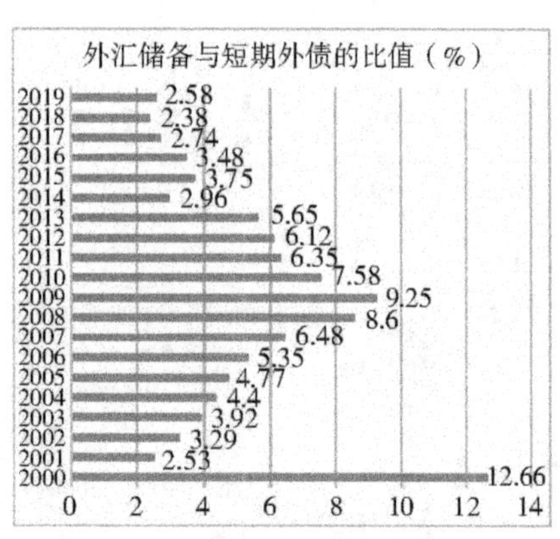

图3－22　2000—2019年我国外汇储备与短期外债比例

表3－5　1985—2019年中国长期与短期外债的结构与增长

年度	外债余额（十亿美元）	中长期外债			短期外债			短期外债与外汇储备的比例
		余额（十亿美元）	比上年增长	占总余额的比例	余额（十亿美元）	比上年增长	占总余额的比例	
1985	15.83	9.41	—	59.4%	6.42	—	40.6%	242.8%
1986	21.48	16.71	77.6%	77.8%	4.77	－25.7%	22.2%	230.2%
1987	30.20	24.48	46.5%	81.1%	5.72	19.9%	18.9%	195.7%
1988	40.00	32.69	33.5%	81.7%	7.31	27.8%	18.3%	216.8%
1989	41.30	37.03	13.3%	89.7%	4.27	－41.6%	10.3%	76.9%

续表

年度	外债余额（十亿美元）	中长期外债			短期外债			短期外债与外汇储备的比例
		余额（十亿美元）	比上年增长	占总余额的比例	余额（十亿美元）	比上年增长	占总余额的比例	
1990	52.55	45.78	23.6%	87.1%	6.77	58.5%	12.9%	61.0%
1991	60.56	50.26	9.8%	83.0%	10.30	52.1%	17.0%	47.4%
1992	69.32	58.47	16.3%	84.3%	10.85	5.3%	15.7%	55.8%
1993	83.57	70.02	19.8%	83.8%	13.55	24.9%	16.2%	63.9%
1994	92.81	82.39	17.7%	88.8%	10.42	-23.1%	11.2%	20.2%
1995	106.59	94.68	14.9%	88.8%	11.91	14.3%	11.2%	16.2%
1996	116.28	102.17	7.9%	87.9%	14.11	18.5%	12.1%	13.4%
1997	130.96	112.82	10.4%	86.1%	18.14	28.6%	13.9%	13.0%
1998	146.04	128.70	14.1%	88.1%	17.34	-4.4%	11.9%	12.0%
1999	151.83	136.65	6.2%	90.0%	15.18	-12.5%	10.0%	9.8%
2000	145.73	132.65	-2.9%	91.0%	13.08	-13.8%	9.0%	7.9%
2001	203.30	119.53	—	58.8%	83.77	—	41.2%	39.5%
2002	202.63	115.55	-3.3%	57.0%	87.08	4.0%	43.0%	30.4%
2003	219.36	116.59	0.9%	53.2%	102.77	18.0%	46.8%	25.5%
2004	262.99	124.29	6.6%	47.3%	138.71	35.0%	52.7%	22.7%
2005	296.54	124.90	0.5%	42.1%	171.64	23.7%	57.9%	21.0%
2006	338.59	139.36	11.6%	41.2%	199.23	16.1%	58.8%	18.7%
2007	389.22	153.53	10.2%	39.4%	235.68	18.3%	60.6%	15.4%
2008	390.16	163.88	6.7%	42.0%	226.28	-4.0%	58.0%	11.6%
2009	428.65	169.39	3.4%	39.5%	259.26	14.6%	60.5%	10.8%
2010	548.94	173.24	2.3%	31.6%	375.70	44.9%	68.4%	13.2%
2011	695.00	194.10	12.0%	27.9%	500.90	33.3%	72.1%	15.7%
2012	736.99	196.06	1.0%	26.6%	540.93	8.0%	73.4%	16.3%
2013	863.17	186.54	-4.9%	21.6%	676.63	25.1%	78.4%	17.7%
2014	1779.90	481.70	—	27.1%	1298.20	—	72.9%	33.8%
2015	1382.98	495.57	2.9%	35.8%	887.41	-31.6%	64.2%	26.6%

续表

年度	外债余额（十亿美元）	中长期外债			短期外债			短期外债与外汇储备的比例
		余额（十亿美元）	比上年增长	占总余额的比例	余额（十亿美元）	比上年增长	占总余额的比例	
2016	1415.80	549.76	10.9%	38.8%	866.04	-2.4%	61.2%	28.8%
2017	1757.96	612.72	11.5%	34.9%	1145.24	32.2%	65.1%	36.5%
2018	1982.75	693.60	13.2%	35.0%	1289.15	12.6%	65.0%	42.0%
2019	2057.28	851.97	22.8%	41.4%	1205.31	-6.5%	58.6%	38.8%

3.3 我国货币错配的影响分析

3.3.1 影响货币政策的独立性

对于发展中国家而言，货币供应量的调整是其货币政策实施的重要手段，由于货币供给量的大小主要由市场中基础货币的数量与货币乘数的大小两方面来共同决定的，因此，货币政策能否发挥其作用，主要是取决于央行能否有效地控制其基础货币的增长，并且调整其货币乘数的大小。在当前人民币升值预期下，债权型货币错配会影响我国货币政策工具的操作空间，原因在于，由于实行有管理的浮动汇率制，为了实现人民币币值稳定的目标，我国央行通过外汇占款向市场中投入了过多的基础货币，导致市场上的流动性过剩，央行一般采取对冲操作，但是由于我国货币市场规模有限，不可能对巨额基础货币投放量完全进行对冲，而且对冲需要支付成本，并且会导致利率上升，使得对冲操作不具有可持续性，而且会导致人民币升值的预期进一步加强。所以说，债权型货币错配将逐步削弱央行采取冲销操作干预货币市场的能力，影响和制约了央行货币政策的调控能力和调控效果，最终将有可能威胁到我国金融稳定和金融安全。

3.3.2 产生逆资产负债表效应

由于发展中国家积累了高额外汇储备，如果本国货币出现本币升值趋势，储备货币贬值，净对外资产在折算为本币时就会缩水，产生“逆资产负债效应”，即由于资产负债表恶化所引发的金融风险和宏观经济风险。据国际货币基金组织 IMF 测算，美元每贬值 1 个百分点会导致东亚经济体相当于美国国内生产总值 1% 的损失。2008 年次贷危机爆发后，西方发达国家为了走出经济危机，大多采用了积极的货币政策，比如美国推出了“负外部性”极强的量化宽松货币政策，欧元区主要通过大量增发欧元来缓解愈演愈烈的欧债危机，英镑在2016年全民公投脱欧之后也跌入贬值通道，这些都促使国际储备货币竞争性贬值的格局愈演愈烈，极大地损害了高额外汇储备持有国的利益（王永茂、卓星，2013）。

货币错配所导致“逆资产负债表效应”主要表现为：第一，机会成本高，投资方向较为单一，降低了资金的使用效率。我国外汇储备中美元资产约为66.7%左右（见图3-23），过度集中于美元资产正如“将所有鸡蛋放在一个篮子里”的做法，显然是比较危险的。相较于其他发达国家，我国储备货币投资方向主要是偏重美国政府债券，这些政府债券虽然安全性比较高，但收益率较低；对其他投资工具，比如机构债券和企业债券等的投资明显不足。第二，利息损失大。一方面，我国从国际金融市场筹措资金时经常要被强加风险溢价，并且支付高昂的利息，另一方面，我国每年还发行大量的国债，最终外汇资产的实际收益率可能为负数。

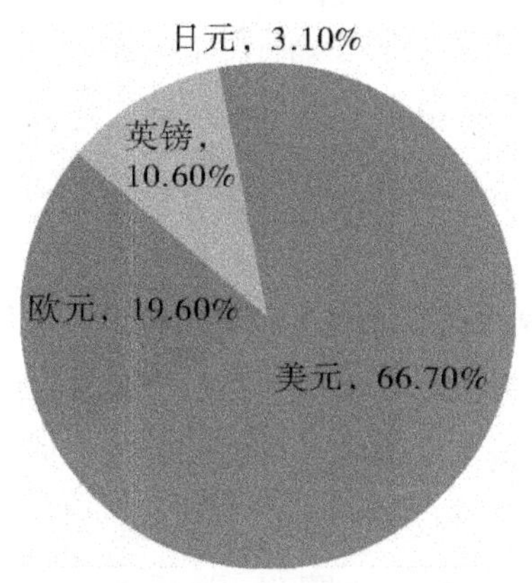

图3-23 中国外汇储备的货币构成①

3.3.3 加剧金融体系的脆弱性

由于我国金融市场和金融秩序发展比较晚，各种监督管理制度还不完善、不成熟，股票、债权等资本市场发展滞后，无法提供充足、有效的避险工具，货币错配不仅会削弱国内金融体系的安全，还会导致宏观经济不稳

① 数据来源：余向荣、梁红．揭秘中国3万亿美元外汇储备是如何配置的？［R］．中金公司，2017

定。从政府角度看，在我国现行结汇和售汇管理体制下，央行主要充当了“外汇资金池”的角色，企业不必把所有的外汇资金留存在自己手中，通过结汇把外币转嫁给央行，与此同时，货币错配风险也同步转移到中央银行。2019年年末，我国对外金融资产77145亿美元，对外负债55905亿美元，对外净资产21240亿美元，央行在这一过程中为微观经济主体提供了外汇保险安排，极大地降低了它们的汇率波动风险，然而央行自身却被动承担了大部分货币错配的风险，并在国际资本市场和外汇市场陷入“两难”选择的困境。

从企业自身的角度看，货币错配会对企业、银行等微观经济主体造成冲击，企业、银行等微观经济主体处在货币错配的风口浪尖，是货币错配的主要承受者。微观经济主体收入、支出使用外币结算，相应地就会形成外币的债权、债务，货币错配问题随之产生，导致其暴露在汇率波动的风险之下。如果微观经济主体面临净外币资产，那么本币升值会导致净资产缩水；相反，如果微观主体面临净外币负债，那么本币贬值会导致以本币记值的债务增加，恶化企业的财务状况。在间接融资比例较高的现实约束下，净资产缩水势必会导致企业可借贷的资金数额降低，特别是金融加速器效应，放大了资产缩水对借贷的影响，进而影响到企业的投资水平，产生经济紧缩风险（单宏、孙树强，2015）。

3.3.4 制约汇率制度的灵活性

无论是债务型货币错配还是债权型货币错配都构成了发展中国家和新兴市场国家汇率制度选择的重要约束，Mckinnon（2004）把债权型货币错配国家所面临的困境称为“高储蓄两难”“浮动恐惧”：一方面，随着发展中国家外汇储备的增加和美元资产的累积，国内美元资产持有者越来越担心长期宽松量化美国货币政策的导致美元资产价值下跌，因而纷纷将美国资产转成本国的货币资产，引发本国货币升值。另一方面，部分发达国家指责由于发展中国家汇率低估所导致贸易顺差，诱发大量的贸易摩擦，最终，内部资产转换的推动力与发达国家外部贸易制裁威胁压力相结合，迫使发展中国的货币升值（李雪莲、邓翔，2012）。所以说，虽然发展中国家名义上实行弹性汇率制度，但是债权型货币错配所引发的金融脆弱性使得其实际上是将弹性汇率维持在一个狭小幅度内，迫于货币错配而出现“浮动恐惧”，这意味着失去本国货币政策的独立性，并牺牲了本国经济增长的巨大利益（黄西洋、方兆本，2009）。

人民币汇率波动幅度的增强使得货币错配风险进一步显性化，汇率风险敞口更加突出，其危害程度不亚于债务型的货币错配，而且逐渐由宏观政府层面向微观经济领域扩散，对微观经济主体及宏观政策的掣肘更加突出。与Mckinnon（2004）所描述的"浮动恐惧"类似，债权型货币错配使我国在有管理的浮动汇率制度方面受到了极大约束。一方面，高额外汇储备使得人民币升值压力不断增大，人民币升值预期又促使国际短期投机资本流入；另一方面，我国企业为了规避货币错配的风险，会将自己持有的外币资产通过各种途径转变成人民币资产，这将进一步放大人民币升值压力，形成恶性循环。

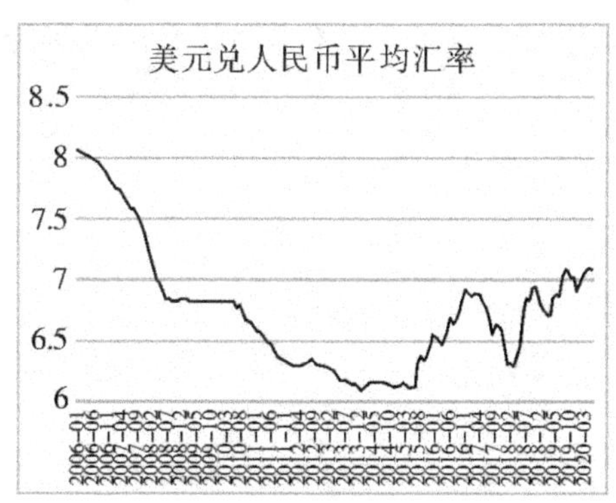

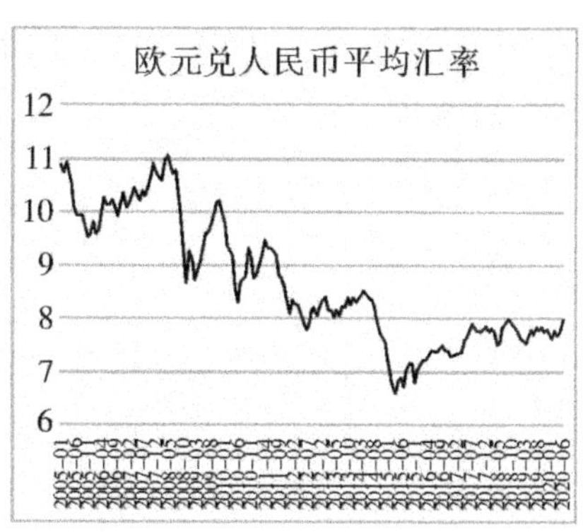

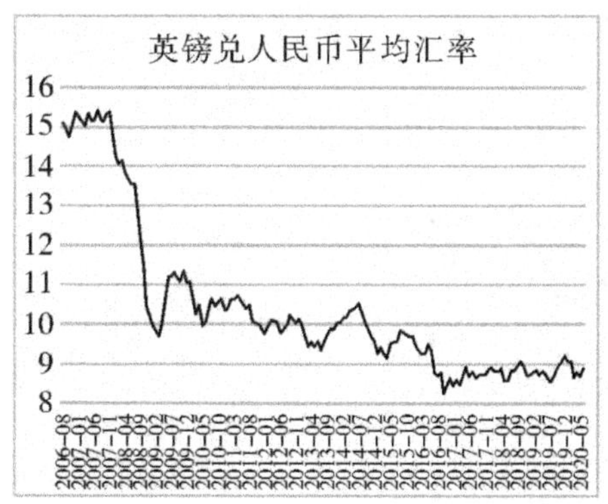

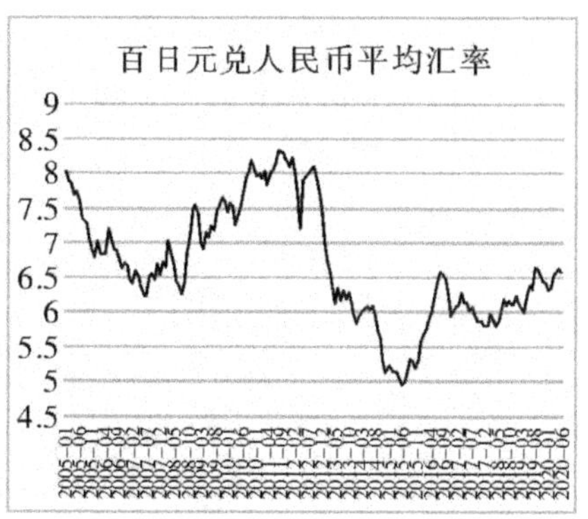

图3-24　人民币对主要国际货币的汇率

根据国际清算银行（BIS）数据，2005年人民币汇率形成机制改革以来，截至2019年年末，人民币名义和实际有效汇率分别升值32.3%和

46.7%（见图 3－24）。2019 年，人民币汇率小幅贬值，汇率继续保持弹性，2019 年年末，中国外汇交易中心（CFETS）人民币汇率指数和参考特别提款权（SDR）货币篮子的人民币汇率指数分别为 91.39 和 91.81，分别较 2018 年末下跌 2.03% 和 1.43%。2018 年年末至 2019 年年末，国际清算银行测算的人民币名义和实际有效汇率分别贬值 1.50% 和升值 1.11%。2019 年，人民币对美元汇率中间价最高为 6.6850 元，最低为 7.0884 元，244 个交易日中 113 个交易日升值、130 个交易日贬值、1 个交易日持平，最大单日升值幅度为 0.70%（469 点），最大单日贬值幅度为 0.66%（458 点）。2019 年年末，人民币对美元、欧元、英镑、日元汇率中间价分别较 2018 年年末贬值 1.62%、升值 0.41%、贬值 5.18% 和贬值 3.43%（见图 3－24）。2005 年人民币汇率形成机制改革以来至 2019 年年末，人民币对美元汇率累计升值 18.64%，对欧元汇率累计升值 28.13%，对日元汇率累计升值 14.00%。

4　我国货币错配的效应分析

随着人民币国际化进程的推进，汇率风险敞口突出，货币错配的风险显性化，对微观主体及宏观政策调控的挑战会更加严峻，其危害程度不亚于债务型的货币错配，而且逐渐由宏观政府层面向微观经济领域扩散，对微观经济主体及宏观政策的掣肘会更加突出。本章基于时变参数结构向量自回归模型（TVP - VAR）从经济增长和货币政策两个视角实证检验了我国货币错配的经济效应。

4.1　货币错配对我国经济增长影响的实证分析

4.1.1　理论机制

李雪莲、邓翔（2013）认为货币错配对经济增长的影响路径主要表现在以下四个方面：

第一，资产负债表效应。我国目前的货币错配表现为净外币资产形式，面临的货币错配风险主要来自本币升值所导致的以本币计值的经济主体外币资产价值缩水所引致的资产负债表的恶化。本币升值主要通过以下途径导致经济收缩：经济体的净值在货币错配与本币升值相互作用下不断下降，导致经济体面临着更为严格的信贷约束，融资能力下降，从而使企业不得不缩减投资规模，对当前和未来的产出造成负面影响。并且，我国由于金融市场不发达，债权人无法获悉借款人的信息或对借款人的行为进行监督，导致信贷市场代理成本较高。

第二，资产组合效应。资产组合是指投资者根据不同资产的收益率均值和方差来安排自身财富的一种方法。由于我国存在着比较严重的债权型货币错配，在本币升值的预期下，微观经济主体将在资产组合财富效用最大化的驱使下在金融市场上抛售外币资产的行为可能会最终导致本币的升值，这将导致拥有外币资产的实体经济部门以本币计值的资产不断缩水，进而会引起投资的减少和经济的收缩。其对经济的影响渠道可以表示为：本币升值预期→经济主体抛售外币资产→本币升值→拥有外币资产的实体经济部门资产缩水→经济收缩。

第三，竞争效应。本币升值所带来的经济体（出口企业）竞争效应与以上所述的资产组合效应对我国经济增长的影响是同向的。由于大规模债权型货币错配的存在，人民币升值压力和升值预期在不断加强，根据研究汇率变动与进出口之间的弹性理论，在非充分就业的条件下，当本币升值时，本国出口产品以外币计值的价格将上升，削弱了出口产品的国际竞争力，抑制了出口，刺激了进口，随着未来收入的减少，最终使其融资潜力下降，并经过一系列的连锁反应导致其国内相关企业投资规模缩减，导致一国经济收缩。其对经济的影响可表示为：本币升值→出口产品价格（以外币计值）上升→出口产品国际竞争力减弱→产出下降→经济收缩。

第四，危机效应。当前，随着我国货币错配的风险逐步向微观经济领域扩散，政府和金融当局的“货币错配套期保值公司”的功能正在失效。在汇率冲击下，不仅会面临国家外汇储备的大幅缩水，还要面对国内各微观经济体和金融机构越来越大的经营风险，爆发金融危机的可能性进一步增加。一旦危机爆发，将对产出有明显的负效应。

4.1.2 模型设定及数据说明

（1）TVP－VAR 模型的设定

Sims（1980）提出结构向量自回归模型（SVAR），之后该模型在宏观经济学和货币经济学中被广泛使用，可将 SVAR 模型写为式（4－1）：

$$Ay_t = F_1 y_{t-1} + F_2 y_{t-2} + F_3 y_{t-3} + \cdots + F_s y_{t-s} + \mu_t \qquad (4-1)$$

公式（4－1）中，$t = s+1$，…，n，y_t 为 $k \times 1$ 阶向量，A，F_1，F_2，…，F_s，分别为 $k \times k$ 维系数矩阵。μ_t 为 $k \times 1$ 阶结构冲击项，假定 $\mu_t \sim N\left(0, \sum\sum\right)$，其中 $\sum$ 为 k × k 维对角矩阵，满足式（4－2），式（4－2）中 σ_i 为标准差。为了保证了变量结构性冲击的同期性，假定式（4－1）中系数矩阵 A 为下三角矩阵，满足式（4－3），并且 A 是可拟的。

$$\sum = \begin{bmatrix} \sigma_1 & 0 & 0 & 0 \\ 0 & \sigma_2 & \cdots & 0 \\ \vdots & \ddots & \ddots & \vdots \\ 0 & \cdots & 0 & \sigma_k \end{bmatrix} \quad (4-2),\ A = \begin{pmatrix} 1 & 0 & \cdots & 0 \\ \alpha_{21} & \ddots & \ddots & \vdots \\ \vdots & \ddots & \ddots & 0 \\ \alpha_{kk} & \cdots & \alpha_{k,k-1} & 1 \end{pmatrix} \quad (4-3)$$

式（4-3）两端同时乘以系数矩阵 A 的逆矩阵 A^{-1}，可将式（4-1）改写为式（4-4）：

$$y_t = B_1 y_{t-1} + B_2 y_{t-2} + \cdots + B_s y_{t-s} + A^{-1} \sum \varepsilon_t \quad (4-4)$$

式（4-4）中，$B_i = A^{-1} F_i$，$i = 1, 2, \cdots, s$，$\varepsilon_t \sim N(0, I_k)$。将式（4-4）中系数 B_i 的行向量堆叠纳入 $k^2 s \times 1$ 阶系数矩阵 β，并且定义 $X = I_k \otimes (y'_{t-1}, y'_{t-2}, \cdots, y'_{t-k})$，$\otimes$为克罗内克（Kronecker）乘积，则式（4-4）可以简写为式（4-5）。

$$y_t = X_t \beta + A^{-1} \sum \varepsilon_t \quad (4-5)$$

式（4-5）是从结构向量自回归模型（SVAR）演变而来，参数估计具有唯一的解。学者们研究发现，由于 SVAR 模型参数是固定不变的，因此对宏观经济模型解释力具有一定的局限性。借鉴 Primiceri（2005）和 Nakajima（2011）的做法，可将式（4-5）进一步扩展式（4-6）。

$$y_t = X_t \beta_t + A_t^{-1} \sum{}_t \varepsilon_t \quad (4-6)$$

式（4-6）中，t 满足 $t = s+1, \cdots, n$，系数β_t、参数 A_t 和 $\sum_t$ 不是固定不变的，而是都具有了时变性，这是时变参数结构向量自回归模型（TVP-VAR）的重要特征。借鉴 Primiceri（2005），将系数矩阵 A 中的非零、非 1 元素堆叠成为新向量 α_t，即 $\alpha_t = (a_{21}, a_{31}, a_{32}, a_{41}, \cdots, a_{k,k-1})'$。令 $h_t = (h_{1t}, \cdots, h_{kt})'$，其中，$h_{jt} = \log\sigma_{it}^2$，$j = 1, \cdots, k$，$t = s+1, \cdots, n$。假定式（4-7）中所有参数均为随机游走过程，满足如下条件（见式 4-7）：

$$\begin{matrix} \beta_{t+1} = \beta_t + \mu_{\beta_t} \\ \alpha_{t+1} = \alpha_t + \mu_{\alpha_t}, \\ h_{t+1} = h_t + \mu_{h_t} \end{matrix} \quad \begin{pmatrix} \varepsilon_t \\ \mu_{\beta_t} \\ \mu_{\alpha_t} \\ \mu_{h_t} \end{pmatrix} \sim \mathrm{N}\left(0, \begin{pmatrix} \mathrm{I} & 0 & 0 & 0 \\ 0 & \sum_\beta & 0 & 0 \\ 0 & 0 & \sum_\alpha & 0 \\ 0 & 0 & 0 & \sum_h \end{pmatrix} \right) \quad (4-7)$$

式（4－7）中，t＝s＋1，…，n，其中，$\sum_{\alpha}$、$\sum_{\beta}$、$\sum_{h}$都是对角矩阵。满足$\beta_{s+1}\sim N(\mu_{\beta_0},\sum_{\beta_0})$，$\alpha_{s+1}\sim N(\mu_{\alpha_0},\sum_{\alpha_0})$，$h_{s+1}\sim N(\mu_{h_0},\sum_{h_0})$。

TVP－VAR 模型需要估计的参数较多，每个时点需要估计的参数共 $k+k^2s$ 个，其中，k 为变量个数，s 为滞后阶数；待估计方差自回归系数 k 个，方差波动率 k 个，各变量当期影响的结构系数 $k(k-1)/2$ 个。为了使得参数估计结果更加精确，借鉴 Nakajima（2011）的方法，使用马尔可夫链蒙特卡罗（MCMC）方法进行估计，MCMC 估计常用的是 Gibbs 抽样，它主要基于贝叶斯推断，通过抽样数据的边缘概率分布结果，可计算其后验分布，被广泛应用。

第一，先验值的选取。由于待估计参数 α_t、β_t、h_t 具有随机游走特征，设定参数初始值$\mu_{\beta_0}=\mu_{\alpha_0}=\mu_{h_0}$，$\mu_{\beta_0}=\mu_{\alpha_0}=\mu_{h_0}=0$，$\sum_{\alpha_0}=\sum_{\beta_0}=\sum_{h_0}=10\times I$；设定 $\sum_{\alpha_t}$、$\sum_{\beta_t}$、$\sum_{h_t}$ 为对角矩阵，且满足以下条件：$(\sum_{\beta})_i^{-2}\sim$ Gamma（40，0.02），$(\sum_{\alpha})_i^{-2}\sim$ Gamma（40，0.02），$(\sum_{h})_i^{-2}\sim$ Gamma（40，0.02）。

第二，贝叶斯估计。贝叶斯估计以及其框架下的算法，是 TVP－VAR 模型的基本算法。在特定的先验分布下，包括未观察到的潜在变量参数的高维后验分布是算法生成样本的一个来源（Chib，2002）。除此之外，需要基于剩余参数对$\beta=\{\beta_t\}_{t=s+1}^{n}$，$a=\{a_t\}_{t=s+1}^{n}$和$h=\{h_t\}_{t=s+1}^{n}$进行联合抽样。由于时变系数和参数可以写成一个线性高斯状态空间模型，因此，采用模拟滤波器对其进行取样（De Jong & Shephard，1995；Durbin & Koopman，2012）。

表 4－1　TVP－VAR 模型估计的后验分布模拟步骤

步骤	模拟
1	设初值β，a，h，ω
2	取样$\beta \mid a$，h，$\sum_{\beta}$，y
3	取样$\sum_{\beta} \mid \beta$
4	取样$\alpha \mid \beta$，h，$\sum_{a}$，y

续表

步骤	模拟
5	取样 $\sum_a \mid a$
6	取样 $h \mid \beta$，a，$\sum_h$，y
7	取样 $\sum_h \mid h$
8	重复步骤2

第三，后验分布的蒙特卡洛模拟。令 $y = \{y_t\}_{t=1}^{n}$ 和 $\omega = (\sum_\beta, \sum_a, \sum_h)$。令 ω 的先验概率密度为 π（ω）。给定数据y，样本来源于条件后验分布 π（β，a，$h \mid$y）。具体而言，步骤2和步骤4是借助于模拟滤波器来实现的；步骤3、步骤5和步骤7则是在共轭先验下的Wishart分布或者Gamma分布中生成样本，假定 $\sum_h$ 为对角矩阵，得到独立的条件后验分布 $\{h_{jt}\}_{t=s+1}^{n}$，$j=1$，…，k；步骤6则需要对随机波动进行多次移动取样。

第四，取样 β。为了从条件后验分布 π（$\beta \mid a$，h，$\sum_\beta$，y）中取样 β，把模型写为状态空间的形式：

$$y_t = X_t\beta_t + A_t^{-1} \sum_t \varepsilon_t, \quad t=s+1, \cdots, n \tag{4-8}$$

$$\beta_{t+1} = \beta_t + \mu_{\beta t}, \quad t=s, \cdots, n-1 \tag{4-9}$$

其中 $\beta_s = \mu_{\beta_0}$，且 $\mu_{\beta_s} \sim N$（0，$\sum_{\beta_0}$），对联合后验分布 π（β_{s+1}，…，$\beta_n \mid a$，h，$\sum_\beta$，y）取样。根据De Jong & Shephard（1995），状态空间模型中的模型滤波器的算法见公式（4-10）和公式（4-11）：

$$y_t = Z_t\alpha_t + G_t\mu_t, \quad t=s+1, \cdots, n \tag{4-10}$$

$$\alpha_{t+1} = T_t\alpha_t + H_t\mu_t, \quad t=s, \cdots, n-1 \tag{4-11}$$

其中，$\mu_t \sim N$（0，I）且 $G_tH_t' = 0$。模拟滤波器中取 $\eta =$（η_s，…，η_{n-1}）$\sim \pi$（$\eta \mid y$，θ），其中 $\eta_t = H_t\mu_t$，$t=s$，…，$n-1$，θ 表示模型中的其他参数，运行Kalman滤波；对于 $t=s+1$，…，n，其中 $\alpha_{s+1} = T_s a_s$ 且 $P_{s+1} = H_sH_s'$，再运行模拟滤波器。

对于 $t=n, n-1, \cdots, s+1$, $r_n=U_n=0$，令 $\eta_s=\Lambda_s r_s+\varepsilon_s$，$\varepsilon_s \sim N(0, C_s)$，$C_s=\Lambda_s-\Lambda_s U_s \Lambda_s$。然后构造样本数据 $\{\alpha_t\}_{i=s+1}^{n}$，进而使用模拟滤波器得到序列 $\{\eta_t\}_{t=s}^{n-1}$ 的状态方程，在此过程中，对参数做如下调整：

$Z_T=X_T$，$T_T=I$，$q_t(A_t^{-1}\sum_t, 0)$，$H_t=(O, \sum_\beta^{1/2})$，$t=s+1, \cdots, n$，$T_s\alpha_s=\mu_{\beta_0}$，$H_s=(O, \sum_\beta^{1/2})$。

第五，取样 α。由于是从后验分布 $\pi(a|\beta, h, \sum_a, y)$ 中取样 α，将表示为状态空间的形式，即：

$$\hat{y}=\hat{x}a_t+\sum_t e_t, \quad t=s+1, \cdots, n \tag{4-12}$$

$$a_{t+1}=a_t+\mu_{at}, \quad t=s, \cdots, n-1 \tag{4-13}$$

其中，$a_s=\mu_{a_0}$，$\mu_{as} \sim N(0, \sum_{a0})$，$\hat{y}_t=y_t-X_t\beta_t$，并且满足：

$$\hat{X}_t=\begin{pmatrix} 0 & \cdots & & & & 0 \\ -\hat{y}_{1t} & 0 & 0 & \cdots & & \vdots \\ 0 & -\hat{y}_{1t} & -\hat{y}_{2t} & 0 & & \\ 0 & 0 & -\hat{y}_{1t} & -\hat{y}_{2t} & \cdots & \\ \vdots & & & \ddots & \cdots & 0 \\ 0 & \cdots & 0 & -\hat{y}_{1t} & \cdots & -\hat{y}_{k-1,t} \end{pmatrix}, \quad t=s+1, \cdots, n \tag{4-14}$$

和取样 β 类似，使用模拟滤波器，其中，$Z_t=X_t$，$T_t=I$，$G_t=(\sum_t, O)$，$H_t=(O, \sum_a^{1/2})$，$t=s+1, \cdots, n$，$T_s\alpha_s=\mu_{a_0}$，$H_s=(O, \sum^{1/2} a_0)$

第六，取样 h。所谓状态方程由系统的状态变量所构成的一阶微分方程组，而本部分中 h 的状态空间方程仅是一个非线性的形式。设 $\sum_h$ 和 $\sum_{h0}$ 均为对角矩阵，故分别当 $j=1, \cdots, k$ 时来独立推断 $\{h_{jt}\}_{t=s+1}^{n}$。令 y_{it}^* 表示 $A_t\hat{y}_t$ 的第 i 个元素，然后可写为：

$$y_{it}^*=\exp(h_{it}/2)\varepsilon_t, \quad t=s+1, \cdots, n \tag{4-15}$$

$$h_{i,t+1}=h_{it}+\eta_{it}, \quad t=s, \cdots, n-1 \tag{4-16}$$

$$\begin{bmatrix}\varepsilon_{it} \\ \eta_{it}\end{bmatrix} \sim \left[0, \begin{bmatrix}1 & 0 \\ 0 & v_i^2\end{bmatrix}\right] \tag{4-17}$$

其中，$\eta_{is} \sim N(0, v_{i_0}^2)$，$v_i^2$ 和 $v_{i_0}^2$ 分别为 $\sum_h$ 和 $\sum_{h_0}$ 的第 i 个对角元素，并且 η_{it} 为 μ_{ht} 的第 i 个对角元素。我们利用非线性高斯状态空间模型下的多次移动取样方法（Shephard & Pitt，1997；Watanabe & Omori，2004），从其条件后验密度中取样（$h_{i,s+1}$，…，h_{in}）。

第七，取样 ω。对于给定的 β，可以得到 $\sum_\beta$ 的条件后验密度。令 σ_{β_i} 为 $\sum_\beta$ 的第 i 个对角元素。令 $\sum_\beta$ 为一个对角矩阵，当 $i=1, \cdots, k$ 时，能对 σ_{β_i} 独立的取样。若指定先验 $\sigma_{\beta_i}^{-2} \sim Gamma(s_{\beta_0}/2, S_{\beta_0}/2)$，就能得到条件后验分布 $\sigma_{\beta_i}^{-2}|\beta \sim Gamma(\hat{s}_{\beta_i}/2, \hat{S}_{\beta_i}/2)$，其中：

$$\hat{S}_{\beta_i} = S_{\beta_0} + n - s - 1, \quad \hat{S}_{\beta_I} = S_{\beta_0} + \sum_{t=s+1}^{n-1} (\beta_{i,t+1} - \beta_{it})^2 \tag{4-18}$$

其中，β_{it} 是 β_t 第 i 个元素。这里，Gamma 先验是共轭的，并且后验序列也较为简单。同理，可对 $\sum_a$ 和 $\sum_h|h$ 做同样的处理（印重，2014）。

（2）变量及数据说明

经济增长（y）：考虑到我国国内生产总值没有月度数据，采用“规模以上工业增加值的当期同比实际增速”作为代理变量。规模以上工业增加值作为国民经济最重要的宏观经济指标之一，是工业总产值及本期应交增值税减去中间投入的余额，反映了我国工业部门的整体产出水平。

人民币实际汇率（er）：采用“人民币实际有效汇率指数”作为代理变量，人民币名义有效汇率采用间接标价法表示，该指数上升则意味着人民币升值（见图 4－1）；反之，该指数下降则意味着人民币贬值。

货币错配指数（$aecm$）：根据 3.1 章节，依据 *AECM* 指数计算的月度货币错配程度（见图 4－2）。

根据数据的可得性，选取我国从 2007 年 1 月到 2020 年 5 月的月度时间序列数据，共计 161 个月，数据主要来源于国家统计局网站，中经网统计数据库、国际清算银行统计数据库。对货币错配指数（$aecm$）、经济增长（y）、人民币实际汇率（er）三个变量进行平稳性检验，可知三个变量的一阶差分均为平稳变量（见表 4－2）。

表 4 – 2　变量描述性统计

变量	均值	中位数	最大值	最小值	标准差	偏度	峰度	JB 统计量	原序列单位根检验	一阶差分单位根检验
y	9.83%	8.90%	21.30%	-1.10%	4.50	0.48	2.76	6.70***	-1.885	-12.797***
aecm	22.32%	22.15%	31.57%	14.60%	4.36	0.38	2.81	4.02	-0.976	-12.294***
er	112.06	115.87	130.93	87.13	12.62	-0.36	1.87	12.08***	-1.649	-8.581***

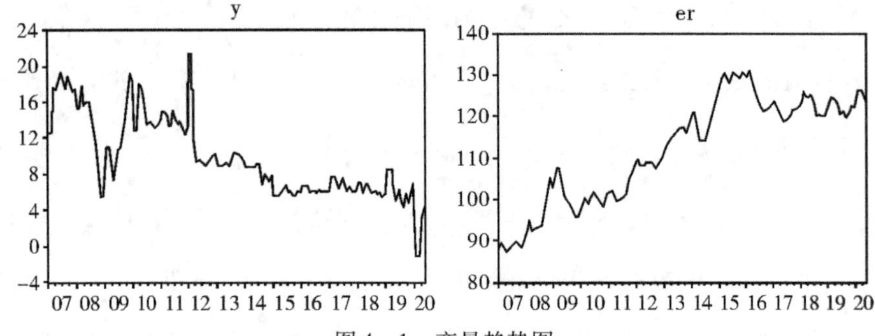

图 4 – 1　变量趋势图

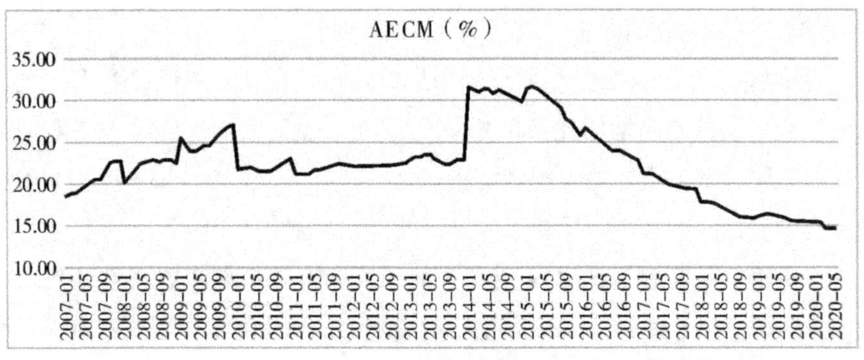

图 4 – 2　月度货币错配程度

（3）VAR 模型构建

TVP – VAR 模型的设定首先必须确定滞后期，这是非常关键的步骤，能否选择适宜的模型滞后期将直接影响到模型的整体分析结果和经济预测的准确性与科学性。为此，沿用传统的滞后期选取思路，引入 LR、FPE、AIC、SC、HQ 等统计指标共同来解决 VAR 模型的最优滞后期问题，表 4 – 3 显示了最优滞后期的检验结果，可知，LR、FPE、AIC 支持 VAR 模型选择 3 期作为最优滞后期。引入 AR 根图示法来完成 VAR（3）模型稳健性的校验问题，根据 AR 根图示法的分析结果的判别规则，当模型特征根倒数落在单位圆内时则认为模型构建是科学且稳健的，否则需对模型进行修正。图 4 - 3 给出了 VAR（3）模型的稳健性检验结果，可以看出，特征根倒数位于单位圆内，说明 VAR（3）模型是稳健的，对于实际经济问题有较好的解释能力和拟合度。式（4 - 19）、式（4 - 20）和式（4 - 21）分别为被解释变量为货币错配（*aecm*）、经济增长（*y*）和人民币实际汇率（*er*）的向量自回归模型（VAR）估算结果。

表 4 - 3　最优模型滞后阶数判定

Lag	LogL	LR	FPE	AIC	SC	HQ
0	-1379.75	NA	14206.78	18.08	18.13	18.10
1	-778.12	1171.79	6.14	10.33	10.56*	10.42
2	-760.30	34.01	5.47	10.21	10.63	10.38*
3	-750.38	18.55*	5.41*	10.20*	10.80	10.44
4	-747.53	5.21	5.87	10.28	11.05	10.60
5	-746.02	2.71	6.48	10.38	11.33	10.77
6	-743.77	3.93	7.08	10.47	11.60	10.93
7	-738.64	8.79	7.47	10.52	11.83	11.05
8	-735.52	5.21	8.09	10.60	12.08	11.20

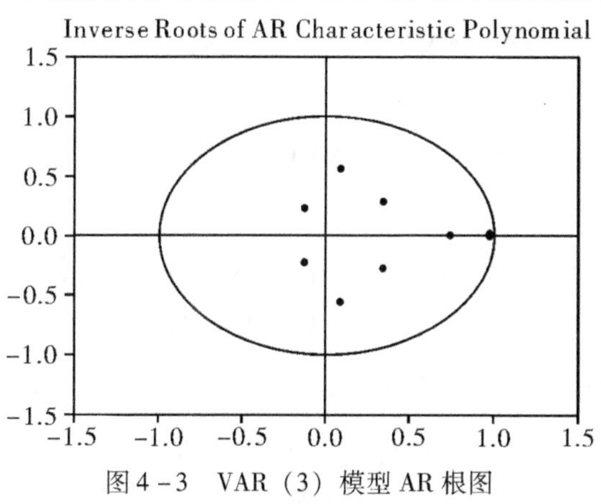

图 4 - 3　VAR（3）模型 AR 根图

$$aecm = 1.025aecm_{t-1} - 0.061aecm_{t-2} + 0.025aecm_{t-3} - 0.017y_{t-1} - 0.032y_{t-2} + 0.021y_{t-3} - 0.106er_{t-1} + 0.187er_{t-2} - 0.010er_{t-3} + 2.553 \quad (4-19)$$

$$y = -0.017aecm_{t-1} - 0.138aecm_{t-2} + 0.201aecm_{t-3} + 0.949y_{t-1} -$$

$0.469y_{t-2}+0.234y_{t-3}-0.081er_{t-1}-0.017er_{t-2}+0.109er_{t-3}+11.754$ (4-20)

$er=-0.064aecm_{t-1}+0.048aecm_{t-2}+0.036aecm_{t-3}-0.062y_{t-1}+0.092y_{t-2}-0.085y_{t-3}+1.354er_{t-1}-0.435er_{t-2}+0.046er_{t-3}+4.093$ (4-21)

（4）TVP-VAR 参数估计结果

传统 VAR 模型估计系数为常数的假设限制了在系统发生突变时，对变量之间的影响存在非线性关系问题的关注。针对 VAR 模型在实际运用中存在的缺陷，Primiceri（2005）引入非线性时变参数向量自回归模型（TVP-SV-VAR），用于解释经济现象之间的时变和非线性特征，该模型的系数和协方差矩阵都可以随时间推移而不断变化，因此能够灵活地捕获各变量之间关系的时变与渐变特征，并且能准确地观测到在不同时模型估计的冲击设定。

构建包括我国经济增长、货币错配和人民币实际有效汇率三个变量的 TVP-VAR 模型：$Y=(aecm, y, er)'$。设定各个参数的初始值：均值为 $\mu_{\beta_0}=\mu_{\alpha_0}=\mu_{h_0}=0$；协方差矩阵为 $\sum_{\beta_0}=\sum_{\alpha_0}=\sum_{h_0}=10\times I$，对角线元素为 $(\sum_{\beta})_i^{-2}\sim$ Gamma（4，0.02），$(\sum_{\alpha})_i^{-2}\sim$ Gamma（4，0.02），$(\sum_{h})_i^{-2}\sim$ Gamma（4，0.02）。用 MCMC 方法模拟 10000 次，其中前 1000 次为预烧，以消除 TVP-VAR 模型的不稳定性，详细参数估计结果见表 4-4。

TVP-VAR 模型主要通过 Geweke CD 收敛诊断值大小和无效因子大小来判断模型的抽样结果是否显著（见表 4-4）。各个参数的 Geweke CD 诊断值均小于临界值 1.96（5% 显著性水平），处于 95% 的置信区间以内，不能拒绝参数收敛于后验分布的原假设，意味着样本收敛性较好，马尔科夫链集中。无效因子主要用于测算模型的模拟效果，越小越好，参数 $(\sum_{h})_1$ 无效因子为最大值 166.69，这意味着至少可以得到 60 个有效样本，基本满足后验分布的估计要求，其他参数的无效因子都较小，说明 MCMC 算法对参数的后验分布进行了有效抽样。

表 4－4　TVP－VAR 模型的参数估计结果

参数	均值	标准差	95% 置信区间	Geweke CD	Inefficiency
$(\sum_{\beta})_1$	0.0221	0.0023	[0.0180，0.0271]	0.670	5.98
$(\sum_{\beta})_2$	0.0216	0.0023	[0.0177，0.0266]	0.130	7.27
$(\sum_{\alpha})_1$	0.1434	0.0731	[0.0551，0.3374]	0.000	106.27
$(\sum_{\alpha})_2$	0.0784	0.0286	[0.0419，0.1510]	0.001	97.41
$(\sum_{h})_1$	2.1735	0.4635	[1.3336，3.1025]	0.166	166.69
$(\sum_{h})_2$	0.8333	0.2094	[0.4823，1.3173]	0.142	104.56

注：$\sum_{\beta}$、$\sum_{\alpha}$ 和 $\sum_{h}$ 均为乘以 100 后的值

图 4－4 从上到下分别是样本的自相关系数、样本收敛轨迹以及后验密度分布图。显然，在剔除预烧样本后，样本的自相关性稳步减小，样本的自相关系数随着模拟次数的增加都收敛于零，表明设定的 10000 次抽样次数能够很好地消除变量之间的自相关性；样本的模拟路径呈现出明显的波动聚类特征，变量序列在均值附近以“白噪声”的轨迹波动。可见 MCMC 抽样结果有效模拟了参数的分布情况。

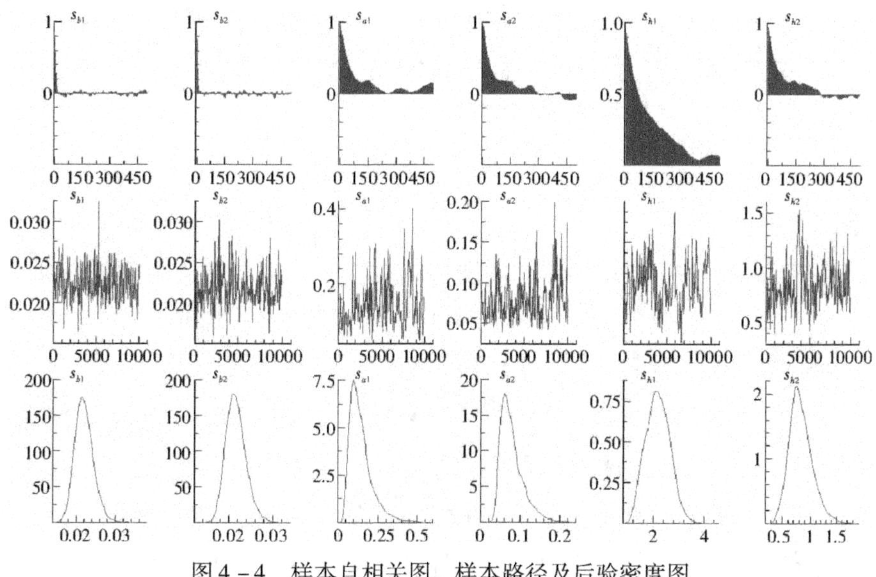

图 4－4　样本自相关图、样本路径及后验密度图

注：S_b、S_a 和 S_h 分别代表 $\sum_{\beta}$、$\sum_{\alpha}$ 和 $\sum_{h}$

（5）变量的随机波动特征

可变随机波动率（stochastic volatility）是 TVP - VAR 模型区别于传统 SVAR 模型的重要特征，图 4 - 5 为我国货币错配指数、经济增长和人民币实际有效汇率原序列的三组数据及其随机波动率。从货币错配指数的原序列走势可知（上半部分左图），在 2007—2009 年处于螺旋上升的态势，2010—2013 年相对平稳，2014—2016 年达到样本高点，之后开始急剧下降，2019—2020 年一直处于比较低的水平。从我国经济增长原序列走势可知（上半部分中图），在 2007—2013 年之间，表现出较大波动性，2014 年之后，经济增长率缓慢下降，2020 年由于受到新冠疫情的影响，我国经济增长率呈现较大跌幅。从人民币实际有效汇率原序列走势可知（上半部分右图），虽有小幅波动，2007—2020 年人民币实际有效汇率呈现盘旋上升的态势，人民币处于升值状态。从三个变量的随机波动率走势可知（图下半部分），当原序列走势平缓时，随机波动率也相对平缓，反之，当原序列波动剧烈的时候，后验随机波动率也相应较大，两者走势高度吻合。

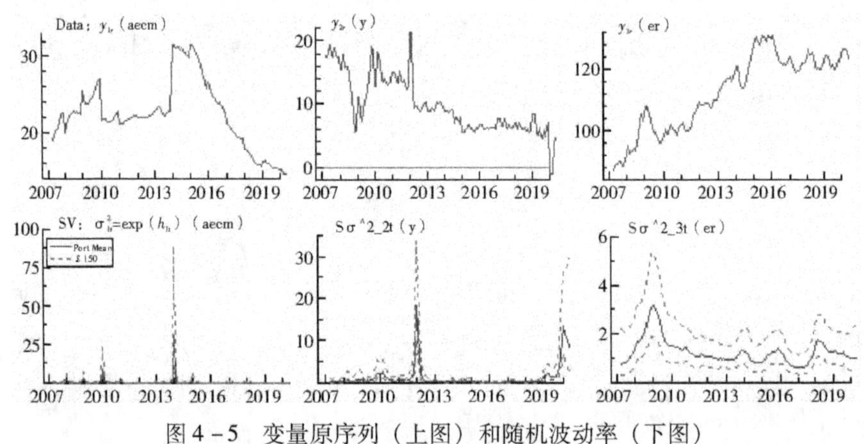

图 4 - 5　变量原序列（上图）和随机波动率（下图）

4.1.3　实证分析

TVP - VAR 模型提供了两种不同类型的脉冲响应函数，等间隔脉冲响应函数和时点脉冲响应函数，等间隔脉冲响应函数反映的是变量在不同时期的动态特征；时点脉冲响应函数反映的是变量在不同时点的变化特征，通过选取一些典型冲击时点，便能刻画宏观经济变量间的关联性。

（1）货币错配冲击对经济增长影响的等间隔脉冲响应函数

等间隔脉冲响应函数，指给自变量一个标准差的正冲击，对特定时间间隔后因变量的影响，选取提前3期（3个月）、6期（6个月）和12期（1年）的时间间隔，分别代表变量冲击短期、中期和长期的影响，由此，能够更直观地发现变量冲击的作用效果，进而采取更加灵活的调控手段。同时为了更全面地考察货币错配对经济增长的长期效应，同时测算了1到24期的脉冲响应函数值，并绘制三维图形。$\varepsilon_{aecm}\uparrow\rightarrow Y$表示货币错配（$aecm$）一个货币错配标准差正向冲击后经济增长（$y$）的脉冲响应，根据变量不同依次类推。图4-6为提前3期、6期和12期的等间隔脉冲响应图，实线为提前3期（3个月）的脉冲响应函数，长虚线为提前6期（6个月）的脉冲响应函数，短虚线为提前12期（12个月）的脉冲响应函数，分别代表短期、中期和长期脉冲响应函数。图4-7为提前1—24期的三维立体图等间隔脉冲响应图，三维立体图能够准确描述各变量在不同时间点面对不同冲击所出现的脉冲响应特征，X坐标轴代表冲击的时间点，Y坐标轴代表提前期数，Z坐标轴代表冲击程度（大小）。

根据经济增长对货币错配冲击的等间隔脉冲响应函数图（$\varepsilon_{aecm}\uparrow\rightarrow y$）可知（见图4-6），除了个别年份，经济增长对一个标准差的货币错配正向冲击的脉冲响应为负值，从脉冲响应的波动区间来看，提前3期的货币错配冲击对经济增长影响的波动区间在［-0.03，-0.024］，提前6期的货币错配冲击对经济增长影响的波动区间在［-0.03，-0.026］，提前12期的货币错配冲击对经济增长影响的波动区间在［-0.03，0.01］。从短期到长期，货币错配冲击对经济增长的影响表现出了增强趋势，长期（12个月）脉冲响应函数绝对值最大，6个月的脉冲响应绝对值次之，3个月的脉冲响应函数绝对值最小，说明短期内和中期内，影响强度相对平缓；从长期来看，2007—2017年，长期内货币错配对经济增长存在消极影响，2018—2020年，货币错配对经济增长存在积极影响，影响强度也较大，说明货币错配冲击对经济增长的影响具有滞后性和扩散性。

对照三维立体图纵观整个样本区间脉冲响应函数变化趋势（见图4-7），随着时间的推移，时变特征很明显，经济增长对货币错配冲击的脉冲响应函数值呈现明显的时变特征，呈现“先下降，后上升，再下降，又上升”的“W形”波动趋势，在2011年出现第一次波谷，2013年出现第一次波峰，2014 年 9 月左右出现第二次波谷，2020 年出现第二次波峰，总体来说，货币错配对经济增长产生消极影响，原因在于债权型货币错配状态下，我国国际收支经常项目和资本项目的双顺差，使得人民币产生了强势的升值压力，本币升值将极大削弱本国出口产业的竞争力，而对外贸易的萧条将会严重阻碍经济增长，这对外贸依存度很高的我国更为明显。

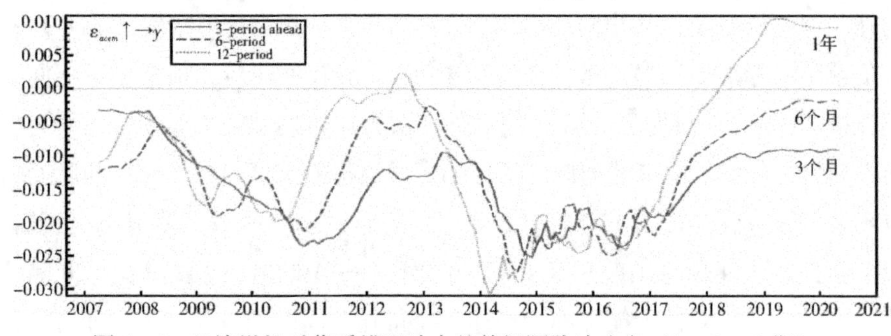

图 4-6　经济增长对货币错配冲击的等间隔脉冲响应（3、6、12 期）

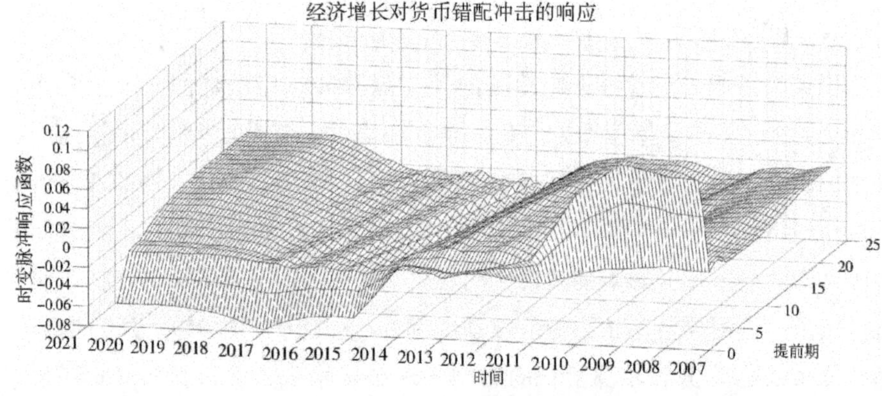

图 4-7　经济增长对货币错配冲击的等间隔脉冲响应（三维立体图）

（2）货币错配冲击对人民币汇率影响的等间隔脉冲响应函数

人民币汇率对货币错配冲击的脉冲响应函数（$\varepsilon_{aecm}\uparrow\rightarrow er$），绝大多数年份为正值（见图 4-8 和图 4-9），说明货币错配程度的增加，促使人民币实际升值。从脉冲响应的波动区间来看，提前 3 期的货币错配冲击对人民币汇率影响的波动区间在［0.015，0.080］，提前 6 期的货币错配冲击对人民币汇率影响的波动区间在［-0.005，0.115］，提前 12 期的货币错配冲击对人民币汇率影响的波动区间［-0.025，0.130］。长期内（12 个月）的脉冲响应函数值最大，中期内（6 个月）的脉冲响应值次之，长期内（3 个月）脉冲响应函数值最小（见图 4－8），说明货币错配对人民币汇率的影响存在一定的滞后性。

对照三维立体图纵观整个样本区间脉冲响应函数变化趋势（见图 4－9），人民币实际汇率对货币错配冲击的脉冲响应函数值呈现比较明显的时变波动趋势，呈现“先上升，后下降，再上升，再下降”的“M 形”波动趋势，2007—2013 年 6 月呈现缓慢上升的趋势，2013 年 6 月出现短暂的下降趋势，在 2014 年之后出现快速上升趋势，并在 2014 年 6 月出现波峰，之后快速下降，在 2019 年出现波谷。货币错配冲击之所以对人民币汇率存在正向的影响，原因在于，在债权型货币错配状态下人民币产生了强势的升值压力。本币（预期）升值经济主体将面临资产净值下降资产负债表恶化，造成巨大的资产损失。资产负债表效应的传导机制可能表现为：债权型错配→本币升值→外币资产价值缩水→财务困境→投资减少→经济收缩。就货币政策来说，如果中央银行以降低利率抑制本币升值为政策目标，则可能导致资本在短时间内大规模流出，引起经济动荡，同样可能使经济陷于紧缩困境（徐涛、崔静宜，2014）。

货币错配反映了资产和负债与收入和支出两方面对汇率变动的不同影响，货币错配现象的本质在于汇率风险敞口。Mishkin（1999）发现债务美元化使得发展中国家不得不更关注汇率的变动：由于本币的贬值会加重本国的外债负担，而本国的升值又会削弱本国出口产品的竞争力，减弱本国的偿债能力，因此，发展中国家处于“两难境地”。Goldstein（2004）进一步指出，对汇率浮动的恐惧会降低新兴国家的货币政策采取通货膨胀制的有效性，因为通货膨胀目标制要求把通货膨胀率作为货币政策的名义锚。如果不能在降低货币错配方面取得进展，对汇率浮动的恐惧会使发展中国家别无选择，最终走上“美元化”，这意味着彻底放弃本国的货币政策。因此，债权型货币错配本质上体现我国汇率政策和货币政策的内在冲突，部分国外学者对此问题的研究集中在以蒙代尔—弗莱明模型的理论基础上，其核心观点在于，稳定的汇率制度与货币政策的有效性相互替代，协调汇率政策与货币政策冲突的方法是要求增加汇率的浮动幅度以提高货币政策的有效性。汇率制度的选择本身不是目的，而是作为取得福利目标的手段，对我国来说，从长期来看，在货币错配约束条件下，实行完全浮动汇率制度是人民币汇率改革的最终目标。然而由于我国目前还不具备实行浮动汇率制度的条件，考虑到变迁成本与路径依赖，人民币汇率制度应采取渐进式改革方式。

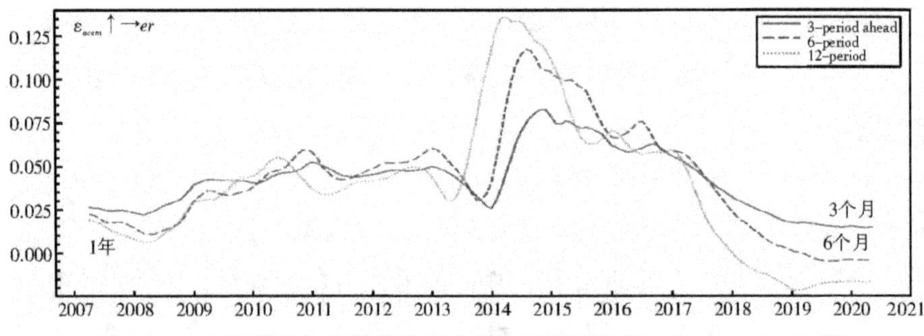

图 4－8　人民币汇率对货币错配冲击的等间隔脉冲响应（3、6、12 期）

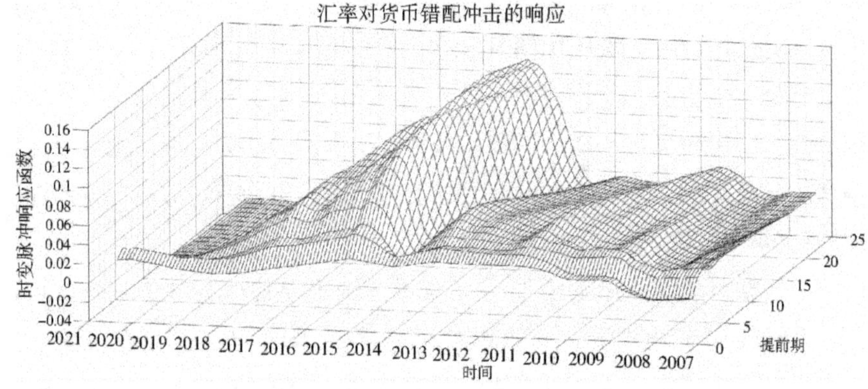

图 4－9　人民币汇率对货币错配冲击的等间隔脉冲响应（三维立体图）

（3）人民币汇率冲击对货币错配影响的等间隔脉冲响应函数

货币错配对人民币汇率冲击（$\varepsilon_{er}\uparrow\rightarrow aecm$）的脉冲响应函数值绝大多数年份为负值，说明人民币汇率升值，降低了货币错配的程度；反之，人民币汇率贬值，提高了货币错配程度。从脉冲响应的波动区间来看，提前 3 期的人民币汇率冲击对货币错配影响的波动区间在［－0.22，0.12］，提前 6 期的人民币汇率冲击对货币错配影响的波动区间在［－0.36，0.22］，提前 12 期的人民币汇率冲击对货币错配影响的波动区间［－0.40，0.25］。长期（12 个月）的脉冲响应函数绝对值最大，6 个月的脉冲响应函数绝对值次之，3 个月的脉冲响应函数绝对值最小（见图 4－10），说明长期内人民币汇率对货币错配的影响存在一定的滞后性。

对照三维立体图纵观整个样本区间脉冲响应函数变化趋势（见图 4－

11)，人民币汇率冲击对货币错配影响的呈现明显的时变波动趋势，呈现“先下降，后上升，再下降，再上升，又下降”的趋势，在2009年出现第一次波谷，在2013年出现第二次波谷。在2013年6月到2015年12月，脉冲响应函数值为正向，并在2014出现一次波峰，在2016年之后脉冲响应函数值开始下降，在2017年6月左右出现第三次波谷，之后波动趋势相对平缓，脉冲响应函数值收敛在“-0.1”上下波动。

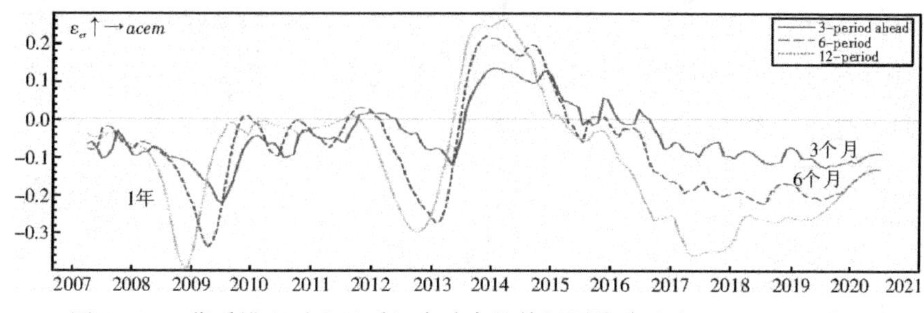

图4-10　货币错配对人民币汇率冲击的等间隔脉冲响应（3、6、12期）

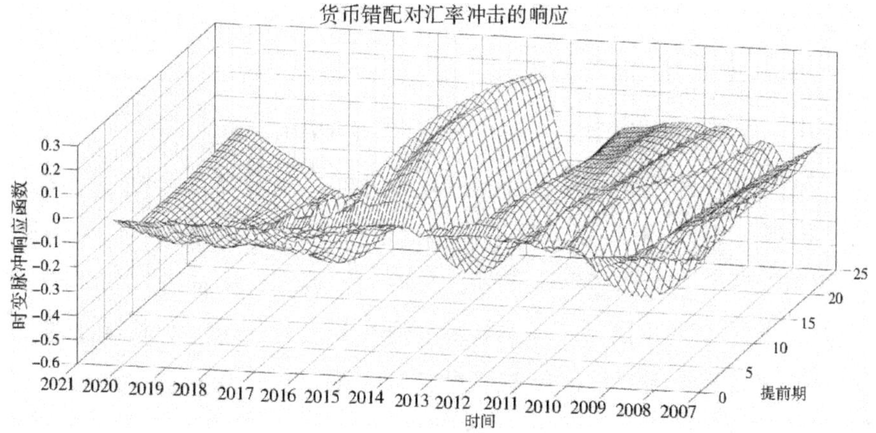

图4-11　货币错配对人民币汇率冲击的等间隔脉冲响应（三维立体图）

人民币汇率波动是我国货币错配形成的重要因素之一，由于我国在国际货币体系中的外围地位，人民币还不是国际货币，不能自由兑换，无法以人民币在国际资本市场上筹资，因此我国只能大量积累美元、欧元等核心国家的货币，这就导致货币错配的形成（蔡彤娟，2010）。Dooy，Folkerts & Garber（2003）认为：现行的国际货币体系像布雷顿森林体系那样由中心和外围组成，他们称之为“复兴的布雷顿森林体系”。亚洲国家作为新的外围，采取固定汇率制度，通过压低汇率和资本管制的方式实行出口导向型发展战略，获得了大量贸易顺差。然而，由于外围国家的本币无法充当国际货币，结果是外围国家只能大量积累核心国家的储备货币。

（4）人民币汇率冲击对经济增长影响的等间隔脉冲响应函数

人民币汇率冲击对经济增长影响（$\varepsilon_{er}\uparrow\rightarrow y$）的脉冲响应函数为负值，说明人民币汇率升值，降低了我国经济增长；反之，人民币汇率贬值，促进我国经济增长。从脉冲响应函数的波动区间来看，提前3期的人民币汇率冲击对经济影响的波动区间在［-0.60，-0.00］，提前6期的人民币汇率冲击对经济增长影响的波动区间在［-0.58，0.16］，提前12期的人民币汇率冲击对经济增长影响的波动区间在［-0.60，0.10］（见图4-12）。

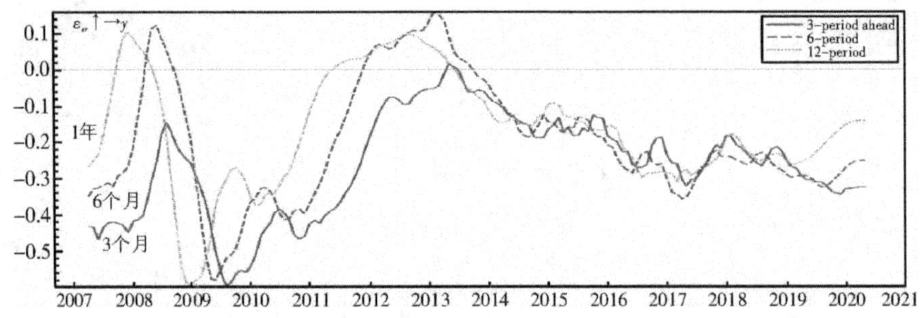

图4-12　我国经济增长对人民币汇率冲击的等间隔脉冲响应（3、6、12期）

对照三维立体图纵观整个样本区间脉冲响应函数变化趋势（见图4-13），2007—2013年区间，人民币汇率对经济增长的影响经历了“先升后降、又升又降”的变化过程，分别于2008年出现了一次波峰，2009年出现了一次波谷，2013年出现了一次波峰；但在此之后，人民币汇率对经济增长的影响又趋于不断减小，在2014年之后一直维持平缓波动的状态，脉冲响应函数值收敛在“-0.2”上下波动。

对于债权型货币错配国家，本币（预期）升值经济主体将面临资产净值下降资产负债表恶化，造成巨大的资产损失。资产负债表效应的传导机制可能表现为：债权型错配→本币升值→外币资产价值缩水→财务困境→投资减少→经济收缩。就货币政策来说，如果中央银行以降低利率抑制本币升值为政策目标，则可能导致资本在短时间内大规模流出，引起经济动荡，同样可能使经济陷于紧缩困境（徐涛、崔静宜，2014）。

（5）时点隔脉冲响应

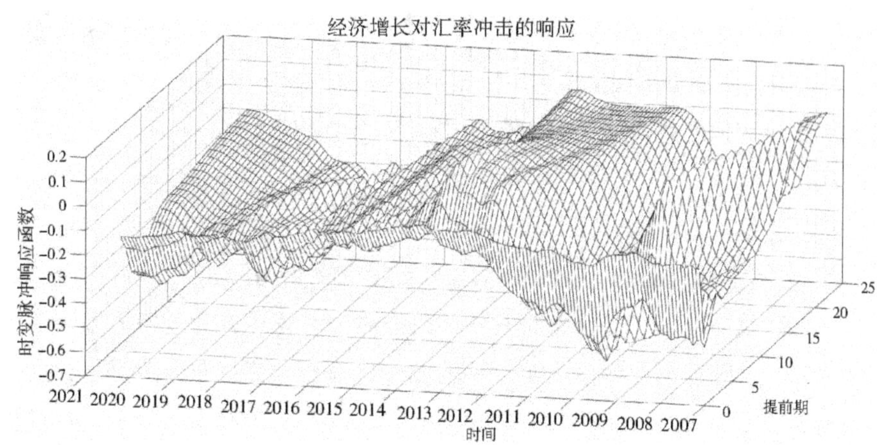

图4－13 我国经济增长对人民币汇率冲击的等间隔脉冲响应（三维立体图）

时点脉冲响应函数根据标志性的事件以及变量变动特征设置时点冲击，有效刻画出货币错配在不同经济周期波动阶段与不同汇率制度改革背景下对脉冲响应函数的差异性。为了考察货币错配对经济增长影响的时变规律，在经济周期波动视角下，选取了2009年12月（36期）、2015年12月（108期）和2020年3月（159期）的样本作为代表性的观测点，分别代表“经济繁荣期”“经济新常态期”和“新冠疫情期”（见图4－14）。在汇率制度改革的视角下（见图4－15），选择的三个冲击时点依次为2010年6月（42期）、2015年8月（104期）、2019年8月（152期），2005年7月我国正式宣布实行浮动汇率制度，当天人民币对美元汇率就上调了2.1%，从此人民币不再单一的钉住美元，同时限定人民币兑美元交易价浮动幅度为±0.3%；在2008年全球金融危机期间，我国重新实行了人民币盯住美元的制度，直到2010年6月又启动了有管理的浮动汇率制度。2015年“8·11”汇率改革对人民币国际化具有里程碑式的意义，央行优化了做市商报价，将中间价报价模型调整为“收盘价＋一篮子货币汇率变化”，由汇改前“单锚”机制转向汇改后“双锚”机制，汇率透明度大幅度提升。2019年8月初，受中美贸易摩擦进一步升级影响，人民币汇率在市场力量推动下“破7”，但汇率预期总体保持平稳，此后受国际经济金融形势以及贸易摩擦局势变化影响，人民币汇率多次破7。

时点脉冲响应函数图（见图4－14和图4－15）中的第一行显示的是一

个单位货币错配的正向冲击对货币错配自身（$\varepsilon_{aecm}\uparrow\rightarrow aecm$）、经济增长（$\varepsilon_{aecm}\uparrow\rightarrow y$）和人民币实际汇率（$\varepsilon_{aecm}\uparrow\rightarrow er$）产生的影响。图中的第二行显示的是一个单位经济增长的正向冲击对货币错配（$\varepsilon_{y}\uparrow\rightarrow aecm$）、经济增长自身（$\varepsilon_{y}\uparrow\rightarrow y$）和人民币实际汇率（$\varepsilon_{y}\uparrow\rightarrow er$）产生的影响。图中的第三行显示的是一个单位人民币实际汇率的正向冲击对货币错配（$\varepsilon_{er}\uparrow\rightarrow aecm$）、经济增长（$\varepsilon_{er}\uparrow\rightarrow y$）和人民币实际汇率自身（$\varepsilon_{er}\uparrow\rightarrow er$）产生的影响，明显看出，基于经济增长视角的时点脉冲响应函数和基于汇率制度改革视角的时点脉冲响应函数走势非常的相似，脉冲响应形态大致是一致的。

货币错配冲击对经济增长的影响（$\varepsilon_{aecm}\uparrow\rightarrow y$），2009 年 12 月、2010 年 6 月、2015 年 8 月、2015 年 12 月，货币错配冲击对经济增长影响的脉冲响应为负值，说明货币错配对经济增长存在消极影响，即货币错配的增加降低了经济增长率。2019 年 8 月、2020 年 3 月经济增长对货币错配冲击的脉冲响应函数值为正值，说明货币错配冲击对经济增长存在积极影响，货币错配程度的增加提高了经济增长率。

货币错配冲击对人民币汇率的影响（$\varepsilon_{aecm}\uparrow\rightarrow er$），2009 年 12 月、2010 年 6 月、2015 年 8 月、2015 年 12 月人民币汇率对货币错配冲击的脉冲响应函数值为正值，说明货币错配的增加促进人民币汇率升值；其中，2015 年 8 月的脉冲响应函数值最大，2015 年 12 月的脉冲响应函数值次之，2010 年 6 月脉冲响应函数值小于 2015 年 12 月，2009 年 12 月的脉冲响应函数值最小。2019 年 8 月、2020 年 3 月人民币汇率对货币错配冲击的脉冲响应为负值，说明货币错配的增加促使人民币汇率贬值，其中，2020 年 3 月的脉冲响应函数绝对值大于 2019 年 8 月。

人民币汇率冲击对货币错配的影响（$\varepsilon_{er}\uparrow\rightarrow aecm$），2009 年 12 月、2010 年 6 月、2015 年 8 月、2015 年 12 月、2019 年 8 月、2020 年 3 月货币错配对人民币汇率冲击的脉冲响应函数值均为负值，说明人民币汇率与货币错配存在负相关关系，即人民币汇率升值降低了货币错配的程度，反之，人民币汇率贬值提高了货币错配的程度。

人民币汇率冲击对经济增长的影响（$\varepsilon_{er}\uparrow\rightarrow y$），2009 年 12 月、2010 年 6 月、2015 年 8 月、2015 年 12 月、2019 年 8 月、2020 年 3 月我国经济增长对人民币汇率冲击的脉冲响应函数值均为负值，说明经济增长与人民币汇率存在负相关关系，即人民币汇率升值降低了经济增长率，反之，人民币汇率贬值提高了经济增长率。不同时点的脉冲响应函数值存在显著差异，2009 年 12 月的脉冲响应函数值绝对值最大，2020 年 3 月的脉冲响应函数值绝对值最小，随着时间的推进，脉冲响应函数值的绝对值越来越小，说明人民币汇率冲击对经济增长的影响存在衰减趋势。

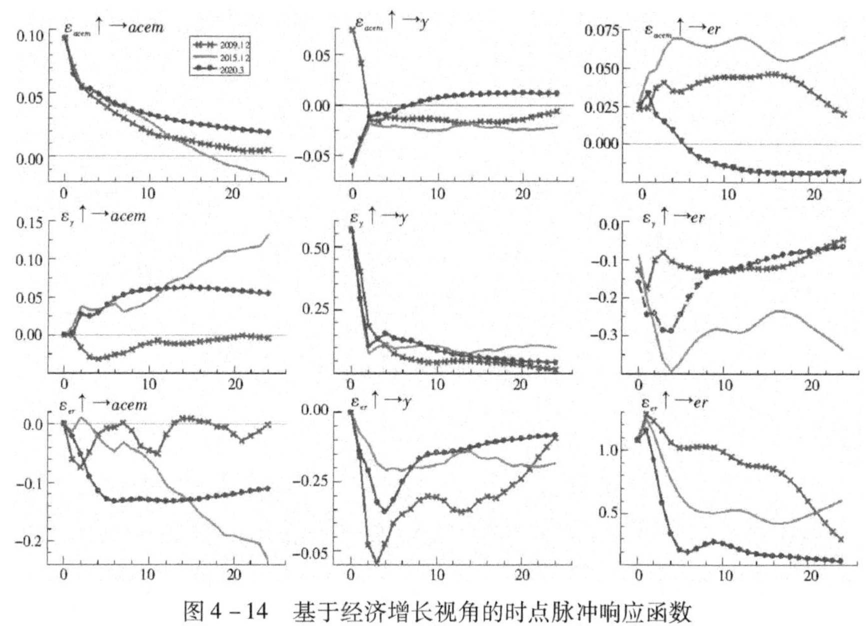

图 4－14　基于经济增长视角的时点脉冲响应函数

4.1.4　小结

运用时变参数向量自回归模型（TVP－VAR），实证检验了货币错配对我国经济增长的影响，由于 TVP－VAR 模型假定参数均服从随机游走过程，有利于刻画模型参数的暂时和永久变化，能够更加灵活和稳健地捕捉到经济内在结构的潜在时变特征，可以充分捕捉货币错配对经济增长影响的时变特征，研究结果表明：

第一，货币错配冲击对经济增长的影响存在明显的时变特征，呈现“先下降，后上升，再下降，又上升”的趋势，2007—2017 年，货币错配对经济增长存在消极影响，2018—2020 年，货币错配对经济增长存在积极影响。总体来说，货币错配对经济增长产生消极的影响，原因在于债权型货币错配的状态下，我国国际收支经常项目和资本项目的双顺差，使得人民币产生了强势的升值压力，人民币升值将极大削弱出口产业的竞争力，并降低经

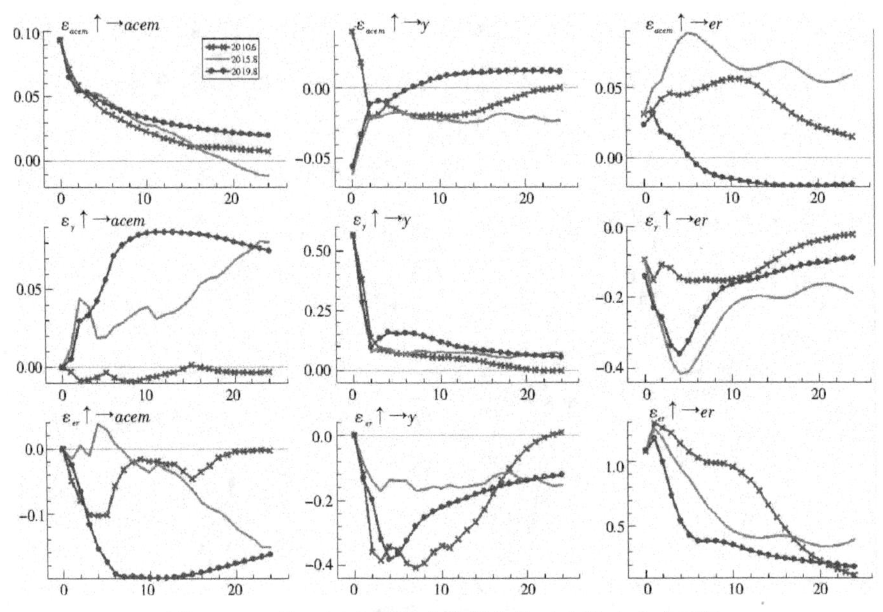

图 4－15　基于汇率制度改革视角的时点脉冲响应函数

济增长率。

第二，货币错配冲击对人民币汇率的影响存在明显的时变性特征，呈现“先上升，后下降，再上升，再下降”的趋势，货币错配对人民币实际汇率存在积极影响，即货币错配程度的增加促使人民币汇率升值。货币错配是汇率制度选择的重要约束变量，发展中国家的政策当局在汇率制度选择过程中往往面临两难抉择：如果让本币升值可能会诱发通货紧缩，甚至可能会使经济陷入流动性陷阱；然而不让本币升值，又可能面临着逆差国的贸易制裁。

第三，人民币汇率冲击对经济增长的影响存在时变特征，呈现“先升后降、又升又降”的变化过程，人民币实际汇率对经济增长存在消极影响，即人民币汇率升值，降低了我国经济增长率；反之，人民币汇率贬值，促进我国经济增长率。

4.2　货币错配对我国货币政策影响的实证分析

由于我国持续双顺差，外汇储备持续增长，人民币汇率升值趋势明显导致了日益严重的货币错配问题。而货币错配问题严重影响了我国货币政策的实施，使得货币政策有效性受到极大的制约。通过理论与实证分析，分析货币错配对我国货币政策有效性的影响。

4.2.1 理论机制和典型事实

(1) 货币错配对货币政策影响的理论机制

在债权型货币错配状况下，中央银行维持汇率稳定的政策操作会导致货币供给量被动增加，使其作为货币政策中介目标的可控性及可测性均受到影响，进而影响货币政策的实际效果。一定时期的货币供给由基础货币与货币乘数共同决定，中央银行的货币政策干预主要是通过影响基础货币和货币乘数两个变量实现的（徐涛、崔静宜，2014）。

第一，货币错配与基础货币的内生性波动。在货币错配状态下，“恐惧浮动”（Calvo & Reinhart，2002）使中央银行的货币政策目标受到某种潜意识的约束。由于惧怕货币浮动会带来的不利后果，无论是国际收支顺差还是逆差，中央银行只能被动地投放本币买入外币资产或卖出外币资产收回本币，以维持汇率的相对稳定，汇率稳定是中央银行唯一目标。在中央银行资产负债表中，基础货币是其主要负债，国内信贷和外汇储备构成其主要资产。央行通过对资产项和负债项的调整来改变基础货币量，进而影响货币供给。中央银行通过对资产项下和负债项下的信贷、外汇储备和货币的调整来改变基础货币的数量，进而影响了本国的货币供给（见表4-5）。

中央银行基础货币投放渠道主要有三个：再贷款、财政透支与借款、外汇占款。前两项通常统称为中央银行信贷，外汇占款是央行外汇储备购买增加而相对应投放的货币。所以，中央银行国内信贷和外汇储备的变化直接影响基础货币的投放量。三者在数量上的关系可以表示为：$\Delta B=\Delta D+\Delta R$；在该公式中，$\Delta B$：基础货币的变化；$\Delta D$：国内信贷的变化；$\Delta R$：外汇储备的变化。在国内信贷不变的情况下，国际收支余额引起外汇储备增减，会改变货币供应量。因此，在债权型货币错配的背景下，高额的外汇储备就成为一国基础货币增加的关键内生性因素。这意味着中央银行难以主动控制基础货币供应量，外汇储备的增长促使基础货币不断投放最终将演化成为实体经济中过剩的流动性，货币政策将陷入高额外汇储备带来的汇率、利率、货币供给量、市场流动性过剩、经济增长难以协调的困境。

第二，货币错配与货币乘数的稳定性。在债权型货币错配情况下，中央银行由于外汇占款形成的基础货币投放渠道的变化，影响了货币乘数的稳定性。如式 $M = m \times B$。货币乘数 m 反映的是基础货币扩张的倍数，$m = \frac{k+1}{r_d + r_t \times t + e + k}$；$m$ 主要取决于现金比率（k）、定期存款比率（r_d）、超额准备金比率（r_t）等因素，这些因素主要取决于：法定存款准备金率，超额准备金率与存款比例。

法定存款准备金率是中央银行主要的货币政策之一，主要通过影响货币乘数来控制货币供给，其比率越高，冻结商业银行的流动性越多，商业银行存款扩张能力越差。超额准备金率取决于商业银行的自身流动性，在债权型货币错配情况下，基础货币的过多投放必然导致商业银行流动性增加，甚至过剩。如果中央银行为控制流动性过剩提高法定存款准备金率，实际上是冻结了相应的超额准备金率，超额准备金率的下降又在一定程度上弱化了中央银行的货币政策效果。此外，对于债权型货币错配国家来说，如果政府过度承担隐形担保人的角色，往往造成投资环境波动性大，引发商业银行盲目放贷，超额准备金率稳定性较差，潜在风险大。通胀与存款比例直接取决于存款的实际利率，两者呈反比；但它又间接受到公众可支配收入水平的高低、通货膨胀预期、社会支付习惯、信用工具发达程度、社会及政治的稳定性、利率水平等因素的影响。在严重的货币错配情况下，大部分相关因素会受到影响，以致通胀与存款比例变得不稳定。

货币乘数不仅与存款准备金率相关，也与超额准备金率和通胀与存款比例两个因素有关，两者也与货币乘数成反比关系。所以，如果中央银行通过提高法定存款准备金率减少货币供给时，如果超额准备金率和通胀与存款比例下降，将会部分抵消货币政策效应，甚至导致货币乘数的上升。在货币错配影响下，超额准备金率和通胀与存款比例两项因素均表现得不稳定，因而货币乘数的可控性较弱，货币政策的有效性被弱化（徐涛、崔静宜，2014）。

表4-5　固定汇率制度下的中央银行资产负债表

资产	负债
国内信贷 D	
外汇储备 R	基础货币 B

（2）我国货币政策典型事实分析

第一，我国货币供应量持续高速增长了 20 多年。图 4－16 和图 4－17 展示了我国广义货币供应量（M2）与国内生产总值（GDP）的比值，可知，从 1991—2017 年，我国广义货币供应量大幅度的增长，1991 年仅为 1.93 万亿元，占 GDP 的比重为 87.93%。1996 年 M2 总量为 7.6 万亿，占 GDP 的比重已经突破 100%，为 106%；2003 年 M2 总量 22.1 万亿，占 GDP 的比重为 161%；2009 年之后增长速度更快，M2 总量 61 万亿，占 GDP 的比重为 174%；2017 年年底，M2 总量已经高达 167.7 万亿元，占 GDP 的比重高达 203%，2019 年 M2 总量高达 198.6 万亿元，占 GDP 的比重为 200.4%。截止到 2020 年 6 月末，M2 余额为 213.5 万亿元，同比增长 11.1%，增速比 2019 年年末高 2.4 个百分点。

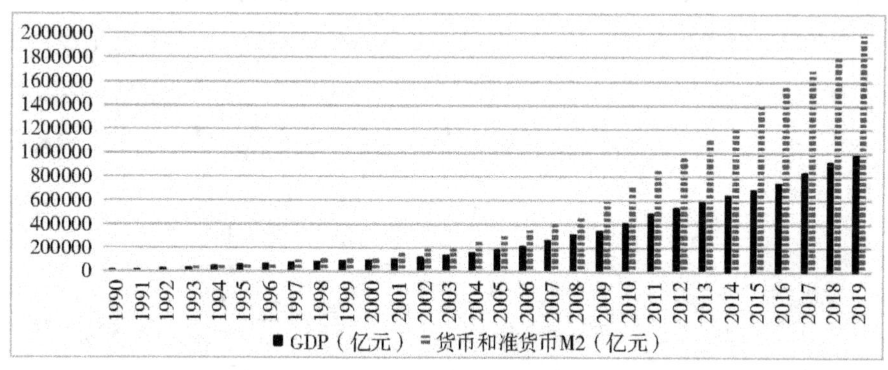

图 4－16　GDP 和 M2 总量

第二，我国货币供应量可能一直存在超发的现象。一般情况下，中央银行发行的货币供应量主要流向实体经济以支持经济增长，而超发的部分则会带来通货膨胀。根据货币数量论可知，假设货币流通速度稳定，那么，一国货币供应量的增加将会促使物价总水平上涨（张杰平、刘晓光，2016）。图 4－18 列出了我国广义货币供应量与国内生产总值和消费者价格指数之和（GDP＋CPI）增长率，可知，1995—2019 年广义货币供应量（M2）的增长率，除了 2007 年、2011 年、2017—2019 年，M2 的增长率大于消费者价格指数（CPI）和实际国内生产总值（GDP）增长率之和。这很可能说明我国的货币不仅有超发之嫌，而且超发货币中的一部分流向了消费者价格指数（CPI）之外（张杰平、刘晓光，2016）。

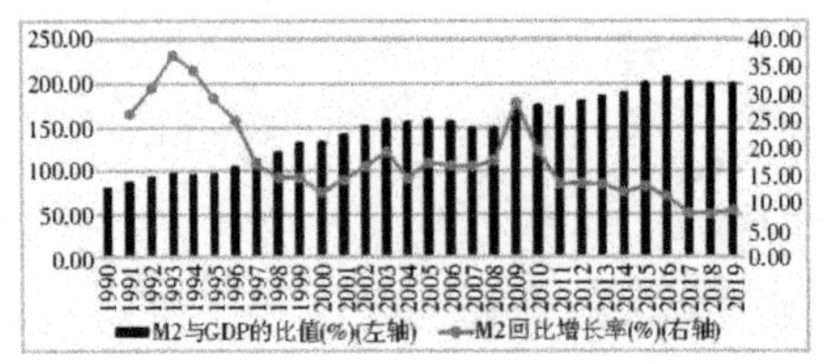

图 4－17　M2 与 GDP 的比值及 M2 增长率

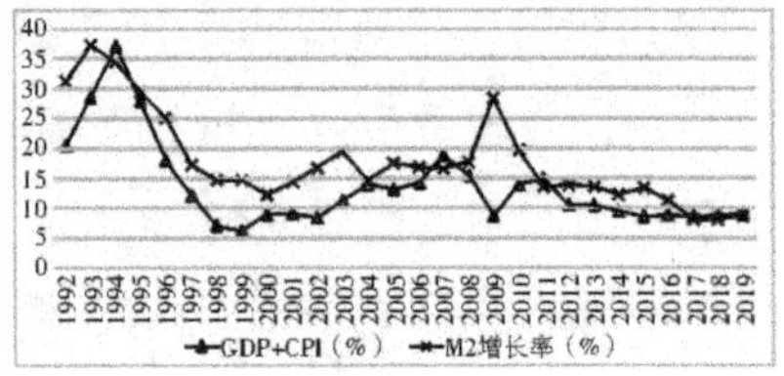

图 4－18　M2 增长率和 GDP＋CPI

第三，超发货币与房价而非消费者价格指数（CPI）关系更为密切。自 1998 年我国实施住房货币化改革以来，房地产业成为国民经济最重要的构成部分，房地产业投资增长迅速，对经济增长的贡献率逐年攀升，占 GDP 的比重从 1998 年 4.55% 上升至 2019 年的 13.34%，居民的居住条件逐步得到改善。然而，房价也处于持续上涨中：2002 年我国商品房平均价格仅为 2250 元/平方米，2010 年突破了 5000 元/平方米，2017 年为 7892 元/平方米，2018 年为 8726 元/平方米，2019 年为 9310 元/平方米，非理性增长愈来愈明显，特别 2015 年以来新一轮房价上涨导致了三、四线城市普遍上涨，呈现出一、二、三、四线城市联动的特征，使得我国房价站上了一个较高的台阶。

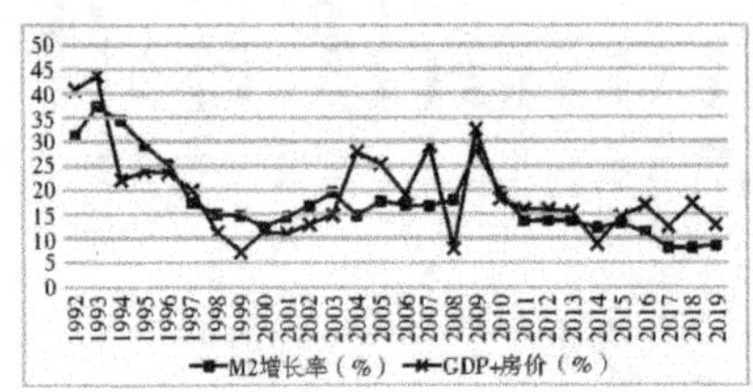

图 4－19　我国 M2 增长率、GDP＋房价图

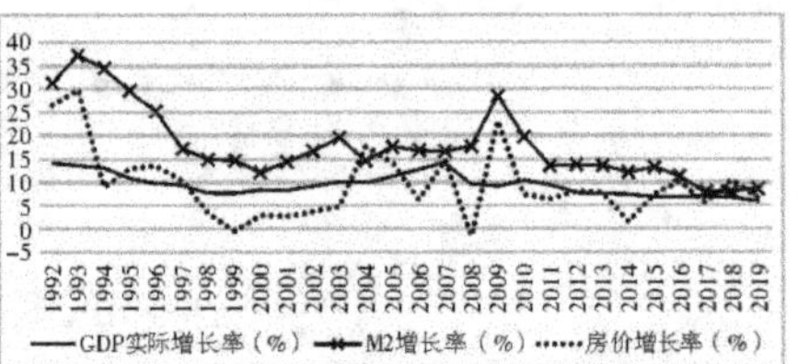

图 4－20　M2、房价与 GDP 增长率

从图 4－19、图 4－20、表 4－7 可知，1992 年到 2019 年期间，广义货币供应量（M2）的平均增长率（17.95%）约等于实际 GDP 平均涨幅（9.54%）加房价平均涨幅（9.47%），比 GDP 平均涨幅（9.54%）加消费者价格指数（CPI）平均涨幅（4.14%）更为接近。从表 4－7 的相关系数可知，广义货币供应量（M2）与 GDP 的相关系数为 0.829；广义货币供应量（M2）与 CPI 的相关系数为 0.403；广义货币供应量（M2）与房价的相关系数为 0.411，广义货币供应量（M2）与（GDP＋CPI）的相关系数为 0.631，广义货币供应量（M2）与（GDP＋房价）的相关系数为 0.576，验证了 M2 与 GDP、M2 与 CPI、M2 与（GDP＋CPI）、M2 与（GDP＋房价）

的较强相关性。

表 4-6　M2、GDP、CPI 相关系数

变量	M2	GDP	CPI	房价	GDP+CPI	GDP+房价
M2	1	0.829	0.403	0.411	0.631	0.576
GDP	0.829	1	0.502	0.469	0.812	0.681
CPI	0.403	0.502	1	0.53	0.871	0.546
房价	0.411	0.469	0.53	1	0.482	0.95
GDP+CPI	0.631	0.812	0.871	0.482	1	0.62
GDP+房价	0.576	0.681	0.546	0.95	0.62	1

表 4-7　GDP、M2、房价增长率

年份	M2 与 GDP 比值（%）	M2 同比增速（%）	GDP（亿元）	GDP 增长率	GDP+CPI（%）	M2（亿元）	房价增长率（%）	GDP+房价（%）
1991	87.93	26.52	22005.6	9.3	12.7	19349.9	——	——
1992	93.41	31.28	27194.5	14.2	20.6	25402.2	——	——
1993	97.78	37.31	35673.2	13.9	28.6	34879.8	——	——
1994	96.48	34.53	48637.5	13	37.1	46923.5	——	——
1995	99.04	29.47	61339.9	11	28.1	60750.5	——	——
1996	105.96	25.26	71813.6	9.9	18.2	76094.9	——	——
1997	114.15	17.32	79715	9.2	12	90995.3	——	——
1998	122.66	14.84	85195.5	7.8	7	104498.5	3.304	11.1
1999	132.39	14.74	90564.4	7.7	6.3	119897.9	-0.484	7.215
2000	134.23	12.27	100280.1	8.5	8.9	134610.3	2.873	11.373
2001	142.79	14.42	110863.1	8.3	9.03	158301.9	2.746	11.046
2002	152	16.78	121717.4	9.1	8.35	185006.97	3.686	12.786
2003	160.98	19.58	137422	10	11.17	221222.8	4.844	14.844
2004	157.01	14.67	161840.2	10.1	13.98	254107	17.761	27.861
2005	159.49	17.57	187318.9	11.4	13.21	298755.7	14.026	25.426
2006	157.48	16.95	219438.5	12.7	14.17	345577.9	6.286	18.986
2007	149.29	16.74	270232.3	14.2	18.97	403442.21	14.765	28.965

续表

年份	M2 与 GDP 比值（%）	M2 同比增速（%）	GDP（亿元）	GDP 增长率	GDP + CPI（%）	M2（亿元）	房价增长率（%）	GDP + 房价（%）
2008	148.71	17.82	319515.5	9.7	15.56	475166.6	-1.653	8.046
2009	174.81	28.5	349081.4	9.4	8.71	610224.5	23.184	32.584
2010	175.74	19.73	413030.3	10.6	13.92	725851.8	7.498	18.098
2011	174.04	13.61	489300.6	9.5	14.89	851590.9	6.461	15.96
2012	180.28	13.84	540367.4	7.9	10.55	974148.8	8.1	15.999
2013	185.89	13.59	595244.4	7.8	10.42	1106524.98	7.702	15.501
2014	190.75	12.16	643974	7.3	9.29	1228374.81	1.395	8.694
2015	202.06	13.34	689052.1	6.91	8.35	1392278.11	7.416	14.326
2016	208.46	11.3	743585.5	6.69	8.69	1550066.67	10.054	16.744
2017	202.75	8.2	827122	6.9	8.46	1677000	5.564	12.464
2018	198.71	8.1	919281.13	6.75	8.85	1826744	10.567	17.32
2019	200.48	8.74	990865.11	6.11	9.01	1986489	6.692	12.80

4.2.2 模型设定及数据说明

(1) 变量及数据说明

货币错配（*aecm*）：货币错配指数，根据 AECM 指数测算所得。

数量型货币政策（*M2*）：广义货币供应量 M2 同比增长（货币和准货币 M2 期末同比增速），代表“数量型”货币政策。一般认为以公开市场业务、存款准备金率与再贴现等为操作工具，通过控制货币供应量达到抑制通胀的手段，称为数量型规则。

价格型名义利率（*is*）：全国银行间同业拆借 7 天期加权平均利率，代表“价格型”货币政策。基于以往的大量实证成果，7 天加权平均利率因其特殊的期限水平，能够反映市场的利率水平波动及预测未来的中期利率走势。一般认为以存贷款基准利率、再贴现利率与再贷款利率为操作工具，通过调控利率来稳定通胀和实现产出目标，称为价格型规则。由于数量型和价格型规则的调控手段存在差异，导致两种货币政策规则用于稳定和影响经济的效果不同。虽然，数量型规则在实际操作当中便于使用，但难以做到“收放自如”，易造成经济“急刹车”等负面效应。因此，部分国内学者认为利率政策更能有效地调控产出和通货膨胀且不易引发经济波动。

物价水平（*cpi*）：消费者物价指数（CPI），代表物价水平（见图 4 - 21）。

样本区间为 2007 年 1 月到 2020 年 5 月的时间序列数据，数据频率为月度，月度数据可以提高 MCMC 抽样估计的准确性，数据来源于中经网统计数据库和国家统计局网站。基本数据描述如表 4 - 8 所示，广义货币供应量（*M2*）的波动最为剧烈，均值为 14.32%，标准差为 5.13%，最大值高达 29.74%；货币错配指数（*aecm*）和银行间 7 天同业拆借利率（*is*）的波动相对较小，其中，货币错配指数均值为 22.32%，标准差为 4.37%，银行间 7 天同业拆借利率均值为 3.08%，标准差为 0.95%。消费者价格指数（*cpi*）的均值为 2.81%，标准差为 1.99%，最大值为 8.7%，最小值为 -1.8%。

表 4 - 8　变量描述性统计

指标名称	代理变量	样本数	均值	标准差	最小值	最大值
月度货币错配指数（*aecm*）	根据 AECM 货币错配指数计算所得	161	22.324%	4.365%	14.597%	31.567%
名义利率（*is*）	银行间 7 天同业拆借利率	161	3.079%	0.953%	0.99%	6.98%
货币供应量（*M2*）	广义货币供应量 M2 同比增长率	161	14.318%	5.130%	7.97%	29.74%
物价水平（*cpi*）	消费者价格指数	161	2.811%	1.99%	-1.8%	8.7%

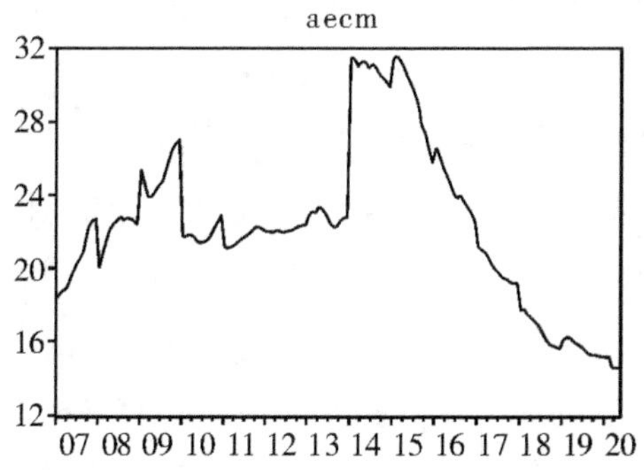

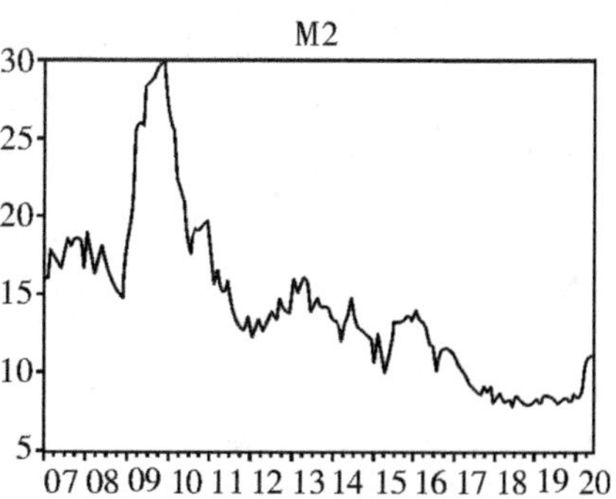

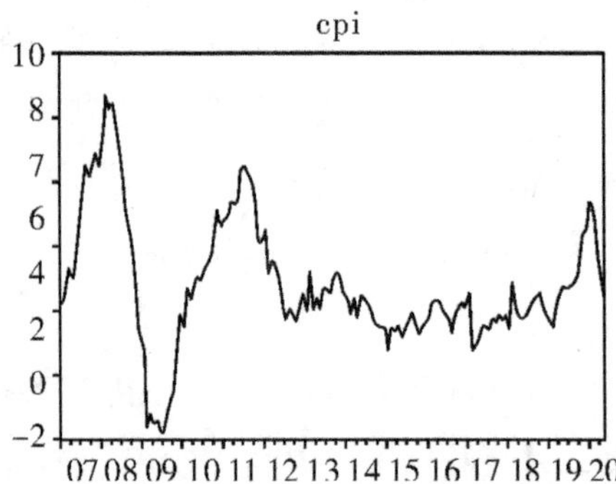

图 4－21 变量的趋势分析

时间序列平稳是保证 TVP－VAR 模型估计结果有效性的前提，有利于增强结论的稳健性与灵敏性，主要采用 ADF 检验、PP 检验和 KPSS 检验对四个变量进行单位根检验，根据表 4－9 可知，这四个变量存在单位根；而它们的一阶差分是平稳的，所以这车四个变量均为一阶单整。

表 4－9 单位根检验

检验类型	ADF 检验 原假设：存在单位根		PP 检验 原假设：存在单位根		KPSS 原假设：不存在单位根	
变量	原序列	一阶差分	原序列	一阶差分	原序列	一阶差分
aecm	－0.975	－12.294***	－1.055	－12.294***	0.729*	0.339
is	－2.540	－10.488***	－4.248**	－38.331***	0.355	0.050
M2	－2.019	－4.175***	－1.464	－12.240***	2.272**	0.066
cpi	－3.403**	－6.104***	－2.501	－12.167***	0.427	0.038
结论	不平稳	平稳	不平稳	平稳	不平稳	平稳

（2）VAR 模型建立及滞后期选择

建立 VAR 模型前需要预估和确定 VAR 模型中的滞后阶数，为了确保模型具有良好的解释能力，滞后阶数要完整地反映模型的动态特征，一般滞后阶数越多，反映程度越完整，但太多的阶数会影响参数估计，严重降低模型的自由度，因此确定模型中的滞后阶数时既要考虑阶数的充足性又要考虑模型的自由度。运用 LR、FPE、AIC、SC、HQ 等准则检验来确定 VAR 模型的滞后阶数，检验结果见表 4－10。根据 LR、FPE、AIC、SC、HQ 等准则检验，考虑到模型的自由度，将 VAR 模型的滞后阶数设定为 1 阶。对 VAR 模型进行单位圆检验，如图 4－22 所示，可以看出，VAR 模型全部根的倒数的模均小于1，即所有根的倒数均落在单位圆内，这说明滞后一阶的模型拟合度较高且比较稳定，因此建立VAR（1）模型（见公式4-22、4-23、4-24、4-25）。

$$aecm = 0.961aecm_{t-1} - 0.035cpi_{t-1} + 0.274is_{t-1} + 0.04M2_{t-1} - 0.506 \quad (4-22)$$

$$(48.147) \quad (-0.797) \quad (2.696) \quad (2.267) \quad (-0.966)$$

$$cpi = -0.028aecm_{t-1} + 0.924cpi_{t-1} + 0.115is_{t-1} + 0.031M2_{t-1} + 0.049 \quad (4-23)$$

$$(-2.302) \quad (34.183) \quad (1.825) \quad (2.772) \quad (0.152)$$

$$is = 0.012aecm_{t-1} + 0.059cpi_{t-1} + 0.673is_{t-1} - 0.019M2_{t-1} + 0.862 \quad (4-24)$$

$$(0.907) \quad (2.122) \quad (10.363) \quad (-1.673) \quad (0.334)$$

$$M2 = 0.012aecm_{t-1} - 0.038cpi_{t-1} - 0.315is_{t-1} + 0.951M2_{t-1} + 1.488 \quad (4-25)$$

$$(0.589) \quad (-0.859) \quad (-3.038) \quad (51.248) \quad (2.792)$$

表4-10　VAR模型最优滞后期筛选

Lag	LogL	LR	FPE	AIC	SC	HQ
0	-1393.085	NA	1003.292	18.263	18.342	18.295
1	-679.102	1381.3	0.109	9.139	9.534*	9.299*
2	-663.024	30.264	0.109	9.138	9.851	9.427
3	-644.003	34.81	0.105	9.098	10.128	9.516
4	-625.223	33.386	0.102	9.062	10.409	9.609
5	-596.613	49.366	0.086	8.897	10.561	9.573
6	-586.075	17.633	0.093	8.968	10.949	9.773
7	-570.307	25.559	0.094	8.971	11.269	9.905
8	-543.213	42.499*	0.0822*	8.826*	11.441	9.888

（3）TVP-VAR模型参数估计结果诊断

构建包含货币错配、价格型货币政策和数量型货币政策三个宏观变量的TVP-VAR模型，即$Y_t = f\ (aecm,\ M2,\ is,\ cpi)'$，由于待估计参数$\beta_t$、$\beta_t$、$h_t$具有随机游走特征，设定参数初始值$\mu_{\beta_0} = \mu_{\alpha_0} = \mu_{h_0}$，$\mu_{\beta_0} = \mu_{\alpha_0} = \mu_{h_0} = 0$，$\sum_{\alpha_0} = \sum_{\beta_0} = \sum_{h_0} = 10 \times I$；设定$\sum_{\alpha_t}$、$\sum_{\beta_t}$、$\sum_{h_t}$为对角矩阵，且满足

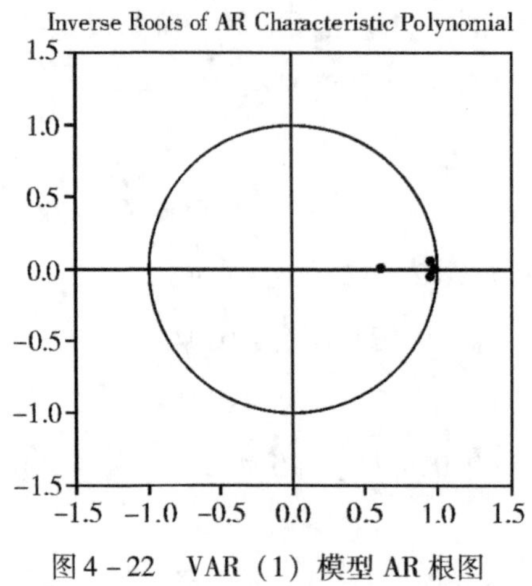

图4－22　VAR（1）模型AR根图

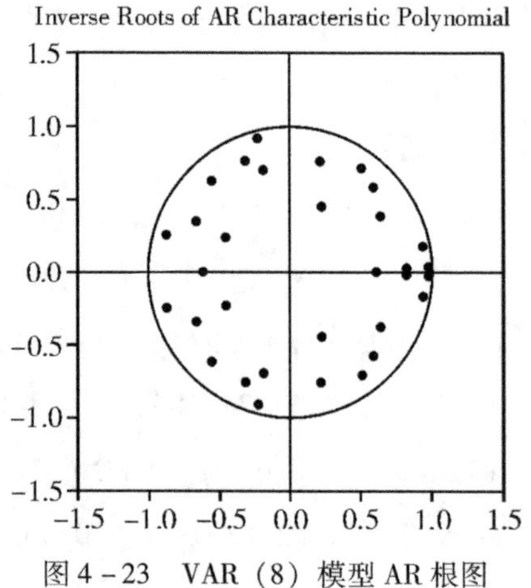

图4－23　VAR（8）模型AR根图

以下条件：$(\sum_\beta)_i^{-2} \sim \text{Gamma}(40,\ 0.02)$，$(\sum_\alpha)_i^{-2} \sim \text{Gamma}(40,\ 0.02)$，$(\sum_h)_i^{-2} \sim \text{Gamma}(40,\ 0.02)$。按照Nakajima（2011）给出的边际似然估计值标准，确定TVP－VAR模型最优滞后期为1，然后进行20000次马尔科夫蒙特卡罗模拟（MCMC）抽样，前2000次为预烧，主要是为了将不稳定的抽样数据舍弃，避免初始值设定对估计结果的干扰，具体参数估计结果见图4－24和表4－11。

通过表4－11可知估计参数的95%置信区间（上限和下限）、后验分布的均值、标准差、Geweke的CD诊断值和无效影响因子。从Geweke CD收敛诊断值来看，这个指标主要由Geweke（1991）提出，以证明马尔科夫链的是否收敛，计算方法为$CD = (\overline{x_0} - \overline{x_1}) / \sqrt{\delta_0^2/n_0 + \delta_1^2/n_1}$，其中$\overline{x_j} = (1/n_j)\sum_{i=m_j}^{m_j+n_j-1} x^{(i)}$，$j=0,\ 1$，$x^{(i)}$是MCMC估计的第$i$次抽样，$\overline{x_j}$标准差为$\sqrt{\delta_j^2/n_j}$，设定$m_0=1$，$n_0=1000$，$m_1=5001$，$n_1=5000$。表4－11中所有的Geweke'CD诊断值均小于1.96（5%临界值），这意味着所有参数估计值落入95%置信区间中，没有拒绝收敛于后验分布的原假设，表明马尔科夫链比较集中。

表 4－11　TVP－VAR 模型的参数估计结果及诊断

参数	后验均值	标准差	95%置信区间上限	95%置信区间下限	Geweke'CD	无效影响因子
$(\sum_{\beta})_1$	0.0217	0.0022	0.0178	0.0264	0.870	35.92
$(\sum_{\beta})_2$	0.0216	0.0021	0.0178	0.0261	0.934	29.34
$(\sum_{\alpha})_1$	0.0843	0.0408	0.0419	0.2009	0.432	94.26
$(\sum_{\alpha})_2$	0.0572	0.0153	0.0357	0.0945	0.843	34.98
$(\sum_{h})_1$	2.8968	0.4149	2.0480	3.7314	0.000	225.78
$(\sum_{h})_2$	0.2540	0.0916	0.1265	0.4769	0.342	85.09

注：参数 $\sum_{\beta}$、$\sum_{\alpha}$ 均为乘以 100 后的值。

从无效影响因子（Inef）来看，这个指标表示为得到不相关样本，所需要抽样的次数，其计算方式为：$Inef = 1 + \sum_{s=1}^{B_m} \rho_s$，设定 $B_m = 500$，ρ_s 代表 s 阶的自相关系数；无效影响因子越小，表明不相关样本个数越多，抽样样本越有效。表 4－11 中最大无效影响因子 $(\sum_{h})_1$ 为 225.78，这表示在抽样 20000 次的情况下，至少可以产生 89 个不相关的样本（20000/225.78 ≈ 89），对于后验推断的样本数目已经完全足够，其余参数的无效因子都较低，处于合理水平，说明 MCMC 抽样结果是比较理想的。

图 4－24 为相应参数的样本自相关系数、模拟路径和后验分布密度函数，在传统结构向量自回归模型（SVAR）中，由于假定参数是不变的，所以模型参数只有一个估计值，但是在 TVP－VAR 模型中，六个估计值 $(\sum_{\beta})_1$、$(\sum_{\beta})_2$、$(\sum_{\alpha})_1$、$(\sum_{\alpha})_2$、$(\sum_{h})_1$、$(\sum_{h})_2$ 都是随着时间的变动而变化。在剔除预烧样本后，图 4－24 中第一行的样本数据自相关系数均呈现出平稳下降的趋势，并且收敛在零值附近，表明模拟消除了抽样过程中可能产生的自相关性；第二行为样本数据的动态模拟路径，呈现周期性波动聚类态势，明显收敛于样本均值，围绕在均值附近上下波动，彼此独立性较强，基本趋于平稳，再次印证了之前参数估计结果，可见 MCMC 抽样结果有效模拟了参数的分布情况，适合采用 TVP－VAR 模型进行实证分析。

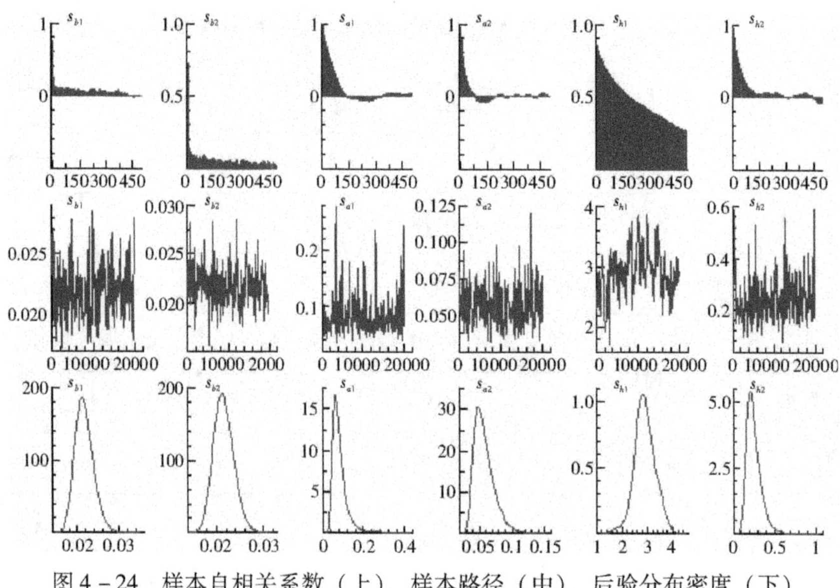

图 4－24　样本自相关系数（上）、样本路径（中）、后验分布密度（下）

（4）时变参数的特征分析

可变随机方差是 TVP－VAR 模型的一个重要特征，也是区别于其他 VAR 模型的一个重要特征，图 4－25 给出了四个变量的路径和结构冲击的后验随机波动率的走势图。广义货币供应量（*M2*）在 2008 年达到历史峰值，在高点急剧下降，2018—2019 年达到样本期的最低点，2020 年之后开始缓慢上升。名义利率（*is*）在 2010 年、2011 年和 2013 年经历了三次较大的起伏波，其中在 2013 年波动最为激烈，这一年我国全面放开银行贷款利率限制，实施了由货币供求决定的市场化定价，利率政策改革取得了重大进展；其他时期的随机波动率很小，如 2009—2010 年、2016—2020 年随机波动率甚至接近零。物价水平（*cpi*）在 2009 年攀升至历史较高水平，之后快速下降，前后波动幅度较大，在 2010 年后处于螺旋上升的态势，在 2014 年进入经济新常态时期之后，通货膨胀随机波动率始终处于较低的水平，在 2020 年后达到本轮周期的最低值。总的来说，货币错配指数（*aecm*）、广义货币供应量（*M2*）、名义利率（*is*）、消费者价格指数（*cpi*）呈现出明显的时变性波动特征，特别是 *aecm*、*M2*、*is*、*cpi* 四个变量的原序列波动剧烈的时候，后验随机波动率也相应地较大，并且这种时变性特征与我国经济周期相吻合，比如在 2008 年和 2009 年，三个变量均发生了明显的结构性突变，而在2016年之后普遍都降至最低水平。

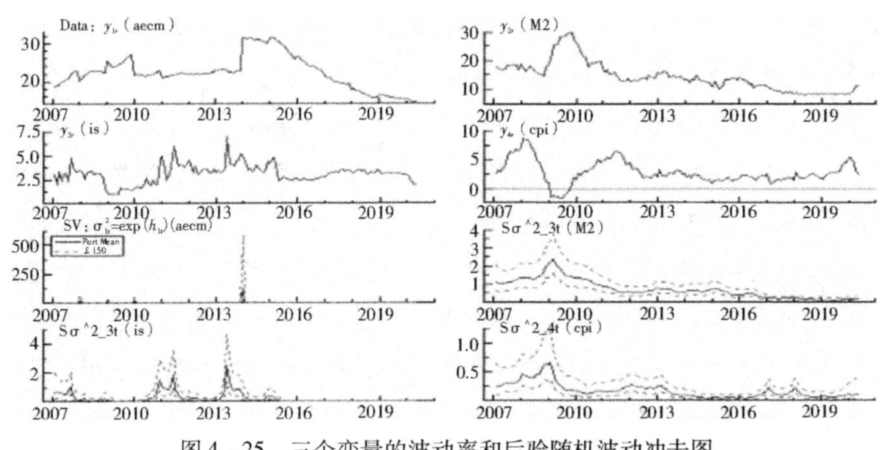

图4－25　三个变量的波动率和后验随机波动冲击图

4.2.3　实证分析

（1）货币错配冲击对数量型货币政策影响的等间隔脉冲响应函数

图4－26为货币错配指数（*aecm*）冲击对货币供应量（*M*2）影响的等间隔脉冲响应函数图（$\varepsilon_{aecm}\uparrow\rightarrow M2$），主要分析变量的正向冲击对相同时间间隔后的其他变量产生的影响。图中三个不同线段代表了不同的时间约束，实线代表提前3期（3个月），长虚线代表提前6期（半年），短虚线代表提前12期（1年），分别对应着短期、中期和长期。三个不同间隔期脉冲响应函数波动趋势基本一致，但是波动幅度有所差异。总体来说，货币供应量对货币错配正向冲击的脉冲响应值绝大多数年份为正值，仅在2014年为负值。

具体来说，提前3期的货币错配冲击对货币供应量影响的脉冲响应函数值波动区间在［－0.018，0.018］，提前6期的脉冲响应函数值波动区间在［－0.020，0.042］，提前12期的脉冲响应函数值波动区间在［－0.020，0.078］，可以看出，脉冲间隔期越长，脉冲响应函数绝对值越大，通过比较发现，三个月间隔期（实线）脉冲响应函数值较小，6个月间隔期（长虚线）脉冲响应函数值居中，一年（短虚线）间隔期脉冲响应函数值最大，长期内货币错配对数量型货币政策的影响强度明显大于中短期，这意味着随着货币错配指数的增加，短期内货币供应量的增加并不是直接达到高位，具有明显的滞后效应，长期内影响才达到最大，说明货币错配对数量型货币政策的影响具有明显的滞后效应。

对照三维立体图纵观整个样本区间脉冲响应函数变化趋势（见图4－27），随着时间的推移，时变特征很明显，货币错配冲击对货币供应量影响的脉冲响应函数值呈现明显的时变特征，呈现“先上升，后下降，再上升，又缓慢下降，又缓慢上升”的趋势，在2009年出现第一次波峰，2014年4月左右出现第一次波谷，2017年出现第二次波峰，2020年1月左右出现第二次波谷，总的来说，货币错配对货币供应量正向影响，即货币错配的增加促进了货币供应量的增加。学者认为，货币供应量能否充分发挥其中介目标的作用，在相当程度上取决于一国政府能否根据宏观经济形势的变化主动控制基础货币的增长率和及时调整货币乘数的大小，但是，在存在货币错配的国家，货币供应量失去了可控性，比如，存在债务型货币错配的发展中国家大多实行钉住汇率制，由于“羊群效应”的存在，公众在面对货币连续大幅贬值时都会预期该货币未来将继续贬值。同时担心中央银行没有足够的外汇储备将自己持有的本币兑换成外币，因此，挤兑的动机将大于浮动汇率制度下的情况。政府为维持钉住汇率制，将会动用大量外汇储备满足公众对于外币的需求，从而使得外汇储备下降，货币流通量激增（石岩，2009）。

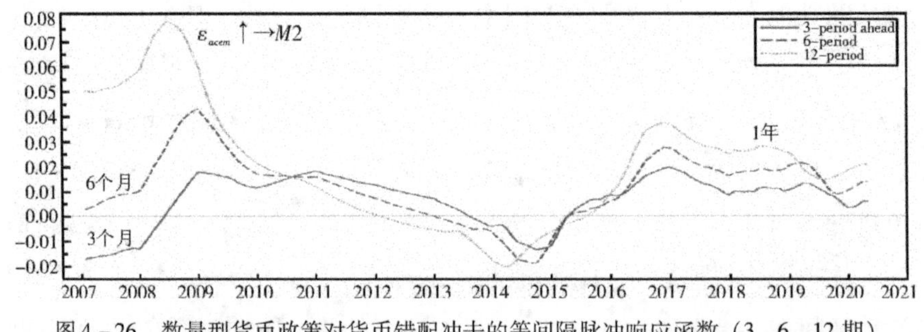

图4－26　数量型货币政策对货币错配冲击的等间隔脉冲响应函数（3、6、12期）

（2）货币错配冲击对价格型货币政策影响的等间隔脉冲响应函数

图4－28为货币错配（*aecm*）冲击对名义利率（*is*）影响的等间隔脉冲响应函数图（$\varepsilon_{aecm}\uparrow\rightarrow is$），可以看出，三个不同时间间隔下货币错配冲击对名义利率影响的脉冲响应函数值呈现正负值交替的态势，2007—2011年为负值，2012—2014年9月为正值，之后为负值，2018—2020年为正值，具体来说，提前3期的货币错配冲击对名义利率影响的脉冲响应函数值波动区在［－0.010，0.150］，提前6期的脉冲响应函数值波动区在［－0.012，0.011］，提前12期的脉冲响应函数值波动区在［－0.015，0.011］，可以

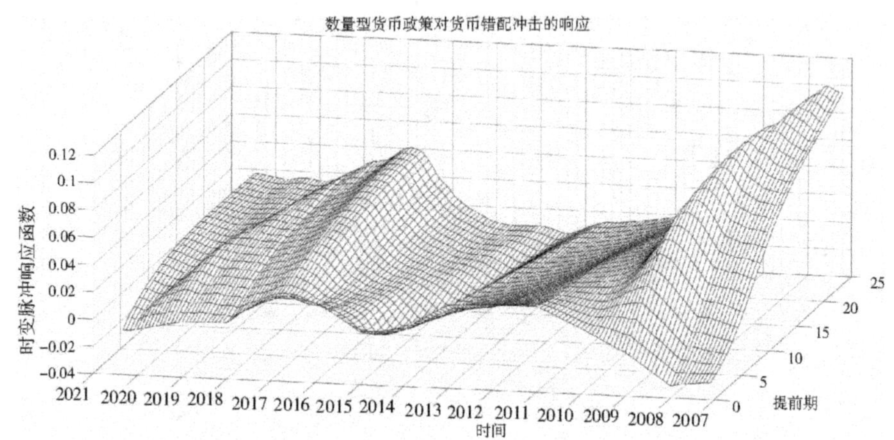

图 4－27　数量型货币政策对货币错配冲击的等间隔脉冲响应函数（三维立体图）

看出，三个不同间隔期的脉冲响应函数值存在微小差异。

对照三维立体图纵观整个样本区间脉冲响应函数变化趋势（见图 4－29），随着时间的推移，时变特征很明显，名义利率对货币错配冲击的脉冲响应函数值呈现明显的时变特征，呈现“先上升，后下降，又上升”的“N 形”波动趋势，在 2014 年 6 月左右出现第一次波峰，2016 年 6 月出现第一次波谷，2020 年左右出现第二次波峰，总的来说，货币错配冲击对名义利率的影响存在一定的不确定性。

有学者认为，在债权型货币错配国家，普遍存在着本币升值的预期。为防止投机热钱的涌入，央行会使本币与国际关键货币之间保持一个正的利差，以增加投机者的成本。但由于发展中国家实行的软钉住，央行需要通过外汇占款投入基础货币，导致市场的流动性增加，央行存在加息的压力，本币升值的预期进一步加强，为防止基础货币不断释放带来的流动性泛滥以及加息的压力，央行又被迫通过公开市场业务不断回笼资金。因此，防止热钱流入和减少流动性两个操作矛盾的目标使得央行的货币政策无所适从，货币政策工具的独立性受到很大牵制（王素琴，2008）。

（3）货币错配冲击对物价水平影响的等间隔脉冲响应函数

图 4－30 为货币错配指数（*aecm*）冲击对物价水平（*cpi*）影响的等间隔脉冲响应函数图（$\varepsilon_{aecm}\uparrow\rightarrow cpi$），总体来说，物价水平对货币错配正向冲击的脉冲响应值绝大多数年份为负值。具体来说，提前 3 期的货币错配冲击对物价水平影响的脉冲响应函数值波动区间在［－0.062，0.010］，提前 6

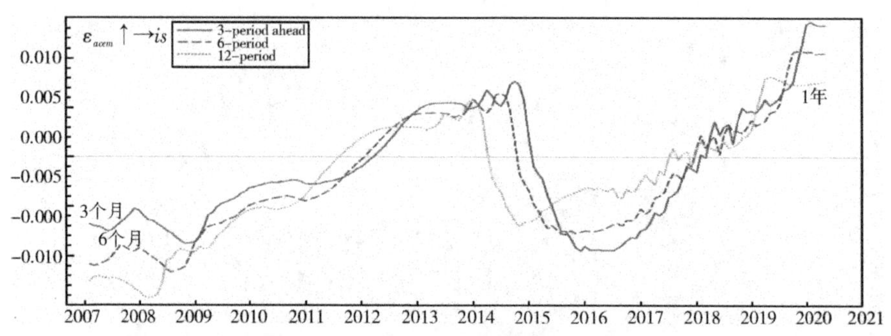

图4-28　价格型货币政策对货币错配冲击的等间隔脉冲响应函数（3、6、12期）

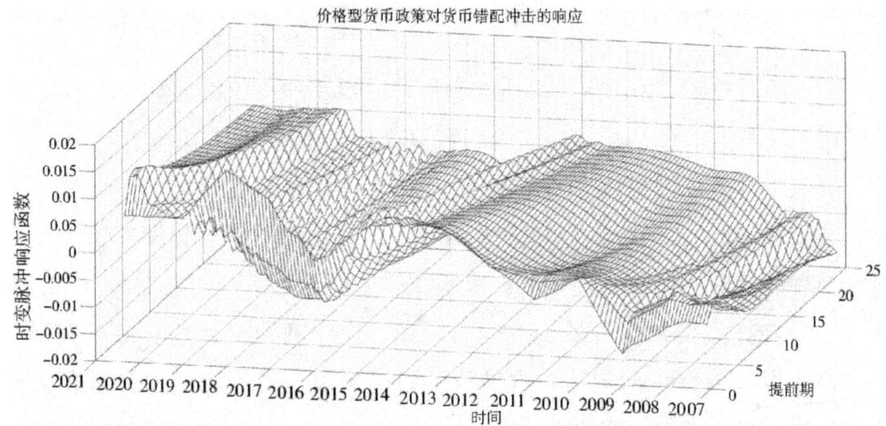

图4-29　价格型货币政策对货币错配冲击的等间隔脉冲响应函数（三维立体图）

期的脉冲响应函数值波动区间在［-0.08，0.010］，提前12期的脉冲响应函数值波动区间在［-0.046，0.006］，可以看出，三个不同间隔期的脉冲响应函数值存在微小差异。

对照三维立体图纵观整个样本区间脉冲响应函数变化趋势（见图4-31），随着时间的推移，货币错配冲击对物价水平影响的脉冲响应函数值呈现明显的时变特征，2007—2018年为负值，呈现盘旋上升的趋势，说明货币错配程度增加，物价水平降低；2019—2020年由负值转向正值，货币错配程度增加，则物价水平提高。总的来说，在绝大多数年份，货币错配对物价水平存在负向影响，奇怪的是，如此高的货币错配程度并没有引起通货膨胀，目前我国物价总体偏低，原因在于我国存在“结构性价格上涨”，与货币供应量持续快速增长对应的是以温和CPI通胀和显著上涨的房价为特征的“价格结构性上涨”。

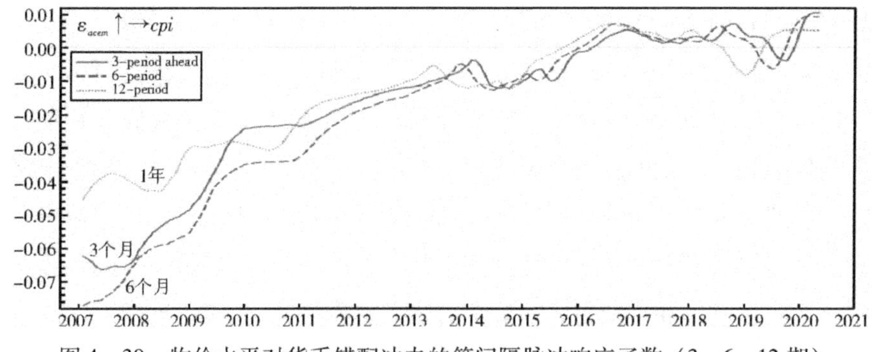

图4-30　物价水平对货币错配冲击的等间隔脉冲响应函数（3、6、12期）

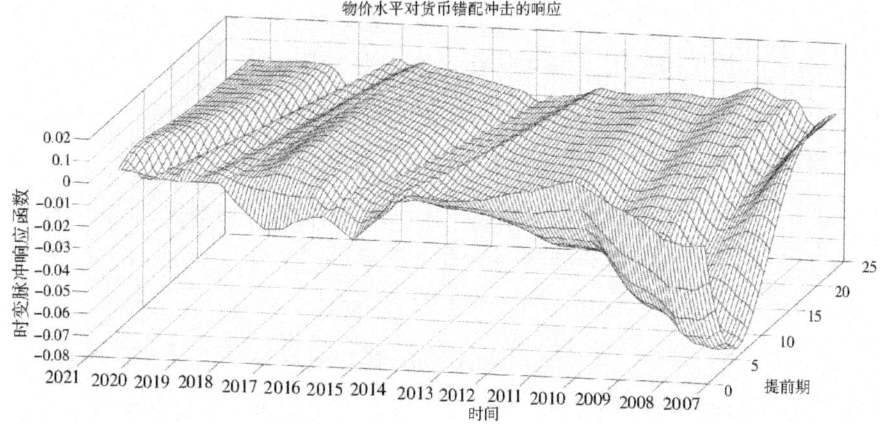

图4-31　物价水平对货币错配冲击的等间隔脉冲响应函数（三维立体图）

（4）数量型货币政策冲击对物价水平影响的等间隔脉冲响应函数

图4-32为货币供应量（*M2*）冲击对物价水平（*cpi*）影响的等间隔脉冲响应函数图（$\varepsilon_{M2}\uparrow\rightarrow cpi$），除了2008年和2018年等少数年份，三个不同间隔期脉冲响应函数均为正值，可分为三个阶段：快速反应阶段（2007—2009年）、高峰持续阶段（2010—2017年）以及衰减收敛阶段（2018—2020）年。具体来说，提前3期的货币供应量冲击对物价水平影响的脉冲响应函数值波动区在［-0.18，0.18］，提前6期的货币供应量冲击对物价水平影响的脉冲响应函数值波动区在［-0.13，0.23］，提前12期的货币供应量冲击对物价水平影响的脉冲响应函数值波动区在［-0.17，0.25］，可以看出，三个不同间隔期的脉冲响应函数值存在微小差异。

对照三维立体图纵观整个样本区间脉冲响应函数变化趋势（见图4-33），随着时间的推移，货币供应量冲击对物价水平影响的脉冲响应函数值呈现明显的时变特征，呈现“先下降，后上升，又下降，又上升”的波动趋势，在2008年6月左右出现第一次波谷，2011年6月左右出现第1次波峰，原因在于2008年全球性金融危机使得发达国家的经济普遍陷入了衰退，外需持续低迷，大量出口企业倒闭，经济出现衰退的趋势，为了应对国际金融危机的严重冲击，2008年11月我国政府实施了“4万亿”一揽子经济刺激计划，从紧缩型货币政策转换为到扩张型货币政策，强刺激的货币政策产生了巨大资金供给和投资需求，骤然刺激了货币乘数的回升，货币供给量大幅度增加。银行信贷投放量的增速更是史无前例，2009年第一季度新增信贷已达4.58万亿元，已经超过了2008年全年的增量，为通货膨胀的上行提供了催化剂，加上海外大宗商品价格上涨等国际性因素，导致了2009年和2010年的通货膨胀，与此同时，GDP增长率在2009年、2010年分别达到9.6%和10.4%，救市效果十分明显，我国经济得到复苏。

2011年之后物价水平对货币供应量冲击的脉冲响应函数值高位运行，这一年正好是“十二五”时期开局之年，经济增长率高达9.2%；通货膨胀压力仍然较大，2011年6月、7月CPI同比增长分别高达6.4%和6.5%，全年通货膨胀率为5.4%。与之相对应，随着经济形势好转，货币政策由之前的“适度宽松”适时调整为“稳健”，更加注重货币供应总量调控，央行6次上调法定存款准备金率，最高达21.5%，用来锁定2008—2010年增发的货币，减少市场中过剩的流动性，物价上升的势头很快得到了遏制，稳健货币政策的成效进一步显现。

与2008年和2011年相比，2018年之后货币供应量对物价水平影响的脉冲响应函数值由正值转为负值，并出现了小幅震荡，冲击积累较慢等新的特点。进入经济新常态时期，为了完成宏观调控的“稳增长、调结构”任务，化解高杠杆率给宏观经济带来的不稳定风险，去杠杆、防风险成为我国政府考量的重要因素（王凯、庞震，2019）。然而，另一方面，我国金融部门仍有着强大的扩张惯性，2019年也经历着扩张，货币存量增长较快，2019年末金融机构本外币贷款余额为158.6万亿元，同比增长11.9%，比年初增加16.8万亿元，同比多增6987亿元。人民币贷款余额为153.1万亿元，同比增长12.3%。虽然目前我国物价总体偏低，但对通货膨胀不能掉以轻心，货币仍然是通胀的重要诱发因素。

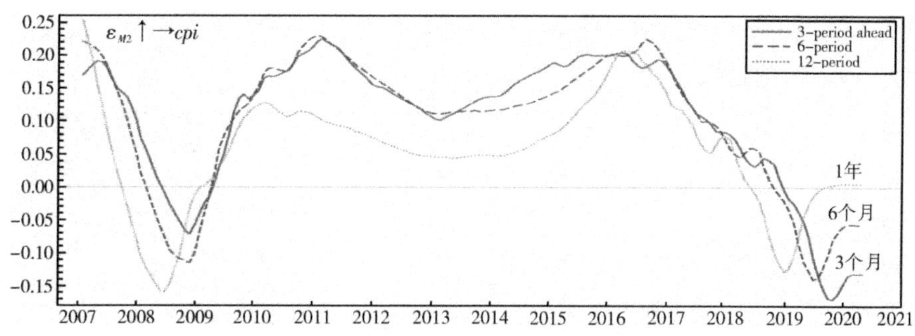

图 4－32 物价对货币供应量冲击的等间隔脉冲响应函数（3、6、12 期）

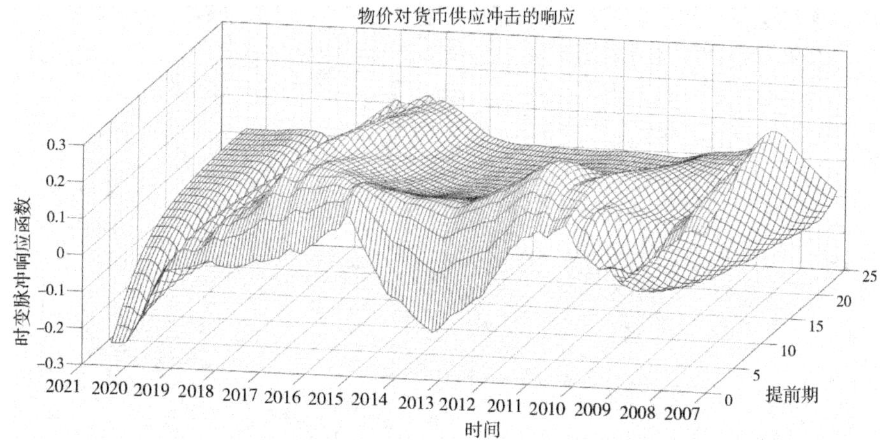

图 4－33 物价对货币供应量冲击的等间隔脉冲响应函数（三维立体图）

（5）价格型货币政策冲击对物价水平影响的等间隔脉冲响应函数

图 4－34 为名义利率（*is*）冲击对物价水平（*cpi*）影响的等间隔脉冲响应函数图（$\varepsilon_{is}\uparrow\rightarrow cpi$），三个不同时间间隔下名义利率冲击对物价水平影响的脉冲响应函数值呈现正负值交替的态势。具体来说，提前 3 期的名义利率冲击对物价水平影响的脉冲响应函数值波动区在［－0.002，0.050］，提前 6 期的脉冲响应函数值波动区在［－0.005，0.034］，提前 12 期的脉冲响应函数值波动区在［－0.030，0.020］，可以看出，三个不同间隔期的脉冲响应函数值存在差异较大，短期内名义利率冲击对物价水平的影响为正向，而中期和长期名义利率冲击对物价水平的影响大多为负向。

对照三维立体图纵观整个样本区间脉冲响应函数变化趋势（见图 4－35），随着时间的推移，时变特征很明显，名义利率冲击对物价水平影响的脉冲响应函数值呈现明显的时变特征，呈现“先上升，后下降，又上升”

的波动趋势，在2008年6月左右出现第1次波峰，2014年出现第1次波谷，2020年左右出现第2次波峰。

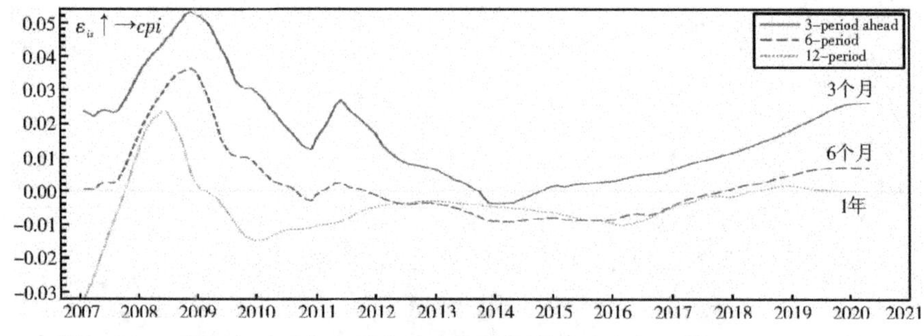

图4-34 物价水平对名义利率冲击的等间隔脉冲响应函数（3、6、12期）

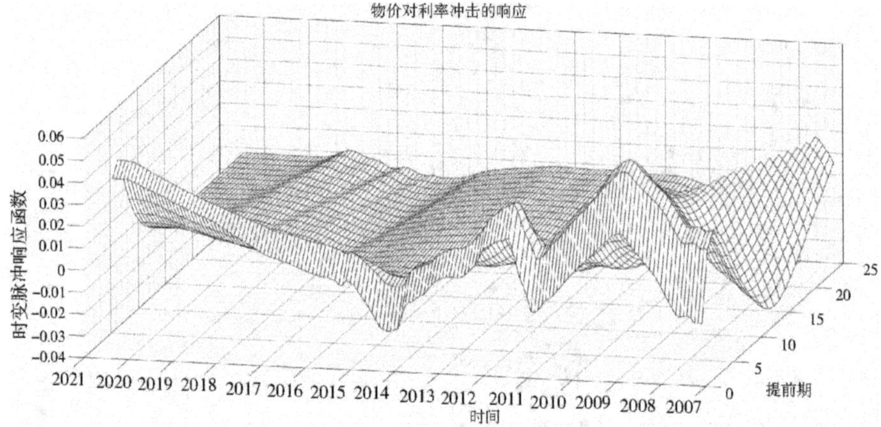

图4-35 物价水平对名义利率冲击的等间隔脉冲响应函数（三维立体图）

（6）时点脉冲响应函数

为了考察货币错配对货币政策影响的时变规律，在经济周期波动视角下，选取了2009年12月（36期）、2015年12月（108期）和2020年3月（159期）的样本作为代表性的观测时点，分别代表“经济繁荣期”“经济新常态期”和“新冠疫情期”（见图4-36）。在货币错配的视角下，选取了2008年12月（24期）、2015年2月（98期）和2019年12月（151期）的样本作为代表性的观测时点，分别代表“金融危机时期”“货币错配值最大期”“货币错配值较小期”（见图4-37）。

时点脉冲响应函数图中的第一行显示的是一个单位货币错配的正向冲击对货币错配自身（$\varepsilon_{aecm}\uparrow\rightarrow aecm$）、数量型货币政策（$\varepsilon_{aecm}\uparrow\rightarrow M2$）、价格型货币政策（$\varepsilon_{aecm}\uparrow\rightarrow is$）、物价水平（$\varepsilon_{aecm}\uparrow\rightarrow cpi$）产生的影响。图中的第二行显示的是一个单位的货币供应量的正向冲击对货币错配（$\varepsilon_{M2}\uparrow\rightarrow aecm$）、货币供应量自身（$\varepsilon_{M2}\uparrow\rightarrow M2$）、名义利率（$\varepsilon_{M2}\uparrow\rightarrow is$）和物价水平（$\varepsilon_{M2}\uparrow\rightarrow cpi$）产生的影响。图中的第三行显示的是一个单位名义利率的正向冲击对货币错配（$\varepsilon_{is}\uparrow\rightarrow aecm$）、货币供应量（$\varepsilon_{is}\uparrow\rightarrow M2$）、名义利率自身（$\varepsilon_{is}\uparrow\rightarrow is$）和物价水平（$\varepsilon_{is}\uparrow\rightarrow cpi$）产生的影响。图中的第四行显示的是一个单位的物价水平正向冲击对货币错配（$\varepsilon_{cpi}\uparrow\rightarrow aecm$）、货币供应量（$\varepsilon_{cpi}\uparrow\rightarrow M2$）、名义利率（$\varepsilon_{cpi}\uparrow\rightarrow is$）和物价水平自身（$\varepsilon_{cpi}\uparrow\rightarrow cpi$）产生的影响。

明显看出，基于经济增长视角的时点脉冲响应函数和基于货币错配视角的时点脉冲响应函数走势非常的相似，脉冲响应形态大致是一致的，也证明了等间隔脉冲响应函数的实证结果具有较强的稳健性。

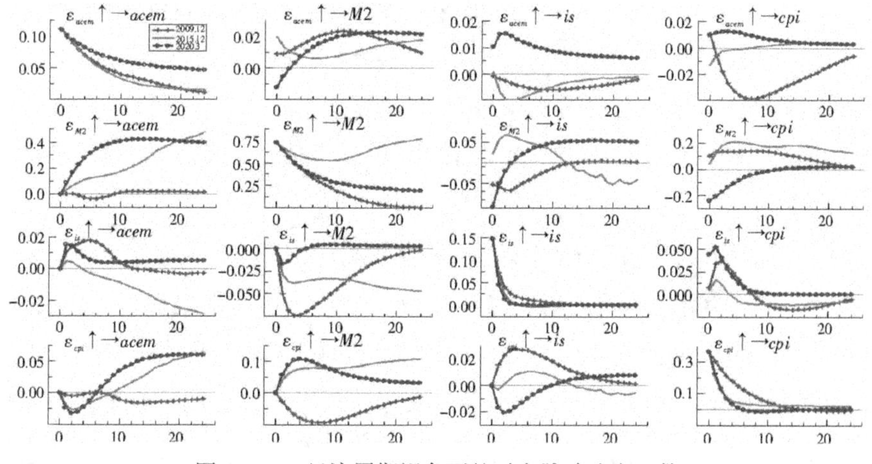

图 4 - 36　经济周期视角下的时点脉冲响应函数

4.2.4　小结

基于 2007—2020 年的月度时间序列数据构建 TVP - VAR 模型，分析了货币错配对我国货币政策的影响，主要结论如下：

第一，货币错配对我国数量型货币政策的影响并不是线性的，而是非线性动态过程，具有明显的时变性和相机抉择特征，脉冲响应函数值呈现“先上升，后下降，再上升，又缓慢下降，又缓慢上升”的趋势，货币错配与货币供应量存在正相关关系，即货币错配程度的增加促进我国货币供应量

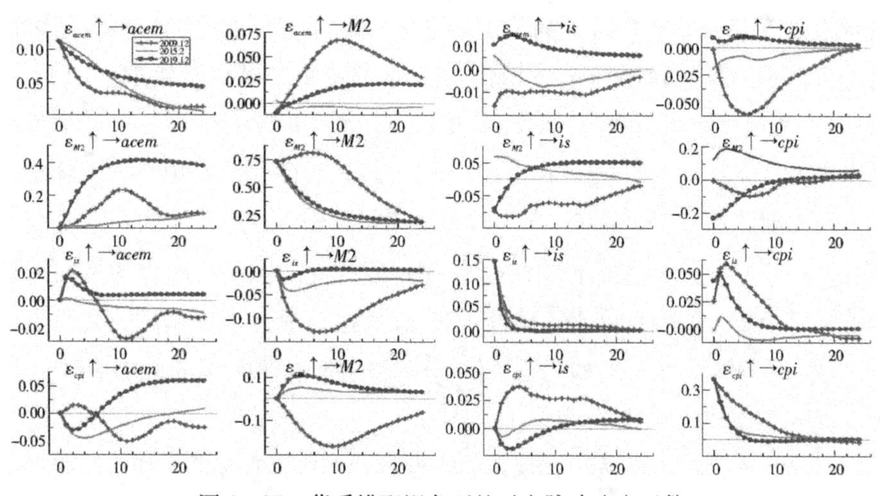

图 4－37　货币错配视角下的时点脉冲响应函数

的增加。

第二，货币错配对我国价格型货币政策影响存在时变特征，脉冲响应函数值呈现“先上升，后下降，又上升”的波动趋势，货币错配对名义利率的影响存在一定的不确定性，脉冲响应函数值呈现“正负交替”态势。在2007—2011 年为负值，2012—2014 年 9 月为正值，之后为负值，2018—2020 年为正值。

第三，货币错配对我国物价水平的影响存在时变特征，2007—2018 年为负值，呈现盘旋上升的趋势，说明货币错配和物价水平呈现负相关关系，即货币错配的增加，物价水平降低；2019—2020 年由负值转向正值，货币错配和物价水平呈现正相关关系，说明货币错配的增加，物价水平提高。总的来说，在绝大多数年份，货币错配和物价水平存在负相关关系，如此高的货币错配程度并没有引起通货膨胀，原因在于我国存在“结构性价格上涨”，与货币供应量持续快速增长对应的是以温和 CPI 通胀和显著上涨的房价为特征的“价格结构性上涨”。

5 缓解我国货币错配的汇率政策选择：人民币国际化

从长远来看，人民币国际化是解决我国在国际货币分工体系中面临被动地位的根本选择，当人民币成为国际货币的时候，以本币借外债就完全可以避免债权型货币错配所导致的“原罪”问题，与大多数新兴市场国家缓解货币错配约束的路径不同的是，我国具备从根本上破解货币错配问题的经济实力和货币地位，人民币必将成为国际化的货币，这是不可阻挡的历史进程。

5.1 人民币国际化的现状分析

2009 年 7 月开始我国推行跨境贸易人民币结算的试点，成为人民币国际化的“破冰之旅”，2015 年 12 月人民币以 10.92% 的权重，成为 IMF 特别提款权（SDR）货币篮子中的第三大货币，这是人民币国际化战略取得的关键性成果。跨境贸易人民币结算、货币互换协议以及离岸人民币金融中心的发展是现阶段人民币国际化的主要驱动力。

5.1.1 人民币加入 SDR

（1）SDR 篮子变更情况

SDR 是国际货币基金组织于 1969 年创设的一种补充性储备资产，其含义是兑换“可自由使用”货币的权利，与黄金、外汇等其他储备资产一起构成国际储备。作为国际储备资产的一种，特别提款权所具有的许多优点是其他储备资产所无法比拟的。美国经济学者克拉克（Peter Clark）和波拉克（Jacques Polak）将特别提款权的优点归纳为三个方面：一是，稳定性较强是特别提款权的最大优点。特别提款权以“货币篮子”为定价的基础，保证了其购买力的稳定，从 1974 年起，特别提款权开始采用“货币篮子”定价方式，其汇率波动幅度往往只有其他主要货币的一半。二是，风险较低。IMF 分配特别提款权意味着永久性增加国际储备资产，除非 85% 的投票权同意撤销，基本不存在收回的风险；而通过国际借贷市场获得的外汇储备资产，可能会面临由于国内经济波动而被收回的风险（杨志鸿，2015）。三是，成本较低。特别提款权几乎不存在创造成本，同时如果其中一个 IMF 成员方所持有的特别提款权与 IMF 为其分配的特别提款权相等，那么该成员方与 IMF 就不会产生有关特别提款权的任何费用；相比而言，通过国际借贷市场或国际贸易盈余来获取储备资产的成本相对较高（孙云云，2012）。

根据 IMF 的规定，特别提款权在发行之初定价为 0.888671 盎司黄金，与美元等价，由于其与黄金固定比价，也被称为“纸黄金”。但是随着美元在 1971 年贬值，SDR 对美元的比价也上升到了 1.08571，布雷顿森林体系崩溃以后，比价再次上升到 1.20635。由于美元汇率自由浮动，IMF 为保证 SDR 的相对稳定，决定采用货币篮子的方法定价，IMF 最初在选择篮子货币时，IMF 主要考虑的是各国出口占世界出口总额的比重，后来加入了该国货币被其他国家作为储备货币的数量，这两项因素在选择中所占比重也在不断变化，贸易比重在开始逐步降低。与此同时，根据《货币基金协定》的规定，能进入货币篮子的货币必须是可以自由使用的货币。在确定了货币篮子以后，SDR 的价值就根据货币篮子中各种货币的汇率来确定，并用对美元的价格表示出来。

由于各国货币汇率处于浮动之中，因此 SDR 的价格也在不断变化，IMF 每天会公布特别提款权的价值。IMF 最开始选择了 16 种货币组成货币篮子，但是由于计算过于复杂，后来缩减为五种：美元、日元、英镑、德国马克和法郎。而欧元区建立以后，欧元取代了法郎和马克，货币篮子减少为四种货币，而这四种货币也是全球比重最大，能自由兑换并且相对稳定的四种货币，这就减少了 SDR 价格的波动风险，IMF 每五年对 SDR 货币占 SDR 比重进行修订，2010—2015 年间，SDR 定价篮子货币由美元（41.9%）、欧元（37.4%）、英镑（11.3%）和日元（9.4%）组成，该货币篮子并没有真实反映全球贸易和经济增长格局的变化（见表 5 - 1）。

表 5－1 SDR 篮子变更情况

1974	1976	1981	2001	2016. 10
美元	美元	美元	美元	美元
联邦德国马克	联邦德国马克	联邦德国马克	日元	欧元
日元	日元	日元	英镑	人民币
英镑	英镑	法国法郎	欧元	日元
法国法郎	法国法郎	英镑		英镑
加拿大元	加拿大元			
意大利里拉	意大利里拉			
荷兰盾	荷兰盾			
比利时法郎	比利时法郎			
瑞典克朗	瑞典克朗			
澳大利亚元	澳大利亚元			
挪威克朗	挪威克朗			
丹麦克朗	沙特阿拉伯			
西班牙比塞塔	西班牙比塞塔			
南非兰特	伊朗里亚尔			
奥地利先令	奥地利先令			

（2）人民币加入 SDR

在推进人民币国际化的过程中，通过参与国际货币体系改革可以有效促进人民币作为储备货币的进程，自 2008 年美国爆发金融危机以来，单一美元作为最主要国际货币的国际货币体系弊端越来越突出，各国央行对改革国际货币体系的呼声很高，如果以各国央行的角度考虑，调整自身标准以增加资产的多样性，接受人民币成为储备货币，那么各国央行必然要求进入我国在岸市场以减少其兑换风险，在目前不可能实现的前提下，SDR 本身就是一种国际储备资产，对于人民币来说加入 SDR 篮子是走向国际储备货币的理想过渡。2015 年之前，SDR 篮子货币的标准之一是《货币基金组织协定》第 30 条第 6 款所规定的可自由使用货币丈（Freely Usable Currency），诺贝尔经济学奖获得者蒙代尔在 2010 年就指出，人民币在 SDR 一篮子货币中应占 10% 的比重。

2013 年 9 月 3 日，在赴圣彼得堡出席二十国集团领导人第八次峰会前夕，习近平总书记在俄罗斯等五国媒体的联合采访中表示，二十国集团要如期于 2015 年审议 SDR 货币篮子组成。2015 年 12 月 1 日，注定被写入世界金融史册，国际货币基金组织董事会会议决定把人民币纳入 SDR 货币篮子，SDR 货币篮子相应扩大至美元、欧元、人民币、日元、英镑五种货币，人民币紧随美元和欧元成为第三大储备货币，在篮子中占比 10.92%，其中美元、欧元、日元、英镑分别为 41.73%、30.93%、8.33% 和 8.09%，新的 SDR 货币篮子从 2016 年 10 月 1 日生效（见图 5－1 和表 5－2）。

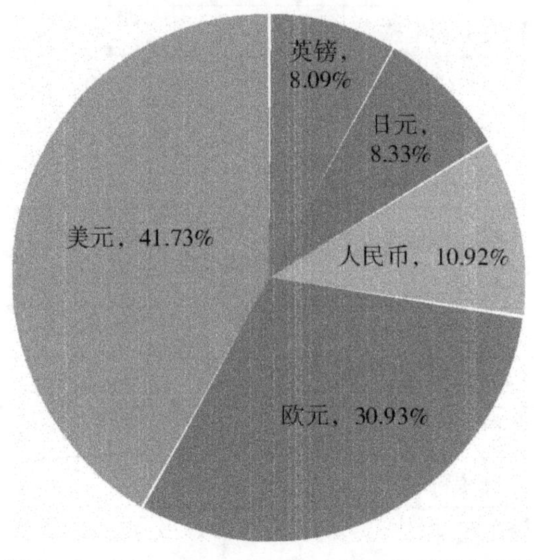

图 5－1　2016—2020 年 SDR 一篮子货币所占份额

IMF 前总裁克里斯蒂娜·拉加德（Christine Lagarde）曾表示，将人民币纳入 SDR 是对中国一系列具有重大意义的改革的认可，是对中国经济开放的认可，也是对中国政府未来将遵守市场化原则的认可，这对人民币和中国而言具有重要象征性意义，IMF 也需要这个具有活力的“准全球货币”。程鹏（2016）认为人民币加入 SDR 带来的机遇表现在如下三个方面：

第一，人民币加入 SDR 对人民币国际化具有战略意义。人民币加入 SDR 标志着国际社会对我国经济发展和改革开放成果的肯定，特别是对人民币国际化的肯定。它进一步提升了人民币在国际社会的认知度，增加了国际社会对人民币计价资产的信心。当 SDR 成为国际金融市场的主要资产时，人民币也将随之成为国际金融市场的主要货币之一。从主权货币国际化的功能来看，此前人民币作为结算货币和投融资货币的功能逐步形成，加入SDR则意味着迈上了储备货币的台阶。人民币纳入SDR篮子将使得货币篮子更加多元化，更能代表全球主要货币，从而有助于提高特别提款权的稳定性和作为储备资产的吸引力。

第二，有助于推动国际货币市场体系改革。人民币加入SDR是国际货币体系改革的一个标志性事件。人民币是后布雷顿森林体系时代第一个真正新增的、第一个来自发展中国家的SDR货币，也是第一个按可自由使用标准加入的SDR货币。人民币入篮提升了新兴市场国家在国际金融领域的话语权，也有助于SDR成为超主权储备货币。人民币加入SDR是中国、IMF和全球金融体系的共赢，是继续完善国际金融货币体系的新起点，我国在国际货币基金组织中的投票权将从3.8%上升至6%，有助于提高新兴市场和发展中国家在基金组织的代表性和发言权。

第三，推动我国金融体系改革开放。人民币加入SDR是我国经济融入全球金融体系的一个重要里程碑，它是对我国过去多年来在改革货币和金融体系方面取得的成就的认可。我国在这一领域的持续推进和深化，既有利于推动建立一个更加充满活力的国际货币和金融体系，又会促进我国和全球经济的发展和稳定。人民币纳入SDR意味着IMF认可人民币和我国金融市场满足这些条件，有助于促使我国进一步完善市场化的汇率机制、深化金融改革、提高货币政策的透明度、促进货币自由跨境使用，逐步开放资本市场，未来利率、汇率等价格型货币政策工具在与全球市场互动中在实行稳健货币政策过程中发挥的作用会越来越重要（程鹏，2016）。

表5－2　SDR货币篮币种权重变化情况（单位:%）

货币	1981—1985年	1986—1990年	1991—1995年	1996—2000年	2001—2005年	2006—2010年	2011—2015年	2016—2020年
美元	42	42	40	39	45	44	41.9	41.73
欧元	–	–	–	–	29	34	37.4	30.93
德国马克	19	19	21	21	–	–	–	–
法国法郎	13	12	11	11	–	–	–	–
日元	13	15	17	18	15	11	9.4	8.33
英镑	13	12	11	11	11	11	11.3	8.09
人民币	–	–	–	–	–	–	–	10.92

5.1.2 人民币跨境结算业务的发展

(1) 人民币跨境贸易结算额增长迅速

从货币职能角度来看，跨境贸易人民币结算体现了国际货币的计价职能和结算职能，有助于企业规避汇率风险，减少汇兑损失，改善我国国际收支失衡。2009年4月8日，上海、深圳、广州、东莞和珠海成为我国开展跨境贸易人民币结算工作的首批试点城市，同时规定境外范围主要为东盟10国，2009年6月29日，香港被列入试点地区。为规范人民币跨境流通管理，中国人民银行同财政部、海关总署等6个部委于2009年7月2日共同发布了《跨境贸易人民币结算管理办法》。2010年6月22日，国务院出台《关于扩大跨境贸易人民币结算试点有关问题的通知》，涉及增设试点地区问题，将其扩大至20个省、自治区和直辖市等，试点业务也由仅限于货物贸易延伸至其他经常项目，与此同时，境外由东盟国家扩大至世界各国及地区。

2011年1月6日，中国人民银行出台《境外直接投资人民币结算试点管理办法》，自此境外直接投资人民币结算试点正式启动，首个跨境直接投资人民币结算试点是我国新疆维吾尔自治区。2011年8月22日，国务院发布了《关于扩大跨境贸易人民币结算地区的通知》，境内地域范围扩展至全国所有省份及所有境外国家或地区，此后，经常项目下服务贸易，以及资本项目下直接投资、跨境融资、境外放款等政策陆续推出，跨境人民币业务范围不断扩大，由此我国跨境贸易人民币结算从纵深发展进入全面发展时期。2012年3月2日，中国人民银行与多部委共同发布《关于出口货物贸易人民币结算企业管理有关问题的通知》，不再对出口的试点企业进行限制，任何拥有进出口经营许可的企业都能够用人民币进行结算。至此，人民币跨境结算业务中的有关贸易部分，从贸易的地域范围到业务范围都已经解除限制，全面放开。2015年10月兼顾国内国际支付的人民币跨境国际支付系统(CIPS)成功建成，大幅度提升了人民币跨境结算业务的交易效率和安全性。2018年1月，《中国人民银行关于进一步完善人民币跨境业务政策促进贸易投资便利化的通知》明确提出："凡依法可以使用外汇结算的跨境交易，企业都可以使用人民币结算"(见表5-3)。

随着跨境人民币结算便利化加速，人民币跨境贸易结算额增长迅速，从

2009 年仅为 35.8 亿元，2015 年为 7.23 万亿元，2018 年为 3.66 万亿元；资本项目人民币结算金额 2011 年为 1108.7 亿元，2015 年为 4.87 万亿元，2018 年为 10.75 万亿元，2019 年为 13.62 万亿元。同样，人民币跨境支付的市场占有率快速攀升，从货物贸易看，2010 年人民币跨境货物贸易结算占货物贸易总量的比重只有 1.5%，2011 年上升至 5.84%，2014 年为 22.31%，2015 年上升至 26.03%，超过贸易总量的四分之一，2018 年为 12%，2019 年货物贸易人民币跨境收付金额合计 4.24 万亿元，占同期本外币跨境收付比重为 13.4%。从服务贸易看，2010 年人民币跨境服务贸易结算占服务贸易总量的比重只有 1.86%，2011 年上升至 7.17%，2014 年为 16.39%，2015 年上升至 20.7%，2016 年为 25.18%，超过服务总量的四分之一，2018 年为 14.7%（见表 5-4），2019 年服务贸易人民币跨境收付金额合计 9515 亿元，占同期本外币跨境收付比重为 17.5%。2019 年我国与香港地区的人民币跨境收付金额占比为 44.9%，之后分别是新加坡占比 10.3%、德国占比 3.4%、中国台湾占比 3.3%（见图 5-2）。

表 5-3　2009 年以来跨境贸易人民币结算相关政策文件汇总

时间	政策文件	政策主要内容
2009 年 7 月	《跨境贸易人民币结算试点管理办法》及《实施细则》	允许指定的、有条件的企业在自愿的基础上以人民币进行跨境贸易的结算，支持商业银行为企业提供跨境贸易人民币结算服务
2010 年 6 月	《关于扩大跨境贸易人民币结算试点有关问题的通知》	试点地区扩大到境内 20 个省市，境外所有国家和地区
2011 年 6 月	《中国人民银行关于明确跨境人民币业务相关问题的通知》	进一步便利业务开展，规范操作流程
2011 年 8 月	《关于扩大跨境贸易人民币结算地区的通知》	跨境贸易人民币结算地区范围扩大到全国
2012 年 3 月	《关于出口货物贸易人民币结算企业管理有关问题的通知》	进一步促进贸易、投资便利化，提高监管针对性、有效性
2013 年 7 月	《中国人民银行关于简化跨境人民币业务流程和完善有关政策的通知》	进一步提高跨境人民币结算效率，便利银行业金融机构和企业使用人民币进行跨境结算
2014 年 3 月	《关于简化出口货物贸易人民币结算企业管理有关事项的通知》	进一步促进贸易、投资便利化

续表

时间	政策文件	政策主要内容
2018 年 1 月	《中国人民银行关于进一步完善人民币跨境业务政策促进贸易投资便利化的通知》	完善和优化人民币跨境业务政策，促进贸易投资便利化，营造优良营商环境，服务"一带一路"建设，推动形成全面开放新格局
2019 年 12 月	《北京地区对外承包工程类优质诚信企业跨境人民币结算业务便利化方案》	全国首个对外承包工程类企业跨境人民币结算业务便利化试点在北京正式落地

表 5－4　年度经常项目和资本项目跨境人民币结算金额

年份	货物贸易人民币结算（亿元）	货物贸易额（元）	占比（%）	服务贸易人民币结算（亿元）	服务贸易额（亿元）	占比（%）
2009	19.5	150648.1	0.01	6.1	20663.2	0.03
2010	3034	201722.1	1.50	467	25164.9	1.86
2011	13810.7	236402.0	5.84	2078.6	28992.9	7.17
2012	26039.8	244160.2	10.67	2757.5	30481.5	9.05
2013	41368.4	258168.9	16.02	4999.4	33295.4	15.02
2014	58946.5	264241.8	22.31	6563.7	40052.5	16.39
2015	63911.4	245502.93	26.03	8432.2	40743.3	20.70
2016	41209.4	243386.46	16.93	11065.4	43947.4	25.18
2017	3.27 万	278099.24	11.76	5789	46970.9	12.32
2018	3.66 万	305050.4	12.00	7688	52401.9	14.67
2019	4.24 万	315504.8	13.44	9515	54152.9	17.57

（2）人民币结算收付比失衡现象不断改善

跨境结算金额快速增长的同时，其结构失衡问题一直备受关注，人民币在跨境结算中的不平衡，一度使经常项目人民币国际化进程被喻为"跛足"的国际化，部分学者研究表明，导致跨境贸易人民币结算"跛足化"的重要原因是，人民币升值预期导致的离岸市场与在岸市场间的套汇套利行为（李婧，2011；张斌、徐奇渊，2012；程立燕、李金凯，2019），在直接标价法下，当人民币在岸汇率高于离岸汇率时，内地进口商将选择以人民币进行结算支付，而内地出口商倾向于以美元进行收款，我国对外贸易中进口贸

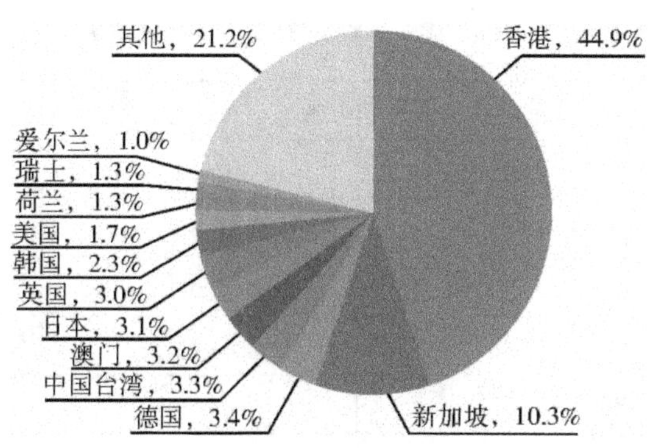

图5－2　2019年人民币跨境收付金额国别和地区分布情况

易支付人民币过多，而出口贸易收入人民币过少，造成了进出口人民币贸易结算额不平衡的困境。2010年跨境贸易人民币结算总额约为0.51万亿元，其中实收0.08万亿元，实付0.43万亿元，收付比达到1∶5.5，也就是说，大约有80%为货物进口使用人民币结算，只有20%为货物出口使用人民币结算，0.35万亿元人民币流向国际市场，跨境人民币结算失衡明显。但这种失衡状况从2011年开始明显改善，跨境贸易人民币进口结算比例有很大的提高，变为1∶1.7，此后收付比一直在改善，尤其是2015年，收付比达到1∶0.96（见表5－5）。

2018年，人民币跨境收付金额合计15.85万亿元，同比增长46.3%，其中，收款8万亿元，同比增长51.6%，付款7.85万亿元，同比增长41.3%，收付比为1∶0.98，净流入1544亿元，人民币跨境收付占同期本外币跨境收付总金额的比重为32.6%。2019年，人民币跨境收付金额合计19.67万亿元，同比增长24.1%，其中收款10.02万亿元，同比增长25.1%，付款9.65万亿元，同比增长23%，收付比为1∶0.96，净流入3606亿元，人民币跨境收付占同期本外币跨境收付总金额的比重为38.1%，较2018年提高5.5个百分点。说明人民币结算收付比失衡现象得到改善，在跨境贸易人民币结算总规模增长的同时，不断优化其内部结构，可持续发展趋势日趋良好。结算收付比保持在适度的范围，意味着人民币要保持一定的净流出，人民币汇率保持稳定，人民币的境外接受性也会增加，这有利于人民币国际化的进一步发展（陈小荣，2019）。

表 5－5 2010—2019 年跨境贸易人民币结算收付指标

年份	实收（单位：亿元）	实付（单位：亿元）	收付比
2010	0.08	0.43	1∶5.5
2011	0.77	1.31	1∶1.7
2012	1.30	1.57	1∶1.21
2013	1.88	2.75	1∶1.46
2014	2.73	3.82	1∶1.4
2015	6.19	5.91	1∶0.96
2016	3.79	6.06	1∶1.6
2017	4.45	4.74	1∶1.07
2018	8.00	7.85	1∶0.98
2019	10.02	9.65	1∶0.96

（3）企业参与跨境人民币业务的积极性较高

根据中国人民银行对外贸企业的调查问卷显示，2019 年以来，外贸企业参与跨境人民币业务的积极性较高，截至 2019 年第四季度，84.6% 的企业选择人民币作为跨境结算主要币种。从企业类型看，已开展跨境人民币结算业务的企业中，国外投资企业和港澳台投资企业开展比例最高，分别为 88% 和 89%。大型企业更倾向于使用人民币进行跨境贸易和投资结算，占比达 89%。从企业选择跨境人民币结算的驱动因素上看，2019 年以来，受中美贸易摩擦等外部因素的影响，人民币汇率波动加大。许多企业选择跨境人民币业务作为企业规避汇率风险的手段，占比达 64.7%。此外，结算流程简便、降低结算成本、便利企业财务核算与资金管理也是企业选择开展跨境人民币业务的主要原因，占比分别为 43.2%、36.8% 和 32%（见图 5－3 和图 5－4）。调查显示，涉外企业希望继续保持跨境人民币政策的稳定性和连续性，加快资本市场开放，进一步完善人民币国际化基础设施，优化跨境人民币业务流程，加大政策宣传培训。

5.1.3 主要离岸人民币市场发展

随着对外贸易和对外投资的快速发展，境外对人民币的需求也日益增加，人民币在全球范围交易规模越来越大，建立离岸人民币金融市场是人民币国际化的必然选择。随着人民币跨境结算业务的开展，境外市场人民币存量快速上升，形成了以中国香港为主，伦敦、新加坡、欧洲及东南亚地区多点并行的离岸人民币市场格局。

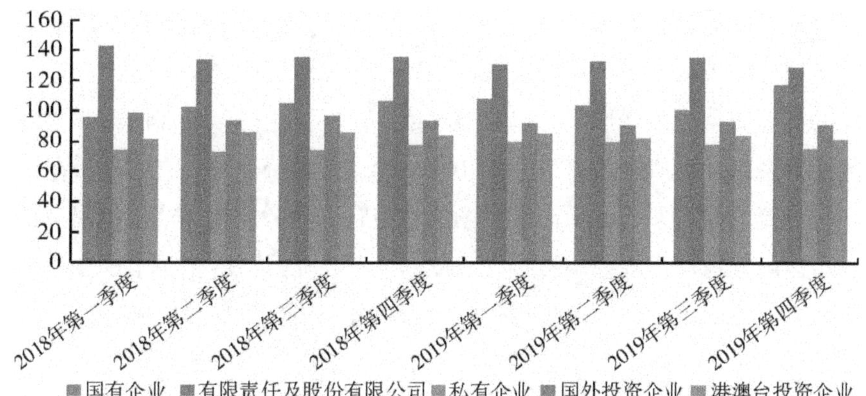

图 5－3　开展跨境人民币结算业务的企业类型①

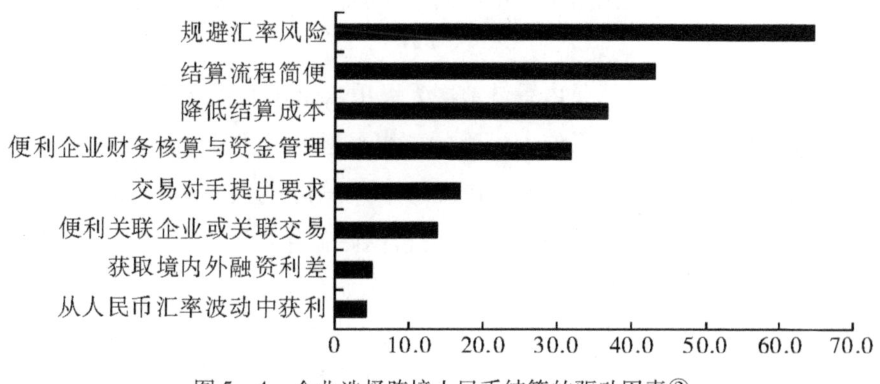

图 5－4　企业选择跨境人民币结算的驱动因素②

（1）香港人民币离岸市场

人民币离岸金融中心是指主要为非中国居民提供的境外人民币借款贷款或企业投资、进口贸易或出口贸易结算、外汇买卖及证券市场交易等金融业务的自由交易中心（曾之明，2010）。由于当前人民币尚未实现完全可自由兑换，人民币离岸市场的发展为我国资本账户和金融账户的逐渐开放提供了有效的缓冲带，为在岸市场的金融机构和"走出去"企业提供了对接点，

① 数据来源：中国人民银行．2020 年人民币国际化报告［R］．2020.

② 数据来源：中国人民银行.

有效支撑了人民币跨境支付结算的发展（乔依德、李蕊，2014）。离岸市场的发展有利于人民币国际支付货币地位的上升，离岸市场作为非居民从事本币交易的市场，是现代金融业发展中最重要的创新之一。

对于货币国际化而言，离岸市场的发展一方面会扩大本币国际流通规模、拓展国际市场上本币投融资渠道，另一方面对于国内金融部门尚未完全开放的货币而言，离岸市场可以疏通本币在非居民之间以及居民与非居民之间的流通渠道，形成本币在境外的初始流动性及定价体系，支撑本币在国际市场上的流动性。发展本币离岸市场既是拥有成熟开放金融市场的国家扩大其本币国际流通使用规模与被接受程度的一种补充形式，也是本国金融市场开放度不足情况下为国际市场提供本币流动性与投融资渠道的必要途径，人民币正是属于后一种情况（丁一兵，2016），因此从一开始，发展人民币离岸市场就成为人民币国际化初期阶段的主要手段之一。在人民币尚未完全可自由兑换的环境下，人民币离岸市场的出现与发展对人民币的境外流动起到了非常重要的作用。

香港人民币离岸市场是由香港地区人民币离岸业务所形成的离岸人民币的融通和交易场所。由于目前人民币的离岸金融业务主要集中在香港地区，香港人民币离岸市场实际上已经成为离岸人民币的交易中心和定价中心（冯永琦，2012）。香港是我国寻求人民币国际使用的第一个窗口，中国香港离岸人民币市场自2004年启动之后，从原始的人民币银行存款市场向越来越多地涉足于复杂的人民币交易中心的方向发展，提供范围广泛的以人民币标价的金融产品。2010年6月和2013年6月，香港人民币离岸市场先后正式推出CNH即期外汇交易定盘价和同业拆借利率定盘价，对推动香港人民币外汇交易、存款证和债券发行、贸易金融产品及贷款以及货币互换、利率互换等衍生品业务的发展奠定了基础。与此同时，香港金管局适时调整相关政策，向市场提供充裕的人民币流动性，如于2013年和2014年分别宣布撤销了人民币未平仓净额上限和人民币流动资金比率相关规定，以及实行一级流动性提供行制度（Primary Liquidity Provider），保证香港市场上人民币的流动性（周兆平，2018）。

表 5－4　香港人民币离岸业务概览

零售和企业银行业务	存款：一般存款、结构化存款、存款证（CD）等 货币兑换 支票业务 银行卡业务：借记卡和信用卡 支付/汇款 融资业务：贸易融资和其他形式的贷款及预付款 理财产品 资金管理	货币和外汇市场业务	外汇即期交易 人民币可交割远期（DF）和期货（Futures） 外汇期权（Options） 外汇掉期/互换（Swaps） 不可交割远期（NDF） 交叉货币互换（CCS） 利率掉期/互换（IRS）
资本市场业务	债券发行 投资基金（在岸和离岸市场） 大宗商品相关产品 房地产投资信托（REITs） 交易所交易基金（ETF） 股权融资 沪港通渠道投资上海交易所股票	保险业务	保险计划和产品

目前香港人民币业务亦基本覆盖所有零售和企业银行、资本市场、货币和外汇交易、保险等领域（见表 5－4）。2018 年 9 月，人民银行与香港金管局签署合作备忘录，旨在便利人民银行在香港发行央行票据，丰富香港高信用等级人民币金融产品，完善香港人民币债券收益率曲线。继 2015 年于伦敦首次海外发行人民币央行票据，人民银行先后于 2018 年 11 月和 2019 年 2 月在香港发行人民币央行票据，人民银行逐步建立了在香港发行人民币央行票据的常态机制。截至 2020 年 3 月末，香港人民币央行票据余额为 800 亿元，包括 3 个月、6 个月、1 年等多个期限品种。香港人民币央行票据的稳定持续发行有利于丰富香港市场高信用等级人民币投资产品系列和人民币流动性管理工具，满足离岸市场投资者需求，完善离岸人民币收益率曲线，促进离岸人民币货币市场发展，以及带动其他发行主体在离岸市场发行人民币债券，有助于推动人民币国际化。

离岸市场人民币存款余额是人民币国际化程度的重要衡量指标，较高的离岸市场人民币存量，既可以便利境外进口商获取人民币进行跨境支付，又是促进离岸人民币金融产品多样化的基础，对于推动人民币国际化发展至关重要。人民币国际化启动后的相当一段时期内，香港人民币存款总体保持稳定增长，占香港外汇存款及所有存款的比重迅速攀升，在2014年3月达到峰值，分别为25.3%和13.1%，但在2015年“8·11汇改”以来，受人民币贬值和人民银行政策操作的影响，香港人民币存款开始萎缩，占比亦随之下滑。2017年年底，比重分别降至10%和5%左右。

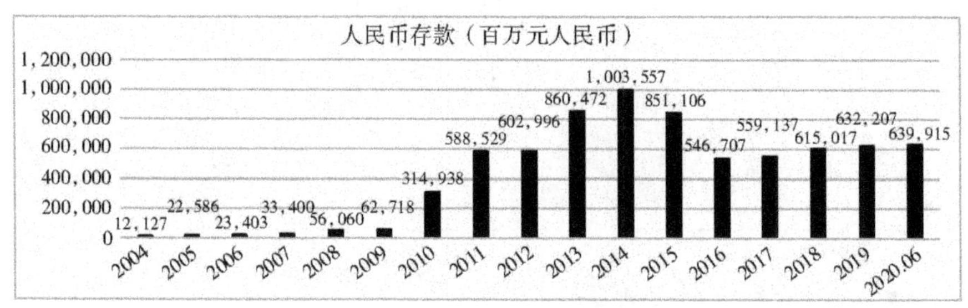

图5－5　香港地区人民币存款情况

2019年年末，香港人民币存款余额为6322亿元人民币，在各离岸市场中排名第一位，同比上升2.8%，占香港全部存款余额的5.1%，占其外币存款的10.3%。2020年6月，香港人民币存款为6399.2亿元，环比降低550.3亿元，降幅为7.9%；经营人民币银行业务的认可机构数目为140家（见图5－5和图5－6）；与跨境贸易结算有关的人民币汇款总额为5428.2亿元，环比增加212.9亿元，增幅为4.1%。香港市场上较为充裕的人民币流动性，较为完善的汇率、利率形成机制以及较为宽松的市场监管环境有效地促进了香港人民币离岸市场的平稳较快发展（张贤旺、秦凤鸣，2014）。当包括伦敦、新加坡和中国台北等其他离岸金融中心竞相获得离岸人民币业务之时，香港一直保持着在该项业务中的主导地位，业务量占全球离岸人民币支付总额的75%（见图5－7）。

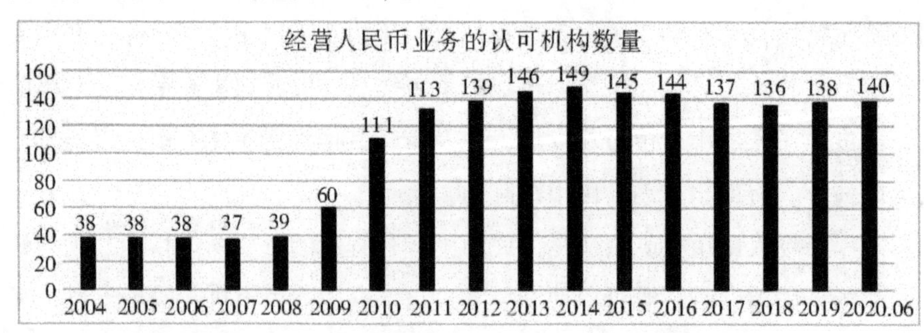

图5－6　香港离岸市场经营人民币业务的认可机构数量

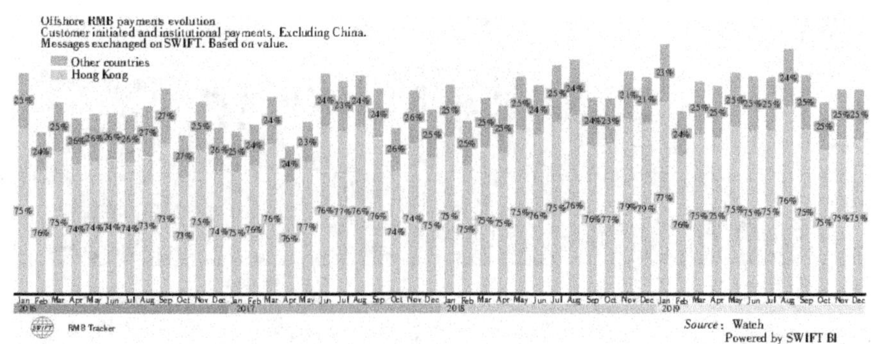

图 5－7　离岸人民币支付的演变

（2）台湾

中国人民银行于 2012 年 12 月正式授权中国银行台北分行担任中国台湾人民币业务清算行。2013 年 2 月 6 日，台湾共有 46 家银行与人民币清算行签署清算及结算协议，并完成了清算账户开户手续，台湾人民币业务全面启动，46 家银行近 3000 个 DBU 分行的柜台全面提供人民币服务，当日新增人民币存款 13 亿元，台湾人民币业务开始发力增长。2014 年 9 月，台湾正式推出人民币汇率及利率定盘机制，为人民币衍生产品发展提供基准价格参考。目前台湾金融机构可办理人民币存贷款、汇款、贸易结算、兑换、衍生金融产品、保险及基金等相关业务（周兆平，2018）。与香港人民币存款变动较大相比，台湾人民币存款规模一直保持相对稳定状态，台湾外汇市场中，美元/人民币在第三货币交易位于第二位，占所有币别交易量 10%。2019 年年底，台湾人民币存款规模 2610.3 亿元，环比增加 11 亿元，增幅为 0.4%；截止到 2020 年 6 月，台湾人民币存款规模 2411.7 亿元，环比降低 52.0 亿元，降幅为 2.1%（见图 5－8）。

（3）英国

2011 年是伦敦创建人民币离岸市场的破冰之年，2012—2013 年伦敦人民币离岸市场初现雏形。2012 年 4 月 18 日，在中国银行、德意志银行、汇丰银行等金融机构的积极参与下，在英国伦敦金融城，“伦敦人民币业务中心计划”正式启动，汇丰银行快速做出反应，于当天就发行了 10 亿元之多的人民币债券，该批债券也成为首批在中国内地和香港之外发行的人民币债券。中国建设银行成功发行 10 亿元的规模债券，成为第一家在英国发行人

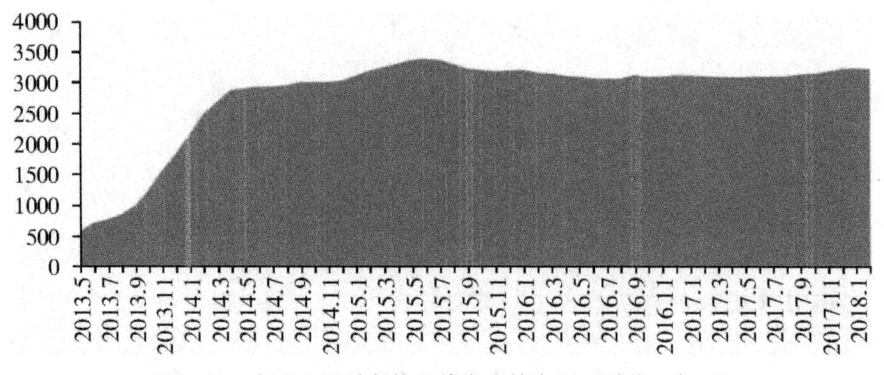

图 5-8　台湾人民币存款及债券未偿余额（单位：亿元）

民币债券的中资银行。2013 年 6 月，中国人民银行与英格兰银行签署了规模为 2000 亿元人民币/200 亿英镑的中英双边本币互换协议，互换协议有效期三年，经双方同意可以展期。2013 年 11 月，中国工商银行第一次在英国成功发行了 20 亿元离岸人民币高级债券，伦敦人民币离岸市场初步形成，有利于进一步扩大人民币在国际贸易和投资中的使用。在 2013 年 10 月，中英两国政府以第五次经济财金对话为契机，达成包括给予伦敦投资者 800 亿元人民币 RQFII 额度、人民币不再非要兑换成英镑才能使用或达成交易、允许中国的部分银行在当地设立批发银行分行等多项历史性协议，这为伦敦离岸金融市场的高速发展期创造了有利条件。

2014 年 6 月，中国建设银行第一次被中国人民银行选择并指定为英国伦敦人民币业务官方清算银行。2015 年 10 月，中国人民银行在伦敦采用簿记建档方式，成功发行期限为 1 年期，票面利率 3.1%，总额达 50 亿元人民币央行票据。这是中国央行首次在海外发行以人民币计价的央行票据，央票属于高信用等级的金融产品，在海外市场的成功发行有利于增加人民币在海外投资者心理上的接受程度和信心，提升他们对人民币资产持有的主动性和积极性，使得跨国甚至跨地域贸易和投资成为可能并更加便捷化，最终达到推进人民币离岸市场纵深化发展的目的和愿景。同时，中国银行宣布在伦敦设立人民币资产交易中心，该中心将在伦敦离岸中心在外汇、衍生性金融商品、大宗商品以及固定收益方面为客户提供更广泛的产品（葛海玲，2017）。

根据 SWIFT 数据显示，伦敦是全球最大的人民币外汇交易中心，是除香港地区以外使用人民币最多的市场，也是离岸人民币债券发行和交易最活跃的市场之一。伦敦人民币外汇交易包括即期、远期、掉期、期权。根据英格兰银行信息，2018 年 12 月末，伦敦人民币外汇交易金额占全球总金额的 36.1%，比第二名的香港高约 6.5 个百分点，日均人民币外汇交易规模达 766 亿英镑。2018 年年末，伦敦市场未到期的人民币债券共计 114 只，规模达 336 亿元；2018 年当年，伦敦证券交易所新发行人民币债券 42 只，总规模 125 亿元，发行主体和发行数量均比 2017 年有显著增长。2019 年，英国人民币离岸市场继续平稳发展，继续保持亚洲以外最大人民币离岸清算中心，伦敦离岸人民币外汇日均交易额 820 亿英镑，较 2018 年增长 7.0%。截至 2019 年年末，伦交所未到期人民币债券共计 110 支，存量总规模 347 亿元，较上年年末增长 3%。2019 年年末，伦敦离岸市场人民币存款余额为 549.6 亿元，同比下降 4.1%；人民币贷款余额 538.5 亿元，同比上升 9.4%（见图 5－9）。

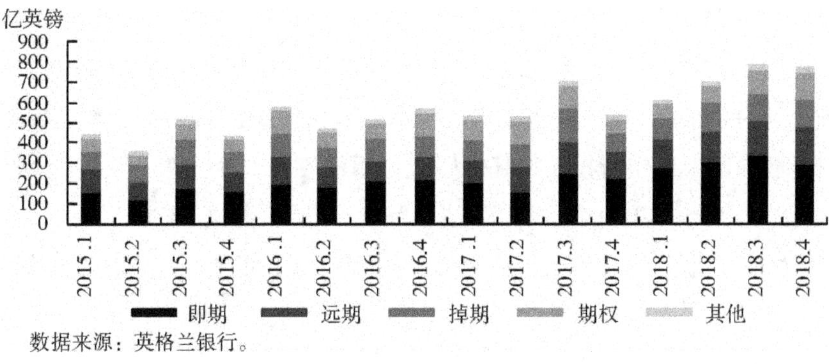

数据来源：英格兰银行。

图 5－9　伦敦离岸人民币日均外汇交易

（4）新加坡

新加坡作为第二个发展的人民币离岸市场，于 2013 年初正式起步，自 2013 年 2 月中国人民银行指定工商银行新加坡分行作为新加坡人民币清算行以来，人民币清算量实现跨越式大幅增长。新加坡作为东盟十国中最重要的成员和具有国际影响力的金融中心，具有极大的地缘优势，且新加坡离岸市场体系较为完善，亚洲外汇市场、亚洲美元市场、亚洲债券市场及离岸金融衍生品市场均比较完备。新加坡管理的资产总额年增长率较高，有利于人民币在亚太地区进一步发挥作用（葛海玲，2017）。2018 年，新加坡与中国跨境收付金额超过1.4万亿元，仅次于我国香港地区。根据SWIFT统计，新加坡是除香港地区以外使用人民币第二多的市场，外汇及衍生品市场活跃，也是离岸人民币债券发行和交易最活跃的市场之一。新加坡交易所(SGX)可交易人民币期货和证券两个品种，2018年年末，新交所人民币外汇期货交易5300亿美元。在人民币证券方面，新交所可提供上市、报价、交易、清算及结算服务，并通过双币种报价机制为投资者在人民币、新加坡元及其他外币间交易提供便利；2018年年末，未到期人民币债券87只，规模476亿元。2018年当年，新加坡市场新发行人民币债券35只，规模206亿元。2019年，新加坡人民币外汇交易金额占全球总金额的4.66%；全年新交所美元/离岸人民币期货成交额超过9070亿美元，较2018年增长76%；日均成交额36.7亿美元，较2018年增长69%。截至2019年年末，未到期人民币债券66只，规模360亿元。2019年，新加坡市场发行人民币债券10只，规模42亿元。

(5) 美国

根据SWIFT数据，2018年，美国人民币外汇交易量在全球排名第三位，市场份额为8.5%，仅次于英国和我国香港地区。2018年2月，美国摩根大通银行被中国人民银行授权担任美国人民币清算行，成为第一家被授权的外资人民币清算行。2019年，美国人民币外汇交易量在全球主要离岸市场中排名继续保持第三位，市场份额为7.8%，较2018年的8.5%略有下降，仅次于英国和中国香港地区。美国离岸人民币市场基础设施继续完善，资本市场对人民币认可度不断提升。

5.1.4 人民币货币互换的发展和全球清算系统建设

(1) 人民币货币互换的发展

跨境贸易人民币结算和离岸人民币市场建设增加了人民币需求，货币互换为跨境贸易人民币结算和离岸人民币市场建设增加了人民币供给。所谓货币互换(Currency Swap)是指持有不同币种的两个交易主体，按照约定在期初交换等值的两种货币，在期末再换回各自本金并相互支付到期利息的交易行为。一个典型的货币互换包括三个基本步骤：第一步，本金的互换，互换协议开始时，两个主体交换商定数量的两种货币，目的是确定互换双方各自本金的金额，以便将来计算利息和再换回本金。第二步，利率的互换，互换协议存续期间，互换双方按商定的利率，对未偿还本金额进行利息支付。第三步，本金的再次互换，互换协议到期时，互换双方换回交易开始时互换的本金。货币互换常见的有商业性货币互换与中央银行之间的货币互换。商业性货币互换的目的通常是企业或金融机构为了控制利率、汇率风险或降低融资成本（尹继志，2014）；而中央银行之间的货币互换的目的通常是为了增加市场流动性，便利双方贸易和投资。通过货币互换，将得到的对方货币注入本国金融体系，使得本国商业机构可以借到对方货币，用于支付对方的进口商品。

中国与其他国家签订的货币互换协议的历史则可以追溯到“清迈协议”。2000 年 5 月，东盟与中日韩“10 + 3”财长在泰国清迈共同签署了建立区域性货币互换网络的协议，即《清迈协议》，在一国发生外汇流动性短缺或出现国际收支问题时，其他成员国可集体提供应急外汇资金，以稳定地区金融市场。《清迈协议》扩大了东盟互换协议（ASA）的数量与金额，建立了中日韩与东盟国家的双边货币互换协议，并决定各国在启动双边货币互换过程中执行集体决策机制。中国在“清迈协议”体系下的六个货币互换协议中有三个以美元计价，其余三个尽管以人民币计价，但是规模仍以美元计算。中国人民银行与韩国中央银行在 2008 年 12 月签订了第一个真正的人民币双边互换协议，央行和韩国签订了 260 亿美元货币互换协议，此协议向两个基本面和运行情况良好金融体系提供短期流动性支持，并推动双边贸易发展。

此后，中国积极推动与其他国家和地区签订货币互换协议，作为在全球范围内推广人民币国际化的重要手段之一（夏乐，2020）。2009 年，中国人民银行分别与中国的香港、马来西亚、白俄罗斯、印度尼西亚和阿根廷签署双边货币互换协议，为期三年，总金额达到 4700 亿人民币，一方面加强外界对香港金融稳定的信心，促进地区金融稳定，以及推动两地人民币贸易结算业务的发展，另一方面加深中国与别国的金融合作，促进国家的贸易和投资。2010 年分别与冰岛和新加坡签署双边货币互换协议，金额超过 1500 亿人民币（邱晟晏，2014）。2011 年扩大到新西兰和澳大利亚，2013 年扩大到英国和欧元区国家。伴随跨境人民币业务的开展，2009—2015 年，中国人民银行与 33 个国家和地区的中央银行或货币当局签署了双边本币互换协议，协议总金额超过 3.31 万亿元人民币。人民币与欧元、日元、英镑、澳大利亚元、新西兰元、新加坡元、马来西亚林吉特、俄罗斯卢比等实现了直接交易，为人民币跨境业务提供了有利的资金基础，本币合作在深化国际经贸金融交往、维护国际金融体系稳定等方面发挥着越来越积极的作用。

2016 年，中国人民银行先后与摩洛哥央行、塞尔维亚央行、埃及的中央银行签署双边本币互换协议，总金额为 295 亿元人民币；与新加坡金管局、匈牙利央行、欧央行、冰岛的中央银行续签双边本币互换协议，总金额为 6635 亿元人民币。2017 年，中国人民银行先后与新西兰储备银行、蒙古银行、阿根廷央行、瑞士央行以及香港金管局续签了双边本币互换协议，累计规模 6600 亿元，而当年的到期规模达到 15020 亿元。2018 年，中国人民银行与日本银行、尼日利亚央行新签署双边本币互换协议，总金额 2150 亿元；与英国、智利、南非、马来西亚、白俄罗斯、印度尼西亚、哈萨克斯坦、巴基斯坦、澳大利亚、乌克兰、阿尔巴尼亚等 11 国央行续签双边本币互换协议，总金额 1.03 万亿元。2018 年年末，有效协议 30 份，总金额 3.48 万亿元。2019 年，中国人民银行与澳门金管局新签双边本币互换协议，金额 300 亿元人民币；先后与苏里南央行、新加坡金管局、土耳其央行、欧央行和匈牙利央行续签双边本币互换协议，总金额 6830 亿元人民币。截至 2019 年年末，中国人民银行共与 39 个国家和地区的中央银行或货币当局签署了双边本币互换协议，覆盖全球主要发达经济体和新兴经济体以及主要离岸人民币市场所在地，总金额超过 3.7 万亿元人民币（见图 5 - 10），分别为韩国、香港、马来西亚、白俄罗斯、印度尼西亚、阿根廷、冰岛、新加坡、新西兰、乌兹别克斯坦、蒙古、哈萨克斯坦、泰国、巴基斯坦、阿联酋、土耳其、澳大利亚、乌克兰、巴西、英国、匈牙利、阿尔巴尼亚、欧洲中央银行、瑞士、斯里兰卡、俄罗斯、卡塔尔、加拿大、苏里南、亚美尼亚、智利和塔吉克斯坦等国（地区）中央银行。

作为人民币国际化的抓手和重要内容，中国人民银行与 39 个国家（地区）央行的货币互换有利于人民币国际化进程的推进。一方面，货币互换协议的签订，使在双边贸易中很大程度地避免第三方货币，企业可以更自主选择本币进行贸易计价结算，有效规避以外币进行结算的汇率风险，很大程度地减少互换双方的贸易成本，对维护区域金融稳定也有着重要意义（朱

图5－10　中国人民银行与其他货币当局的货币互换余额

林旭，2015）。当人民币逐渐在跨国贸易和金融交易中成为计值手段和交易媒介后，一些国家的中央银行持有人民币的意愿会进一步增强，更为重要的是打破美元为基础的多重货币互换网络形成的美国国际货币体系固化的格局（徐明棋，2016）。

另一方面，直接拓展了人民币的国际化范围，是人民币从国际贸易结算货币向储备货币发展的重要桥梁。当一国央行签署了人民币互换协议，意味着该国央行接受人民币作为重要的市场干预货币和备用的储备手段，人民币在该国市场上的信用也就得到了保障。这会极大地推进这些国家企业和个人使用人民币的积极性，并且在观念上将人民币作为可接受的交易货币。通常情况下，签署了双边互换协定的国家之间将会有必要进一步签署在各自金融市场上交易和兑换对方货币的附属协定，这对于人民币而言就意味着定向地逐步开放了人民币自由兑换，意味着定向地开放了中国的金融市场。比如，中国就在与澳大利亚签订货币互换之前允许在银行间交易市场上进行澳元与人民币的直接兑换，因为随着人民币被用于与澳大利亚的贸易结算，人民币贸易账户的资金可以投资于银行间金融产品，而这些产品在需要时是允许直接兑换成澳元的（徐明棋，2016）。

（2）全球清算系统的建设

如果没有高效的清算系统，人民币在境外的流通及交易规模将受到极大制约，人民币清算系统的建设主要为了有效实现离岸人民币市场和在岸人民币市场之间有效连接，推动不同人民币离岸中心之间的高效运转。为建立海外人民币业务活动的平台，我国于2003年指定中国银行（香港）作为中国大陆之外的第一家人民币交易的清算银行，香港银行清算有限公司提供了人民币实时全额结算体系，这是一项重要的基础设施，支援香港的人民币清算服务，提供其他海外金融中心的人民币交易的便利，香港离岸人民币市场已经扩展规模并提供各种以人民币标价的金融产品。在2004年个人人民币业务在澳门地区开放。2009年，香港和澳门的人民币业务由个人扩展到对公业务，中国银行香港分行和中国银行澳门分行的人民币清算业务不再局限于个人人民币清算。2012—2014年，中国人民银行对其他十家境外银行的授权，使得境外人民币清算网络由港澳扩展到东南亚、中东、欧美及大洋洲。2015年，人民银行先后与瑞士、智利、匈牙利、南非、阿根廷、赞比亚、阿联酋七个国家的中央银行签署了关于在当地建立人民币清算安排的合作备忘录，在马来西亚、泰国、智利、匈牙利、南非、阿根廷、赞比亚、瑞士指定了人民币业务清算行，在2015年年末，中国人民银行已在20个国家和地区建立了人民币清算安排，覆盖东南亚、西欧、中欧、中东、北美、南美、大洋洲和非洲等地。2016年，中国人民银行先后与美联储、俄央行签署了在美国、俄罗斯建立人民币清算安排的合作备忘录，在美国、俄罗斯、阿联酋指定了人民币业务清算行。2016年年末，中国人民银行已在23个国家和地区建立了人民币清算安排，覆盖东南亚、欧洲、中东、美洲、大洋洲和非洲。

2017年，中国人民银行先后与中国银行纽约分行、中国工商银行莫斯科股份公司、中国农业银行迪拜分行签署《关于人民币业务的清算协议》。2018年1月和4月，中国人民银行先后与中国银行台北分行、中国工商银行新加坡分行续签《关于人民币业务的清算协议》。继2016年与美国联邦储备委员会签署合作备忘录并授权中国银行纽约分行担任人民币清算行后，中国人民银行于2018年2月授权美国摩根大通银行担任美国人民币清算行；10月，中国人民银行与日本银行签署合作备忘录，在日本建立人民币清算机制安排，并授权中国银行东京分行担任人民币清算行；11月，中国人民银行与菲律宾央行签署合作备忘录，在菲律宾建立人民币清算机制安排。

2019年6月，中国人民银行授权日本三菱日联银行担任日本人民币清算行；9月，中国人民银行授权中国银行马尼拉分行担任菲律宾人民币清算行。截至2019年年末，清算安排已覆盖25个国家和地区，境外清算行人民币清算量合计348.17万亿，同比增长10%，其中代客清算量32.71万亿元，同比增长11.2%；银行同业清算量315.46万亿元，同比增长9.8%。截至2019年年末，在境外清算行开立清算账户的参加行及其他机构数目达912

个，同比增长2.9%（见表5-5）。2019年，香港人民币实时支付结算系统（RTGS）处理的清算金额达266万亿元，同比增长13.6%，继续保持高速增长。综上所述，人民币清算安排的建立，有利于上述国家和地区的企业和金融机构使用人民币进行跨境交易，进一步促进贸易投资便利化，已发展成为跨境人民币清算网络的重要组成部分，形成了“人民币在岸市场—人民币离岸中心—人民币离岸区域枢纽（人民币清算行）”三个层次的人民币全球交易网络。

表5-5 境外人民币清算行的分布情况

国家和地区	时间	清算行	国家和地区	时间	清算行
香港	2003.12	中国银行（香港）有限公司	智利	2015.05	中国建设银行智利分行
澳门	2004.09	中国银行澳门分行	匈牙利	2015.06	匈牙利中国银行
中国台湾	2012.12	中国银行台北分行	南非	2015.07	中国银行约翰内斯堡分行
新加坡	2013.02	中国工商银行新加坡分行	阿根廷	2015.09	中国工商银行阿根廷股份有限公司
英国	2014.06	中国建设银行伦敦有限公司	赞比亚	2015.09	赞比亚中国银行
德国	2014.06	中国银行法兰克福分行	瑞士	2015.11	中国建设银行苏黎世分行
韩国	2014.07	交通银行首尔分行	美国	2016.09	中国银行纽约分行
法国	2014.09	中国银行巴黎分行	俄罗斯	2016.09	中国工商银行（莫斯科）有限公司
卢森堡	2014.09	中国工商银行卢森堡分行	阿联酋	2016.12	中国农业银行迪拜分行
卡塔尔	2014.11	中国工商银行卡塔尔分行	美国	2018.02	美国摩根大通银行
加拿大	2014.11	中国工商银行（加拿大）有限公司	日本	2018.10	中国银行东京分行
澳大利亚	2014.11	中国银行悉尼分行	日本	2019.05	日本三菱日联银行
马来西亚	2015.01	中国银行（马来西亚）有限公司	菲律宾	2019.09	中国银行马尼拉分行
泰国	2015.01	中国工商银行（泰国）有限公司	——	——	——

5.2 人民币国际化进程中风险识别的实证分析

由于中国资本项目还未完全开放，人民币汇率制度改革还在进行，国内金融市场发育还不完全成熟，金融监管改革还有待改进等，在人民币国际化进程中潜伏着来自国内外的金融风险挑战。本节从人民币汇差波动和国际金融市场的联动机制出发，探究了人民币国际化发展进程中，在岸人民币市场和离岸人民币市场的协调发展程度及其潜在风险因素。

5.2.1 理论机制

(1) 国际金融市场对人民币汇差的影响机制

邢雅菲（2017）认为国际金融市场的波动对离在岸人民币汇差的影响通过以下三个渠道或机制发生作用：

第一，国际贸易渠道。实体经济与金融市场发展密不可分，国际贸易的状况更是直接影响到一国的汇率波动。我国经济具有典型的外向型特征，GDP的增长有很大比重是依靠出口推动的，欧美国家是我国最主要的贸易伙伴，而国际金融中心大多位于欧美国家，国际金融市场的波动尤其动荡会对欧美国家的实体经济产生冲击，从而直接影响我国对外贸易，最终影响境内外汇市场上人民币的实际供求状况，进而影响汇率的波动，导致离在岸人民币汇差的波动。

命题1：国际金融市场波动→欧美发达国家的实体经济→境内人民币外汇市场的供求→离在岸人民币汇差增加。

第二，国际投资渠道。由国内外资本市场收益差异引起的套利投资需求，受国际金融市场的波动影响较大，这种套利目的驱动的人民币跨境流动是影响离岸市场汇率的重要因素，其影响力强于对实体经济的影响。

首先，境内外两个市场投资者对风险厌恶程度具有很大差异。根据中国国家外汇管理局相关数据，境内外汇交易中银行代客户结售汇的比重达90%以上，可见境内实际上多是企业在进行外汇交易。而境外的参与者更为多样，不仅包括银行、贸易企业，而且更多的是专业的非银行金融机构，包括各类投行、基金等，这就使得境内人民币外汇市场的外汇需求弹性较低，对风险的厌恶程度更高（朱孟楠等，2015；曹红钢，2016；Colavecchio et al.，2009）。而境外人民币外汇市场的外汇需求弹性较大，对风险的厌恶程度较低。所以境外人民币外汇市场较境内外汇市场对全球金融市场的波动或冲击反应更敏感些。

其次，市场参与主体的全球多元化投资策略。为了满足流动性、盈利性、安全性等需求，一些大型金融机构特别是欧美的投行、对冲基金等一般实施多元化的投资策略，在全球金融市场配置资金。国际金融市场的波动会影响投资者的投资预期，使得这些境外金融机构从收益率低的市场投向收益率高的市场，很多新兴国家和地区的市场就是很好的选择，这会使得境外人民币汇率一定程度上升值。但是，当国际金融市场发生较大的动荡时，市场的风险偏好下降，投资者从安全的角度考虑会转而购买美元及美元资产，从而导致美元升值，进而影响发展中国家货币对美元的汇率水平（Cairns et al.，2007；McCauley et al.，2009）。这会导致境外人民币汇率遭受贬值冲击。而境内人民币外汇市场的交易多数是为了满足实体经济交易需求，国际金融市场的波动传导到实体经济交易需求波动会有一定的时滞，所以境内人民币外汇市场汇率的波动也存在一定的时滞性。

最后，离在岸人民币外汇市场的汇率波动率有较大差异。由于信息的搜集需要一定的成本，投资者不可能掌握所有的信息，从而必然存在信息不对称现象，所以在进行投资决策的时候会出现羊群效应，信息缺乏的投资者会参照信息较多的投资者的投资决策，即使其自身是理性的（Dornbusch et al.，2000）。在国际金融市场发生波动时，特别是危机时，羊群效应使得大多数的投资者会从风险较大的金融市场投向风险较小的市场。境内人民币外汇市场的波动是收敛的，离岸人民币外汇市场的波动是发散的，而且在岸的要小于离岸的人民币外汇市场的汇率波动率（朱孟楠、张雪鹿，2015），风险相对较小，所以，在国际金融市场波动较大时，投资者会将资金从离岸市场转移到境内市场，从而导致两个市场的价格波动差异增大。

命题2：国际金融市场波动→投资者风险厌恶程度不同，在全球的多元化投资带来的离在岸外汇市场波动的时滞性，离在岸人民币汇率波动率不同→离在岸人民币汇差增加。

第三，离在岸人民币外汇市场受中国人民银行直接干预程度不同。境内外汇市场上实施的是参考一篮子货币有管理的浮动的汇率制度，而离岸人民币汇率完全是由市场供求所决定的，基本上不受中国人民银行的管制。国际金融市场发生波动或动荡时，从稳定国家金融经济安全等角度考虑，中国人民银行往往会出手干预境内人民币汇率的走势，这会使得境内外人民币汇率的价差增加。当央行实行汇率制度改革时，汇率形成机制更加完善，央行的管制减少，外汇市场的自由化程度提高，离在岸人民币汇差会减小，改革越深入，汇差越小。

命题3：国际金融市场波动→央行有效干预境内外汇市场→离在岸人民币汇差增加。相反，汇率制度改革越深入→离在岸人民币汇差越小。

综上所述，从理论上来说，由于境内和境外人民币外汇市场的运行机制不同，受央行管制的程度不同，离岸市场与国际金融市场的融合程度更高，而境内市场由于资本市场没有完全开放，相对独立于国际金融市场，因此，国际金融市场的波动对两个市场的影响程度是不同的。而且两个市场对国际金融市场的冲击反应时间不同，境内市场会有一定的时滞，所以较大的国际金融市场波动一般会导致离在岸人民币汇差增加。然而，随着汇率制度改革的深入，境内资本市场开放的程度越来越高，人民币国际化程度也越来越高，境内外汇市场融入国际金融市场的程度会越来越深，离在岸人民币汇差会逐渐消减（邢雅菲，2017）。

（2）国际金融市场对 NDF 汇率市场的影响机制

国际金融市场的动荡是如何影响到人民币的升值、贬值预期并进而影响到 NDF 汇率走势呢？许祥云，朱钧钧（2013）认为主要通过以下三种途径和机制：

第一，美元作为“安全天堂”货币的避险功能。很多学者关注到金融市场风险程度对美元与非美元货币汇率有直接的影响，尤其是在危机或者金融市场风险较高的时期，美元显示了其作为“安全天堂”货币的特性和价值。Ranaldo（2007）指出，风险增加、股票市场下滑和“安全天堂”货币的升值是直接相关的。Cairns et al.（2007）认为，由于美元自身的国际地位，以及在流动性和可接受性上的巨大优势，使得许多外国投资者认为持有美元是安全的选择，尤其是同那些发展中和新兴国家货币相比。在一个市场动荡的时期，此时收益的稳定性明显要更重要，2008 年金融危机则进一步证明了这种观点的合理性。McCauley & McGuire（2009）分析了金融危机期间金融市场波动和风险偏好下降，如何导致各种类型的投资者购买美元及美元资产（尤其是美国国债），从而导致美元大幅升值。Chadwick et al.（2012）发现，VIX 指数是影响 2000—2010 年很多发展中国家货币对美元汇率的共同因素。这些研究都表明，全球风险偏好和金融市场波动会直接影响到其他国家（尤其是发展中国家）货币对美元的汇率水平。

第二，增长方式。由于我国出口的波动对宏观经济影响较大，我国最主要的出口目的地是欧美国家，全球金融市场动荡加剧尤其是欧洲债务危机所引发的市场动荡使得投资者对欧美经济增长前景变得悲观，有可能对我国出口增长和总体经济增长产生悲观预期，最终对人民币 NDF 走势产生影响。Liu & Pauwels（2012）指出，贸易余额、工业生产等宏观经济变量的下滑尤其是超预期的下滑使得 NDF 趋于贬值。

第三，NDF 市场的参与主体结构。目前，人民币 NDF 市场的主要参与者是欧美的一些大型投资银行、对冲基金和金融机构等（Colavecchio & Funke，2009；张光平，2008），而这些境外机构尤其是金融机构一般实施多元化投资策略，其资金广泛投资于全球金融市场上，NDF 市场只是其投资市场之一。当这些金融机构面对国际金融市场急剧动荡的时候会选择从其他地方抽回资金，除了追求“安全资产”的因素外，满足总部的流动性需求也是一个重要原因，因为国际金融市场的急剧动荡一般都意味着欧美的金融机构遭遇严重危机。2008 年 9 月后美国和欧洲大型金融机构濒临破产，急需抽回资金支援总部，之后的三次金融市场动荡（2010 年 4 月、2011 年 8 月和 2012 年 5 月）均主要是由欧债危机引起，而欧美金融业大量持有这些可能违约的欧洲债务。

此外，市场动荡带来股票投资上的损失，其中一些国家的银行业和金融机构出现了流动性危机和经营危机，并迫使欧洲央行采取了很多措施来进行流动性救助和资金援助，这都会促使这些金融机构抽回其他市场上的资金，这其中包括有 NDF 市场，带来 NDF 市场上人民币汇率贬值。Bruno & Shin（2011）以及 McCauley（2012）都指出，在股票市场平静时期，发达国家的杠杆投资扩张，资金流入新兴经济体，在动荡时期，则出现相反的流向。Cetorelli & Goldberg（2012）则发现，从 2007 年下半年次贷危机逐步显现开始，美国的跨国银行不断从国外抽回资金，而在美国的外国银行分支机构则不断地将资金抽出美国。许祥云、朱钧钧（2013）认为国际金融市场动荡会对 NDF 汇率走势产生影响，当金融市场波动剧烈时，NDF 汇率走低；反之，当金融市场平静时，NDF 汇率走高。

5.2.2 模型设定及数据说明

（1）非线性格兰杰因果检验

长期以来传统线性格兰杰检验方法被广泛应用，如果“｛X｝不是｛Y｝的格兰杰原因”，根据 Granger（1969）可用联合分布概率表示为公式（5-1）。

$$F(Y_t \mid Y_{t-Lx}^{Lx}) = F(Y_t \mid Y_{t-Ly}^{Ly},\ X_{t-Lx}^{Lx}) \tag{5-1}$$

传统格兰杰因果检验通常是在向量自回归模型（VAR）分析框架下进行，考虑双变量 VAR 模型，其中 X_t、Y_t 为严格平稳的、零均值（Zero Means）时间序列数据。

$$X_t = \sum_{j=1}^{m} a_j X_{t-j} + \sum_{j=1}^{m} b_j Y_{t-j} + \varepsilon_t \tag{5-2}$$

$$Y_t = \sum_{j=1}^{m} c_j X_{t-j} + \sum_{j=1}^{m} d_j Y_{t-j} + \eta_t \tag{5-3}$$

$$E[\varepsilon_t \varepsilon_s] = 0 = [\eta_t \eta_s],\ s \neq t$$

如果 $b_j \neq 0$，则意味着 Y_t 是 X_t 的格兰杰原因；如果 $c_j \neq 0$，则意味着 X_t 是 Y_t 的格兰杰原因；如果同时满足 $b_j \neq 0$，$c_j \neq 0$，则意味着 Y_t 和 X_t 互为格兰杰因果关系，即存在双向 Granger 因果关系。

近年来非线性领域的最新研究相继表明，常规的传统线性模型难以全面、准确地描述变量之间的 Granger 因果关系，可能会造成因果关系的偏误，许多非参估计的方法则可以纠正这个问题，从而使得非线性 Granger 因果关系检验得以发展（龙少波、陈璋，2015；潘越，2008）。Baek & Brock（1992）提出非参数统计方法（nonparametric statistical method），基于相关积分（correlation integral）使用跨时间空间相关概率（spatial probabilities across time）检测变量之间的非线性因果关系。

根据 Baek & Brock（1992），设定｛X｝、｛Y｝变量，X_{t-Lx}^{Lx} 为 X_t 滞后变量，Lx 为滞后阶数，$Lx \geqslant 1$；Y_{t-Ly}^{Ly} 为 Y_t 滞后变量，Ly 为滞后阶数，$Ly \geqslant 1$，Y_t^m 为 m 个 Y_t 超前变量（Lead vector）。

$X_{t-Lx}^{Lx} = (X_{t-Lx},\ X_{t-Lx+1},\ \cdots,\ X_{t-1})$，$Lx = 1,\ 2,\ \cdots,\ t = Lx+1,\ Lx+2,$

…

$Y_{t-Ly}^{Ly}=(Y_{t-Ly}, Y_{t-Ly+1}, \cdots, Y_{t-1})$，$Ly=1, 2, \cdots, t=Ly+1, Ly+2,$ …

$Y_t^m=(Y_t, Y_{t+1}, \cdots, Y_{t+m-1})$，$m=1, 2, \cdots, t=1, 2, \cdots$

原假设“$\{X\}$ 不是 $\{Y\}$ 的非线性格兰杰原因”（X does not Granger cause Y）成立的条件为：

$$\begin{aligned}&\mathrm{Prob}(\|Y_t^m-Y_s^m\|<\varepsilon \mid \|Y_{t-Ly}^{Ly}-Y_{s-Ly}^{Ly}\|<\varepsilon, \|X_{t-Lx}^{Lx}-X_{s-Lx}^{Lx}\|<\varepsilon)\\&=\mathrm{Prob}(\|Y_t^m-Y_s^m\|<\varepsilon \mid \|Y_{t-Ly}^{Ly}-Y_{s-Ly}^{Ly}\|<\varepsilon)\end{aligned} \tag{5-4}$$

式（5-4）中 $\varepsilon>0$，Prob（•）为概率函数，Prob（$A|B$）表示在给定 B 的前提下 A 的条件概率分布；‖•‖为最大范数（maximum norm），代表一个向量各元素中的最大值。式（5-4）的左边是给定任意两个 Lx 个元素的 $\{X_t\}$ 滞后变量，以及任意两个 Ly 个元素的 $\{Y_t\}$ 滞后变量之间的距离均落在带宽 ε 之内的概率；任意两个元素个数为 m 的超前变量 $\{Y_t\}$ 之间的距离也落在 ε 之内的条件概率。式（5-4）右边是给定任意两个 Ly 个元素滞后变量 $\{Y_t\}$ 之间的距离落在 ε 之内的概率，任意两个 m 个元素的超前 $\{Y_t\}$ 变量距离落在 ε 之内的条件概率。

Hiemstra & Jones（1994）检验（H-J 检验）完善和改进了 Baek & Brock（1992）的非线性格兰杰检验法，H-J 非线性格兰杰检验放松了 Baek & Brock（1992）提出时间序列变量必须是独立同分布假定，允许变量之间存在弱相关（weakly dependent），是经济学和金融从业者中使用最频繁的检验之一。具体而言，Hiemstra & Jones（1994）将公式（5-4）转化为无条件概率比值（ratio of unconditional probabilities）形式，因 Prob（AB）= Prob（$A\cap B$）/P（B），于是，公式（5-4）所代表的严格非线性 Granger 因果关系可写成联合概率形式：

$$\frac{C_1(m+Ly, Lx, \varepsilon)}{C_2(Ly, Lx, \varepsilon)}=\frac{C_3(m+Ly, \varepsilon)}{C_4(Ly, \varepsilon)} \tag{5-5}$$

式（5-5）满足 $m\geqslant1$，$Lx\geqslant1$，$Ly\geqslant1$，$\varepsilon>0$，$C_1(m+Ly, Lx, \varepsilon)$、$C_2(Ly, Lx, \varepsilon)$ 为式（5-5）左边的联合概率比值（ratios of joint probabilities），$C_3(m+Ly, \varepsilon)$、$C_4(Ly, \varepsilon)$ 为式（5-5）右边的联合概率比值。根据 Hiemstra & Jones（1994），C_j（•）（j=1，2，3，4）可通过联合概率

分布关联积分估计实现，关联积分（*correlation integrals*）为两个向量状态相近的平均概率，可用于检验时间序列之间的相关关系，定义为：

$$
\begin{aligned}
C_V(\varepsilon) &= P[\|V_1 - V_2\| \leqslant \varepsilon],\ V_1,\ V_2 \text{indep.} \sim V \\
&= \iint I(\|s_1 - s_2\| \leqslant \varepsilon) f_V(s_1) f_V(s_2) ds_2 ds_1
\end{aligned}
\tag{5-6}
$$

公式（5－6）中，$\|x\| = \sup_{i=1,\cdots,dv} |x_i|$，代表上确界范数；$I(\|s_1 - s_2\| \leqslant \varepsilon)$为指示函数，定义$I(\|s_1 - s_2\| < \varepsilon) = \begin{cases} 1, & \|s_1 - s_2\| \leqslant \varepsilon \\ 0, & \|s_1 - s_2\| > \varepsilon \end{cases}$。

根据关联积分定义，$C_1(m+Ly, Lx, \varepsilon)$、$C_2(Ly, Lx, \varepsilon)$、$C_3(m+Ly, \varepsilon)$、$C_4(Ly, \varepsilon)$可写成如下方程式：

$$
\begin{aligned}
C_1(m+Ly, Lx, \varepsilon) &= \mathrm{Prob}(\|Y_{t-Ly}^{m+Ly} - Y_{s-Ly}^{m+Ly}\| < \varepsilon,\ \|X_{t-Lx}^{Lx} - X_{s-Lx}^{Lx}\| < \varepsilon) \\
C_2(Ly, Lx, \varepsilon) &= \mathrm{Prob}(\|Y_{t-Ly}^{Ly} - Y_{s-Ly}^{Ly}\| < \varepsilon,\ \|X_{t-Lx}^{Lx} - X_{s-Lx}^{Lx}\| < \varepsilon) \\
C_3(m+Ly, \varepsilon) &= \mathrm{Prob}(\|Y_{t-Ly}^{m+Ly} - Y_{s-Ly}^{m+Ly}\| < \varepsilon) \\
C_4(Ly, \varepsilon) &= \mathrm{Prob}(\|Y_{t-Ly}^{Lx} - Y_{s-Ly}^{Ly}\| < \varepsilon)
\end{aligned}
\tag{5-7}
$$

进一步写成：

$$
C_1(m+Ly, Lx, \varepsilon, n) \equiv \frac{2}{n(n-1)} \sum_{t<s} \sum_{s} I(y_{t-Ly}^{m+Ly}, y_{s-Ly}^{m+Ly}, \varepsilon) \times I(x_{t-Lx}^{Lx}, x_{s-Lx}^{Lx}, \varepsilon)
$$

$$
C_2(Ly, Lx, \varepsilon, n) \equiv \frac{2}{n(n-1)} \sum_{t<s} \sum_{s} I(y_{t-Ly}^{Ly}, y_{s-Ly}^{Ly}, \varepsilon) \times I(x_{t-Lx}^{Lx}, x_{s-Lx}^{Lx}, \varepsilon)
$$

$$
C_3(m+Ly, \varepsilon, n) \equiv \frac{2}{n(n-1)} \sum_{t<s} \sum_{s} I(y_{t-Ly}^{m+Ly}, y_{s-Ly}^{m+Ly}, \varepsilon) \times I(x_{t-Lx}^{Lx}, x_{s-Lx}^{Lx}, \varepsilon)
$$

$$
C_4(Ly, \varepsilon, n) \equiv \frac{2}{n(n-1)} \sum_{t<s} \sum_{s} I(y_{t-Ly}^{Ly}, y_{s-Ly}^{Ly}, \varepsilon) \tag{5-8}
$$

公式（5－8）满足，t，$s = \max(Ly, Lx)+1, \cdots, T-m+1$，$n = T+1-m-\max(Ly, Lx)$，$T$为样本总量，$I(W_1, W_2, \varepsilon, n)$为Kernel函数，如果$\|W_1 - W_2\| \leqslant \varepsilon$（两个变量之间的最大范数间隔落在$\varepsilon$内），权重为1；反之，如果$\|W_1 - W_2\| > \varepsilon$（落在$\varepsilon$之外），权重为0。对于给定$m \geqslant 1$，$Lx \geqslant 1$，$Ly \geqslant 1$，$\varepsilon > 0$，设定$\{X_t\}$、$\{Y_t\}$均为严格平稳（strictly stationary），弱

相依（weakly dependent）的时间序列数据，如果原假设“｛X｝不是｛Y｝的严格非线性格兰杰原因”成立，则满足式（5－9）：

$$\sqrt{n}\left(\frac{C1\ (m+Ly,\ Lx,\ \varepsilon,\ n)}{C2\ (Ly,\ Lx,\ \varepsilon,\ n)}-\frac{C3\ (m+Ly,\ \varepsilon,\ n)}{C4\ (Ly,\ \varepsilon,\ n)}\right)\xrightarrow{d} N(0,\ \sigma^2\ (m,\ Ly,\ Lx,\ \varepsilon)) \tag{5－9}$$

根据 Hiemstra & Jones（1994）通过公式推算表明，此统计量渐进服从均值为零、方差为（m，Ly，Lx，ε）函数的正态分布，式（5－9）中的方差σ^2（m，Ly，Lx，ε）的一致估计量为：$\hat{\sigma}^2$（m，Ly，Lx，ε，n）$=\hat{d}$（n）$\sum$（n）$\hat{d}$（n）$'$。

Diks & Panchenko（2006）认为 H－J 检验缺点是当样本量增大时，存在过度拒绝原假设的倾向（severely over-reject），对此进行了修正，提出一种新方法，即T_n统计量，以克服 H－J 检验中存在过度拒绝的问题，被称为 Diks－Panchenko 检验（D－P 检验），主要原理是通过调整宽带的长度避免 H－J 检验缺陷（王远林，2014；龙少波，陈璋，2015）。令$Z_t=Y_t^m$，$X_t=X_{t-Lx}^{Lx}$，$Y=Y_{t-Ly}^{Ly}$，$Lx=Ly=m=1$，则式（5－4）可以用联合密度函数（ratios of joint distributions）表示：

$$\frac{f_{X,Y,Z}\ (x,\ y,\ z)}{f_{X,Y}\ (x,\ y)}=\frac{f_{Y,Z}\ (y,\ z)}{f_Y\ (y)} \tag{5－10}$$

公式（5－10）等价于：

$$\frac{f_{X,Y,Z}\ (x,\ y,\ z)}{f_Y\ (y)}=\frac{f_{X,Y}\ (x,\ y)}{f_Y\ (y)}\times\frac{f_{Y,Z}\ (y,\ z)}{f_Y\ (y)} \tag{5－11}$$

Disks & Panchenko（2006）将原假设公式（5－4）修正为：

$$q_g\equiv E\left[\left(\frac{f_{X,Y,Z}\ (X,\ Y,\ Z)}{f_Y\ (Y)}-\frac{f_{X,Y}\ (X,\ Y)}{f_Y\ (Y)}\times\frac{f_{Y,Z}\ (Y,\ Z)}{f_Y\ (Y)}\right)g\ (X,\ Y,\ Z)\right]=0 \tag{5－12}$$

公式（5－12）中，g（x，y，z）是一个正权重函数（positive weight function），令g（x，y，z）$=f_Y^2$（y），则式（5－12）可简化为式（5－13）：

$$q=E[f_{X,Y,Z}\ (X,\ Y,\ Z)\ f_Y\ (Y)\ -f_{X,Y}\ (X,\ Y)\ f_{Y,Z}\ (Y,\ Z)] \tag{5－13}$$

其中，q估计值为公式（5－14）：

$$T_n(\varepsilon) = \frac{(2\varepsilon)^{-d_X-2d_y-d_Z}}{n(n-1)(n-2)}\sum_i\left[\sum_{k,k\neq i}\sum_{j,j\neq i}(I_{ik}^{XYZ}I_{ij}^{Y}-I_{ik}^{XY}I_{ij}^{YZ})\right] \quad (5-14)$$

其中，$I_{ij}^{W}=I(\|W_i-W_j\|<\varepsilon)$，表示对于 $Y=y_i$ 的条件下，X 和 Z 的条件分布的局部 BDS 统计量的平均。定义 $\hat{f}_W(W_i)$ 为 d_W 维随机变量 W 在 W_i 值处的局部密度函数估计值（local density estimators）：$\hat{f}_W(W_i)=\frac{(2\varepsilon)^{-dw}}{n-1}\sum_{j,j\neq 1}I_{ij}^{W}$，则 $T_n(\varepsilon)$ 进一步简化为式（5－15）：

$$T_n(\varepsilon) = \frac{(n-1)}{n(n-2)}\sum_i(\hat{f}_{X,Y,Z}(X_i, Y_i, Z_i)\hat{f}_Y(Y_i)-\hat{f}_{X,Y}(X_i, Y_i)\hat{f}_{Y,Z}(Y_i, Z_i)) \quad (5-15)$$

令 $d_X=d_Y=d_Z=1$，则最优宽带为 $\varepsilon=Cn^{-\beta}$，$\beta\in\left(\frac{1}{4}, \frac{1}{3}\right)$，$\varepsilon_n$ 为带宽参数（bandwidths），根据 Disk & Panchenko（2006）测算，ε_n 的选择一般在 0.47 到 1.5 之间。T_n 检验统计量渐进服从标准的正态分布：$\sqrt{n}\frac{(T_n(\varepsilon_n)-q)}{S_n}\xrightarrow{d}N(0, 1)$，其中$\xrightarrow{d}$，代表分布收敛，$S_n$ 为 $T(\bullet)$ 渐进方差估计值。

（2）DCC－MVGARCH－BEKK 模型

第一，动态相关系数模型（DCC － MVGARCH）设定。Bollerslev（1990）提出 CCC－MVGARCH 模型（constant conditional correlation），Engle（2002）改进 CCC－MVGARCH 模型假定，构建动态相关系数模型（Dynamic Conditional Correlation），DCC 模型较好捕捉金融数据的动态相关性。以学者们运用的比较多的 DCC－MVGARCH（1，1）模型为例，假定金融资产收益率为，为 2 维列向量，服从均值为零、条件方差协方差矩阵为 H_t 的多元正态分布。

$$r_t|\Omega_{t-1}\sim \mathrm{N}(0, \mathrm{H_t}) \quad (5-16)$$

式（5－16）中 Ω_{t-1}为（t－1）期的信息集，H_t 为 2×2 阶条件方差协方差矩阵，H_t 可写成式（5－17）：

$$H_t=D_tR_tD_t \quad (5-17)$$

其中，D_t 为时变标准差矩阵，满足 $D_t = diag\{\sqrt{h_{it}}\} = \begin{bmatrix} h_{11,t} & h_{12,t} \\ h_{21,t} & h_{22,t} \end{bmatrix}^{\frac{1}{2}}$，$h_{it}$是从单个变量条件异方差模型（GARCH）中得到的时变方差。R_t 为 2×2 阶动态相关系数矩阵，满足 $R_t = [\rho_{i,j,t}]_{2\times 2}$，其中，$\rho$ 为单个变量相关系数：$\rho_{i,j,t} = \frac{q_{i,j,t}}{\sqrt{q_{i,i,t},\ q_{j,j,t}}}$，Engle 定义 MVGARCH 模型的动态异方差为 $q_{i,j,t}$：

$$q_{i,j,t} = \bar{\rho}_{i,j}\left(\frac{1-\theta_1-\theta_2}{1-\theta_2}\right) + \theta_1 \sum_{s=1}^{\infty} \theta_2^{s-1}\mu_{i,t-s}\mu_{j,t-s} \quad (5-18)$$

式（5－18）中，$\bar{\rho}_{i,j}$为$\mu_{i,t}$和$\mu_{j,t}$的无条件相关系数（unconditional correlation）。

R_t 动态时变特征主要取决于公式（5－19）、（5－20）。

$$R_t = diag(Q_t)^{-1}Q_t diag(Q_t)^{-1} \quad (5-19)$$

$$Q_t = (1-\theta_1-\theta_2)S + \theta_1\mu_{t-1}\mu'_{t-1} + \theta_2 Q_{t-1} \quad (5-20)$$

其中，$Q_t = \begin{bmatrix} q_{11,t} & q_{12,t} \\ q_{21,t} & q_{22,t} \end{bmatrix}$，式（5－20）中，$\mu_t$ 为标准化残差序列，满足 $\mu_t = D_t^{-1}r_t$，Q_t 为标准化残差，μ_t 的方差—协方差矩阵，θ_1、θ_2 为 DCC－MVGARCH 模型的系数，满足 $\theta_1 \geq 0$，$\theta_2 \geq 0$，$0 < \theta_1 + \theta_2 < 1$ 的约束条件，S 为μ_t 的无条件相关系数矩阵，满足 $S = E[u_t u'_t]$。

DCC－MVGARCH 模型中参数采用极大似然法估计（Engle，2002），构建两阶段对数似然函数，对数似然函数见公式（5－21）：

$$\begin{aligned} L &= -\frac{1}{2}\sum_{t=1}^{T}(n\log(2\pi) + \log|H_t| + r'_t H_t^{-1} r_t) \\ &= -\frac{1}{2}\sum_{t=1}^{T}(n\log(2\pi) + \log|D_t R_t D_t| + r'_t D_t^{-1} R_t^{-1} D_t^{-1} r_t) \\ &= -\frac{1}{2}\sum_{t=1}^{T}(n\log(2\pi) + 2\log|D_t| + \log|R_t| + \mu'_t R_t^{-1}\mu_t) \\ &= -\frac{1}{2}\sum_{t=1}^{T}(n\log(2\pi) + 2\log|D_t| + r'_t D_t^{-1} D_t^{-1} r_t - \mu'_t\mu_t + \log|R_t| + \mu'_t R_t^{-1}\mu_t) \end{aligned} \quad (5-21)$$

公式（5－21）可以分成两部分：D_t 波动项 L_V 和μ_t 相关系数项 L_C，所以，DCC－MVGARCH 模型参数估计分两个阶段：第一步，从单个变量的条件异方差模型中估计出波动项的相关参数；第二步，根据 $\mu_t = D_t^{-1} r_t$ 估算相关系数项参数。

$$\begin{aligned} L(\theta, \varphi) &= L_V(\theta) + L_C(\theta, \varphi) \\ &= \left[-\frac{1}{2} \sum_t \left(n\log(2\pi) + \log|D_t|^2 + r_t' D_t^{-2} r_t \right) \right] + \\ &\quad \left[-\frac{1}{2} \sum_t \left(\log|R_t| + \mu_t' R_t^{-1} \mu_t - \mu_t' \mu_t \right) \right] \end{aligned} \tag{5-22}$$

第二，MVGARCH－BEKK 模型设定。Engle & Kroner（1995）提出 MVGARCH－BEKK 模型，优点在于估计参数较少且能够保证方差矩阵的正定性，设定均值方程为式（5－23），式（5－23）残差的条件协方差矩阵（conditional covariance matrix）为 H_t，H_t 展开为式（5－24）。

$$Y_t = G_i + \sum_{i=1}^{p} \varphi_i Y_{t-i} + \varepsilon_i,\ \varepsilon_i \sim \mathrm{N}(0,\ \mathrm{H_t}) \tag{5-23}$$

$$H_t = CC' + \sum_{i=1}^{p} A_i' (\varepsilon_{t-i}\varepsilon_{t-i}') A_i + \sum_{j=1}^{q} B_j' H_{t-j} B_j \tag{5-24}$$

式（5－24）中 C 为下三角矩阵，保证 H_t 正定性，假定 $n=2$，$p=1$，$q=1$，则 A、B 为 2×2 阶矩阵，A'、B' 分别为 A、B 转置矩阵。令 $C = \begin{bmatrix} c_{11} & 0 \\ c_{12} & c_{22} \end{bmatrix}$，$A = \begin{bmatrix} \alpha_{11} & \alpha_{12} \\ \alpha_{21} & \alpha_{22} \end{bmatrix}$，$B = \begin{bmatrix} \beta_{11} & \beta_{12} \\ \beta_{21} & \beta_{22} \end{bmatrix}$，$H_t = \begin{bmatrix} h_{11,t} & h_{12,t} \\ h_{21,t} & h_{22,t} \end{bmatrix}$，$H_t$ 可以写成式（5－25），并将式（5－25）展开写成方程组（5－26）、（5－27）、（5－28）。

$$\begin{aligned} H_t &= CC' + A\varepsilon_{t-1}\varepsilon_{t-1}'A' + BH_{t-1}B' \\ &= \begin{bmatrix} c_{11} & 0 \\ c_{12} & c_{22} \end{bmatrix} \begin{bmatrix} c_{11} & c_{21} \\ 0 & c_{22} \end{bmatrix} + \begin{bmatrix} \alpha_{11} & \alpha_{21} \\ \alpha_{12} & \alpha_{22} \end{bmatrix} \begin{bmatrix} \varepsilon_{1,t-1}^2 & \varepsilon_{1,t-1}\varepsilon_{2,t-1} \\ \varepsilon_{2,t-1}\varepsilon_{1,t-1} & \varepsilon_{2,t-1}^2 \end{bmatrix} \begin{bmatrix} \alpha_{11} & \alpha_{12} \\ \alpha_{21} & \alpha_{22} \end{bmatrix} \\ &\quad + \begin{bmatrix} \beta_{11} & \beta_{21} \\ \beta_{12} & \beta_{22} \end{bmatrix} \begin{bmatrix} h_{11,t-1} & h_{12,t-1} \\ h_{21,t-1} & h_{22,t-1} \end{bmatrix} \begin{bmatrix} \beta_{11} & \beta_{12} \\ \beta_{21} & \beta_{22} \end{bmatrix} \end{aligned} \tag{5-25}$$

$$\begin{aligned} h_{11,t} &= c_{11}^2 + \alpha_{11}^2 \varepsilon_{1,t-1}^2 + \alpha_{21}^2 \varepsilon_{2,t-1}^2 + 2\alpha_{11}\alpha_{21}\varepsilon_{1,t-1}\varepsilon_{2,t-1} + \beta_{11}^2 h_{11,t-1} + \beta_{21}^2 h_{22,t-1} \\ &\quad + 2\beta_{11}\beta_{21} h_{21,t-1} \end{aligned} \tag{5-26}$$

$$\begin{aligned} h_{22,t} &= c_{22}^2 + \alpha_{12}^2 \varepsilon_{1,t-1}^2 + \alpha_{22}^2 \varepsilon_{2,t-1}^2 + 2\alpha_{12}\alpha_{22}\varepsilon_{1,t-1}\varepsilon_{2,t-1} + \beta_{12}^2 h_{11,t-1} + \beta_{22}^2 h_{22,t-1} \\ &\quad + 2\beta_{22}\beta_{12} h_{21,t-1} \end{aligned} \tag{5-27}$$

$$h_{12,t}=h_{21,t}=c_{11}c_{12}+\alpha_{11}\alpha_{12}\varepsilon_{1,t-1}^{2}+(\alpha_{12}\alpha_{21}+\alpha_{11}\alpha_{22})\varepsilon_{1,t-1}\varepsilon_{2,t-1}+\alpha_{21}\alpha_{22}\varepsilon_{2,t-1}^{2}+\beta_{11}\beta_{12}h_{11,t-1}+(\beta_{12}\beta_{21}+\beta_{11}\beta_{22})h_{12,t-1}+\beta_{21}\beta_{22}h_{22,t-1} \quad (5-28)$$

公式（5－26）、（5－27）、（5－28）中 $h_{11,t}$为变量 1 的条件方差序列，$h_{22,t}$为变量 2 的条件方差序列，$h_{12,t}$和 $h_{21,t}$为变量 1 和变量 2 的条件协方差序列，满足 $h_{12,t}=h_{21,t}$。当 $i=j$ 时，系数 α_{ij}、β_{ij}表示市场收益率波动自身 ARCH 效应和 GARCH 效应，分别衡量变量波动的聚集性和持续性；当 $i\neq j$ 时，系数 α_{ij}、β_{ij}分别表示变量 i 对变量 j 的 ARCH 波动溢出效应和 GARCH 波动溢出效应。利用 Wald 检验判定 MVGARCH－BEKK 模型的条件协方差系数是否显著等于零，设定三个原假设。

假设 1：$\alpha_{12}=\beta_{12}=\alpha_{21}=\beta_{21}=0$，变量 1 和变量 2 之间不存在相互的波动溢出效应；

假设 2：$\alpha_{12}=\beta_{12}=0$，变量 1 对变量 2 不存在波动溢出效应；

假设 3：$\alpha_{21}=\beta_{21}=0$，变量 2 对变量 1 不存在波动溢出效应。

（3）变量设定

在岸与离岸人民币汇率价差（*cnycnh*）：人民币兑美元在岸即期汇率 CNY 和离岸即期汇率 CNH 的日交易数据之差，在岸人民币汇率减去离岸人民币汇率得到，正数表示在岸人民币价格低于离岸人民币价格，负数表示在岸人民币价格高于离岸人民币价格。

2004 年 2 月，香港的商业银行开始试办个人人民币业务，包括存款、汇款、兑换和信用卡业务，这是离岸人民币市场发展的开端。2010 年 7 月 19 日，中国人民银行和香港金融管理局签署了以放松离岸人民币市场管制为核心的合作谅解备忘录，这标志着香港离岸人民币市场初步形成，此后 CNH 在持续的政策支持下取得了飞速的发展。香港离岸人民币市场的建立是人民币走向世界的一个重要标志，但是也带来了一个问题：人民币存在两价格，一个是传统的境内银行间外汇市场 CNY 的人民币汇率，另一个则是新兴的 CNH 市场的人民币汇率，离、在岸市场都以人民币为交易标的，但由于所处市场的参与主体、监管程度、交易规模、产品结构都不相同，使得离、在岸人民币汇率存在差异。CNY 市场即期汇率主要受到央行政策影响，

CNH 市场离岸汇率所处的离岸外汇市场管制较少，作为自由浮动的汇率更多受市场供求、汇率预期等因素的影响，投资者可在 CNY 市场和 CNH 市场利用汇差进行套汇，在 CNY 市场和 NDF 市场利用利率平价机制对远期头寸平盘。

根据 CNY 汇率、CNH 汇率和汇差（*cnycnh*）的走势显示，“8·11”汇改前，香港人民币离岸市场（CNH）与人民币在岸市场（CNY）的汇差基本是稳定单边的，不是稳定的单边升值预期就是稳定的单边贬值预期。2015 年 8 月 11 日汇改后，央行放松了对人民币中间价的干预，中间价由“收盘价 + 一篮子汇率”的市场价决定，融入更多市场因素的人民币汇率波动幅度变大，单边预期被打破，汇率差呈现震荡趋势。“8·11”汇改当日，人民币离、在岸汇率汇差达到 0.1729，远高于之前 ±0.1 的变动幅度，表明央行放开定价权后离岸市场汇率对在岸汇率产生了重大影响，市场弹性加大（高杰英、廉永辉，2020）。

人民币汇率预期（*ndf*）：以 NDF 汇率作为代表变量，NDF 市场反应了境外市场主体对人民币远期汇率升值与否的预期，是市场化的人民币远期汇率。人民币 NDF 市场作为一个自由化的、离岸的人民币外汇市场，其参与者主要是由国外的金融机构组成，由于其不需要像国内的远期外汇（DF）市场一样，参与者要根据“实需”原则来进行交易，也不需要接受央行的指导和管制，因此该市场具有较大的投机性和波动性。

美国金融市场恐慌指数（*vix*）。作为国际金融市场波动的代理变量一，反映全球风险水平的参数。VIX 指数全称为芝加哥期权交易所波动率指数（Chicago Board Options Exchange Volatility Index），用以反映 S&P500 指数期货的波动程度，测量未来 30 天市场预期的波动程度，通常用来评估未来风险，作为衡量市场风险和投资者恐慌度的指标，指数值越大，代表着股市不稳定因素增加，投资者的投资情绪越是焦虑，预期市场形势走低；指数值越小，代表股市状态良好，投资者信心充足，预期市场形势走高。很多学者直接使用 VIX 指数来衡量全球金融市场的恐慌程度，如 Cairns et al（2007），Longstaff et al（2011）等。

尽管 VIX 只预期美国股市的波动性，但由于它涵盖了美国的大多数上市公司，其中包括许多拥有全球性经营网络的跨国公司，因而它逐渐成为反映全球市场风险度和投资者恐慌度的通用指标，又被称为“恐慌指数”。只要任何一个主要经济体或地区的金融市场出现危机，且有可能殃及全球金融市场时，恐慌指数就会上升。比如，2008 年 10 月，美国金融一度濒临绝境，而当时的 VIX 也创下历史新高。2010 年 6 月，欧元区债务危机持续发酵。2010 年 9 月，美国债务上限僵局被打破，VIX 指数则相应地两次都出现了快速上升。值得关注的是，不管 VIX 大涨是否可以归结为人们对美国或其他国家金融市场的担忧，但最终带来的影响几乎都如出一辙。通常情况下，在该指数快速上涨的前后几个月里，资金均会大量涌入美国，这些资金大多流向了美国国债，压低了国债的收益率，债券价格因需求旺盛而上涨，于是，债券的收益率或者利率则会相应降低。尽管美国的利率水平较低，但资金流入意味着对美元的需求增加，这就抬高了美元相对其他主要货币的汇率。

欧洲金融市场的波动指数（*dax*），作为国际金融市场波动的代理变量二。欧洲 DAX New Volatility 指数是在德国法兰克福交易的一种隐含波动率指数，用来预测德国股票指数 DAX 未来 30 天的波动程度，与 VIX 指数相似，常被用来预测未来欧洲市场的波动程度（Cairns et. al，2007）。

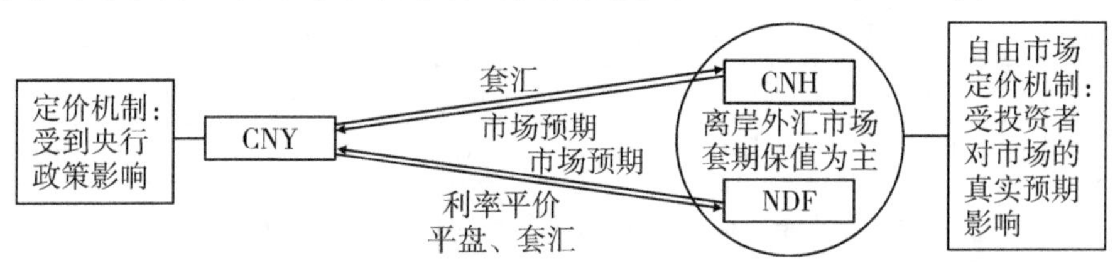

图 5－11　离岸、在岸汇率相关影响机制

（4）数据说明

基于数据可得性，样本区间选择为 2012 年 5 月至 2020 年 7 月，过滤由于交易日不同造成的“黑洞数据”，得到每个期限交易品种的观测数据为 1842 个交易日的数据，所有数据均来自 wind 数据库。为消除变量不平稳性，避免伪回归，采用 NDF、VIX、DAX 三个变量的收益率序列 *rndf*、*rvix*、*rdax* 作为研究对象（见图 5－12），这也是现有文献通用的做法，有助于更好地反应其变动特征。计算公式为：$r_{i,t}=100\times(\ln p_{i,t}-\ln p_{i,t-1})$，其中 $r_{i,t}$ 代表市场 i 在第 t 日收益率，$p_{i,t}$代表市场 i 在第 t 日价格，$p_{i,t-1}$在第（t－1）

日价格，如图5－12所示，人民币在岸市场和离岸市场的汇差（*cnycnh*）与NDF汇率波动率比较相似，美国金融市场恐慌指数（VIX）与欧洲金融市场波动指数（DAX）波动率的趋势非常相似。

对各变量作描述性统计分析（见表5－6），从偏度来看，各期限交易品种利率都表现出了有偏态的特征，除了汇差（*cnycnh*）为“左偏”，*rndf*、*rvix*、*rdax* 三个变量均呈现“右偏”的特征。从峰度来看，四个变量的峰度都大于3，呈现“尖峰厚尾”特征。从Jarque－Bera统计量来看，均在1%显著性水平下，拒绝了“正态分布”的原假设，说明四个变量均不服从正态分布。从Q统计量来看，进行Ljung－Box检验，结果表明原序列的Q（6）统计量均在1%的检验水平上显著，这表明四个变量均存在自相关现象。采用ADF检验方法和PP检验方法，对变量进行平稳性检验，均显示为平稳变量。综上所述，从描述性统计来看，四个变量均呈现尖峰、厚尾、有偏的非正态分布，存在明显的线性自相关。

表5－6　变量描述性统计

变量	均值	最大值	最小值	标准差	偏度	峰度	JB检验	Q（6）	ADF检验	PP检验
cnycnh	－0.004	0.09	－0.18	0.02	－1.48	10.71	5239.39	3717	－8.572***	－16.432***
rndf	0.01	3.72	－1.43	0.28	1.86	26.91	44952.05	19.99	－31.734***	－40.232***
rvix	0.39	115.60	－39.13	9.05	2.34	21.75	28659.50	19.53	－46.122***	－46.218***
rdax	0.24	50.81	－30.93	6.83	1.05	8.23	2434.86	16.42	－43.182***	－43.254***

注：J－B统计量为正态性检验统计量；Q（6）表示序列滞后6阶自相关系数联合为零的L－Q统计量。

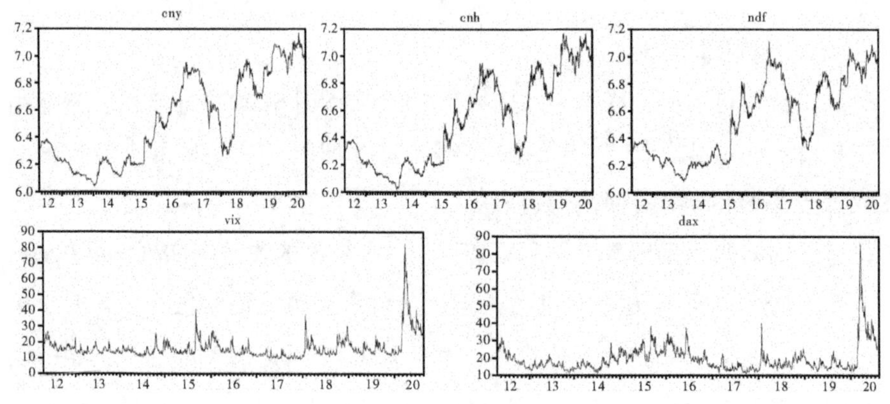

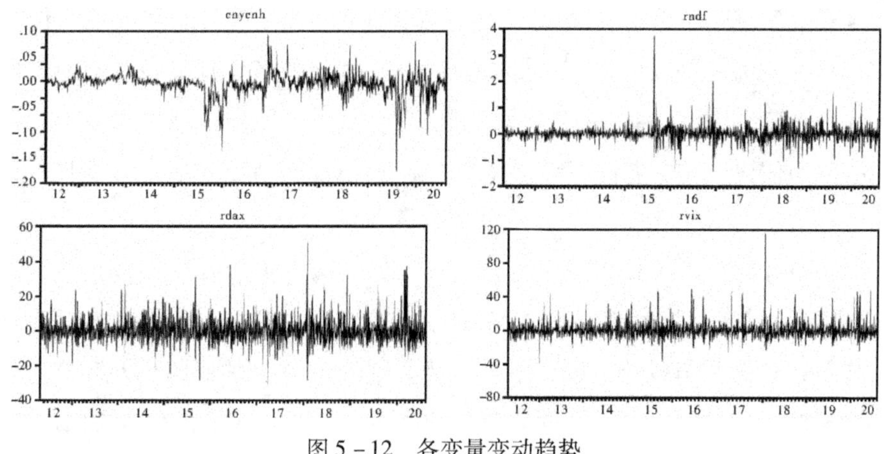

图 5－12 各变量变动趋势

5.2.3 实证分析

（1）BDS 非线性检验

金融数据往往呈现出显著的非线性动态变化趋势，有必要进行非线性检验，如果确认在变量间存在显著非线性特征，则必须摒弃传统的 Granger 因果检验方法，主要采用 BDS 法检验变量间是否存在非线性关系。Brock－Dechert－Scheinkman 检验方法（BDS 检验）是基于跨期空间分布概率检验残差的非线性检验，由 Brock，Scheinkman & Dechert（1995）结合相关性积分（Correlation Integral）提出，主要用来测度时间序列变量是否存在非线性关系。对于时间序列数据 X_t：$X_t^m = \{x_t, x_{t+1}, \cdots, x_{t+m-1}\}$，其中 $\{t=1, \cdots, T\}$，定义 X_t 相关积分（Correlation integral）形式 $C_m(\varepsilon)$ 为：

$$C_m(\varepsilon, T) = \frac{2}{n(n-1)} \sum_{t<s} I_\varepsilon(X_t^m - X_s^m) \tag{5-29}$$

式（5－29）中，T 为样本总量，ε 为宽带，$n = T - m + 1$，$I_\varepsilon(X_t^m - X_s^m)$ 为指示函数（Indicator Function），定义如式（5－30）所示，其中 $\|\bullet\|$ 为最大范数（maximum norm）。

$$I_\varepsilon(X_t^m, X_s^m) = \begin{cases} 1, & \|X_t^m - X_s^m\| < \varepsilon \\ 0, & \|X_t^m - X_s^m\| \geq \varepsilon \end{cases} \tag{5-30}$$

定义 BDS 统计量，见公式（5－31）

$$BDS_m(\varepsilon, T) = \frac{n^{1/2} \times [C_m(\varepsilon, T) - C_1(\varepsilon, T)^m]}{\sigma_m(\varepsilon, T)} \tag{5-31}$$

式（5-31）中，$n^{1/2} \times [C_m(\varepsilon, T) - C_1(\varepsilon, T)^m]$渐进服从均值为零，标准差为$\sigma_m(\varepsilon, T)$的标准正态分布，BDS检验的原假设为“时间序列$x_t$的残差服从独立同分布”，如果原假设成立，则表明变量为线性的；如果拒绝原假设，意味着原方程存在不能完全解释的非线性信息，则表明变量为非线性的。

BDS非线性检验具体步骤如下：第一步，基于SC和AIC信息准则选定最优滞后期，分别建立双变量VAR模型；第二步，过滤VAR模型的线性依存成分，获得回归残差；第三步，对经“线性过滤”的回归残差序列进行BDS检验，如果拒绝“独立同分布”的原假设，那么变量存在非线性趋势。为了保证稳健性和可靠性，综合考虑了嵌入向量维度为2—10的BDS检验结果（见表5-7），可知BDS检验结果非常稳健，BDS统计量均在1%显著性水平下拒绝了“独立同分布”的线性关系原假设，表明变量之间呈现非线性动态变化趋势，可以对其进行非线性格兰杰因果关系检验。

表5-7　BDS非线性检验

滞后期 变量	BDS检验								
	2	3	4	5	6	7	8	9	10
cnycnh & *rvix*	0.035***	0.072***	0.100***	0.118***	0.129***	0.133***	0.132***	0.130***	0.125***
	(13.971)	(18.167)	(21.065)	(23.982)	(27.075)	(30.491)	(34.285)	(38.950)	(44.718)
rvix & *cnycnh*	0.013***	0.031***	0.043***	0.049***	0.050***	0.047***	0.042***	0.036***	0.031***
	(6.078)	(9.071)	(10.535)	(11.510)	(12.131)	(12.470)	(12.577)	(12.830)	(13.106)
cnycnh & *rdax*	0.037***	0.073***	0.100***	0.118***	0.128***	0.132***	0.132***	0.129***	0.124***
	(14.577)	(18.138)	(20.887)	(23.704)	(26.675)	(29.984)	(33.685)	(38.156)	(43.634)
rdax & *cnycnh*	0.034***	0.058***	0.078***	0.089***	0.092***	0.090***	0.085***	0.078***	0.071***
	(13.778)	(15.027)	(16.950)	(18.591)	(19.924)	(21.204)	(22.582)	(24.161)	(26.175)
rndf & *rvix*	0.023***	0.046***	0.062***	0.074***	0.080***	0.081***	0.079***	0.075***	0.071***
	(9.409)	(11.719)	(13.095)	(15.030)	(16.821)	(18.608)	(20.493)	(22.809)	(25.539)
rvix & *rndf*	0.013***	0.032***	0.044***	0.049***	0.050***	0.047***	0.042***	0.037***	0.032***
	(6.069)	(9.223)	(10.706)	(11.650)	(12.261)	(12.576)	(12.675)	(12.933)	(13.217)
rndf & *rdax*	0.023***	0.046***	0.061***	0.072***	0.078***	0.079***	0.077***	0.074***	0.070***
	(9.213)	(11.651)	(12.939	(14.703	(16.470	(18.248	(20.078	(22.318	(25.022)
rdax & *rndf*	0.012***	0.022***	0.031***	0.035***	0.036***	0.033***	0.030***	0.026***	0.023***
	(5.904)	(6.518)	(7.713)	(8.530)	(8.931)	(9.172)	(9.310)	(9.459)	(9.817)

续表

滞后期 变量	BDS 检验								
	2	3	4	5	6	7	8	9	10
cnycnh &	0.037 ***	0.073 ***	0.099 ***	0.117 ***	0.127 ***	0.131 ***	0.130 ***	0.127 ***	0.123 ***
rndf	(14.730)	(18.360)	(20.908)	(23.732)	(26.586)	(29.833)	(33.528)	(38.061)	(43.676)
rndf &	0.025 ***	0.048 ***	0.063 ***	0.073 ***	0.077 ***	0.078 ***	0.075 ***	0.071 ***	0.067 ***
cnycnh	(10.198)	(12.105)	(13.403)	(14.719)	(16.144)	(17.759)	(19.393)	(21.361)	(23.709)
rvix &	0.013 ***	0.031 ***	0.043 ***	0.049 ***	0.049 ***	0.046 ***	0.041 ***	0.036 ***	0.031 ***
rdax	(6.144)	(9.106)	(10.714)	(11.582)	(12.165)	(12.442)	(12.565)	(12.863)	(13.219)
rdax &	0.011 ***	0.021 ***	0.029 ***	0.034 ***	0.034 ***	0.032 ***	0.028 ***	0.025 ***	0.022 ***
rvix	(5.464)	(6.405)	(7.574)	(8.374)	(8.731)	(8.935)	(9.063)	(9.160)	(9.484)

注：（1）双变量 VAR 模型最优滞后期基于 AIC、SC 和 HQ 信息准则确定；（2）嵌套维度（Embedding Dimension）分别取 2—10；（3）括号内的数值为 Z 统计量；（4）***、**及*分别表示在 1%、5% 及 10% 显著性水平上拒绝“线性”的原假设。“*cnycnh* & *rvix*”表示基于 *cnycnh* 与 *rvix* 双变量 VAR 模型中以 *cnycnh* 为被解释变量所获得回归残差的 BDS 非线性检验；“*rvix* & *cnycnh*”表示基于 *rvix* 与 *cnycnh* 双变量 VAR 模型中以 *rvix* 为被解释变量所获得回归残差的 BDS 非线性检验，以此类推。

（2）均值溢出效应分析

金融市场报酬溢出效应或者称为均值溢出效应，是基于确定性信息的可预期反映，反映了两个或者两个以上不同市场之间价格变动的相互影响。使用 Diks & Panchenko（2006）提出的非参数 Tn 检验方法检验变量间的非线性 Granger 因果关系，非参数 Tn 检验方法较好考虑了金融时间序列数据之间的非线性关系，克服了传统格兰杰因果检验的局限性。由于格兰杰因果检验结果对滞后阶数选择是非常敏感的，处于稳健对比考虑，表 5－8 罗列了共同滞后阶数为 1—6 的检验结果（$Lx = Ly$，$x = 1$，…6，$y = 1$，…，6），但由于金融市场信息流动时效性较强，短期内溢出结果说服力较高，且随着共同滞后阶数的增加，非参方法做出误判的可能性增加，格兰杰因果检验功效下降，滞后期超过 6 期的可信度结果不高（周璞、李自然，2012；杨子晖、赵永亮，2013），有鉴于此，着重研究滞后期为 1—5 期统计检验结果。

第一，人民币汇差和国际金融市场。“*cnycnh* 不是 *rvix* 的非线性格兰杰原因”的原假设被显著拒绝，“*rvix* 不是 *cnycnh* 的非线性格兰杰原因”也被显著拒绝，这表明人民币汇差（*cnycnh*）和美国金融市场 VIX 指数存在双向的非线性格兰杰因果关系，即双向的报酬溢出效应。

“*cnycnh* 不是 *rdax* 的非线性格兰杰原因”的原假设被显著拒绝，与此同时，“*rdax* 不是 *cnycnh* 的非线性格兰杰原因”的原假设被显著拒绝，说明人民币汇差和欧洲金融市场 DAX 指数存在双向的报酬溢出效应。

第二，人民币汇率预期和国际金融市场。“*rndf* 不是 *rvix* 的非线性格兰杰原因”的原假设被接受，“*rvix* 不是 *rndf* 的非线性格兰杰原因”被显著拒绝，这表明美国金融市场 VIX 指数对人民币汇率预期 NDF 汇率存在单向的非线性格兰杰因果关系，即人民币 NDF 汇率对美国金融市场 VIX 指数不存在报酬溢出效应，但美国金融市场 VIX 指数对人民币 NDF 汇率存在报酬溢出效应。

“*rndf* 不是 *rdax* 的非线性格兰杰原因”的原假设被显著拒绝，与此同时，“*rdax* 不是 *rndf* 的非线性格兰杰原因”被显著拒绝，这表明人民币汇率预期 NDF 汇率和欧洲金融市场 DAX 指数存在双向的报酬溢出效应。

第三，人民币汇差和人民币汇率预期。“*cnycnh* 不是 *rndf* 的非线性格兰杰原因”的原假设被显著拒绝，与此同时，“*rndf* 不是 *cnycnh* 的非线性格兰杰原因”被显著拒绝，这表明人民币汇差（*cnycnh*）和人民币汇率预期（*rndf*）存在双向的非线性格兰杰因果关系，即双向的报酬溢出效应。

第四，美国金融市场和欧洲金融市场。“*rvix* 不是 *rdax* 的非线性格兰杰原因”的原假设被显著拒绝，与此同时，“*rdax* 不是 *rvix* 的非线性格兰杰原因”被显著拒绝，这表明美国金融市场 VIX 指数和欧洲金融市场 DAX 指数存在双向的非线性格兰杰因果关系，即双向的报酬溢出效应。

表 5-8 非线性格兰杰因果检验

原假设	不同滞后阶数下的 Tn 非参数检验（*Lx* = *Ly*）						结论
	1	2	3	4	5	6	
cnycnh ≠→ *rvix*	2.105 (0.018)	1.707 (0.044)	1.523 (0.064)	1.699 (0.045)	1.085 (0.139)	1.101 (0.138)	双向格兰杰因果关系
rvix ≠→ *cnycnh*	1.733 (0.041)	1.972 (0.024)	2.898 (0.002)	2.769 (0.003)	2.875 (0.002)	3.082 (0.001)	

续表

原假设	不同滞后阶数下的 Tn 非参数检验（$Lx = Ly$）						结论
	1	2	3	4	5	6	
cnycnh≠→*rdax*	3.123 (0.001)	2.873 (0.002)	1.808 (0.035)	1.794 (0.036)	1.631 (0.051)	1.015 (0.155)	双向格兰杰因果关系
rdax≠→*cnycnh*	2.326 (0.010)	2.203 (0.014)	2.575 (0.005)	2.117 (0.017)	2.040 (0.021)	1.768 (0.038)	
rndf≠→*rvix*	1.940 (0.026)	1.127 (0.130)	0.850 (0.198)	1.276 (0.101)	1.649 (0.049)	1.487 (0.068)	VIX 指数到 NDF 汇率的单向格兰杰因果关系
rvix≠→*rndf*	1.570 (0.058)	2.164 (0.015)	2.040 (0.021)	1.942 (0.026)	1.810 (0.035)	1.991 (0.023)	
rndf≠→*rdax*	1.990 (0.023)	1.274 (0.100)	1.354 (0.088)	1.756 (0.040)	1.716 (0.043)	1.244 0.106	双向格兰杰因果关系
rdax≠→*rndf*	1.646 (0.050)	2.530 (0.000)	1.388 (0.083)	1.734 (0.041)	2.265 (0.012)	0.952 (0.171)	
cnycnh≠→*rndf*	6.311 (0.000)	6.787 (0.000)	6.618 (0.000)	5.944 (0.000)	5.573 (0.000)	4.931 (0.000)	双向格兰杰因果关系
rndf≠→*cnycnh*	1.689 (0.046)	2.663 (0.004)	4.069 (0.000)	3.765 (0.000)	3.483 (0.000)	3.767 (0.000)	
rvix≠→*rdax*	5.520 (0.000)	6.270 (0.000)	5.649 (0.000)	5.305 (0.000)	4.950 (0.000)	3.899 (0.000)	双向格兰杰因果关系
rdax≠→*rvix*	3.572 (0.000)	3.633 (0.000)	3.086 (0.001)	3.110 (0.000)	2.428 (0.008)	2.399 (0.008)	

注：括号内为 P 值；Tn 检验统计量为右尾检定；$Lx = Ly$ 表示检验中残差序列的滞后阶数；Δ代表差分；带宽为 1.5。

（3）动态相关性分析

利用 DCC－MVGARCH 模型检验人民币汇差（*cnycnh*）、人民币汇率预期（*rndf*）和国际金融市场 VIX 指数（*rvix*）、DAX 指数（*rdax*）的动态相关性，主要分成三大步骤：

第一步，分别对 *cnycnh*、*rndf*、*rvix*、*rdax* 四个变量的条件异方差模型进行估计（见表 5－9），前期均值残差项（ARCH）和前期动态条件异方差项（GARCH）系数之和小于 1，满足 GARCH 模型的参数约束条件，可以看出，四个变量的 GARCH 项较大，说明四个变量的波动更具有长期记忆性。

表 5-9 单个变量 GARCH 模型估计结果

参数	*cnycnh*	*rndf*	*rvix*	*rdax*
均值	0.000** (-2.124)	0.142 (-0.313)	-0.384*** (-2.744)	-0.306*** (-2.268)
常数项	0.000*** (3.523)	0.001** (2.294)	14.999*** (3.983)	4.545*** (2.773)
ARCH 项	0.271*** (10.601)	0.142*** (3.583)	0.187*** (4.044)	0.108*** (3.801)
GARCH 项	0.768*** (44.398)	0.895*** (45.023)	0.658*** (10.207)	0.808*** (15.391)

第二步，根据单个变量条件异方差模型估算结果，对其残差进行标准化，估计出 DCC-MVGARCH 模型参数（见表 5-10），进而得到 *cnycnh*、*rndf*、*rvix*、*rdax* 两两之间的动态相关系数。人民币汇差（*cnycnh*）与美国金融市场 VIX 指数（*rvix*）的 DCC 模型的参数估计结果，参数 $\alpha=0.010$，在 1% 的水平下显著；参数 $\beta=0.845$，在 5% 的水平下显著；参数 $\alpha<\beta$，说明前期条件异方差项（GARCH 项）对当期条件异方差的影响较大；参数 $\alpha+\beta=0.835$，满足 $\alpha+\beta<1$ 的参数约束条件，说明人民币汇差与美国 VIX 指数的动态相关性是稳定的。

人民币汇差（*cnycnh*）与欧洲 DAX 指数（*rdax*）DCC 模型的参数估计结果，参数 $\alpha=-0.006$，不显著；参数 $\beta=0.810$，在 1% 的水平下显著，说明变量前期残差平方项（ARCH 项）对当期条件异方差没有影响，但是前期条件异方差项（GARCH 项）对当期条件异方差的影响较大。$\alpha+\beta=0.804$，满足 $\alpha+\beta<1$ 的参数约束条件，说明人民币汇差与欧洲 DAX 指数动态相关性是稳定的。

人民币汇率预期（*rndf*）与美国 VIX 指数（*rvix*）DCC 模型的参数估计结果，参数 $\alpha=0.025$，在 10% 的水平下显著；参数 $\beta=0.928$，在 1% 的水平下显著，参数 $\alpha<\beta$，说明变量前期残差平方项（ARCH 项）对当期条件异方差的影响较小，前期条件异方差项（GARCH 项）对当期条件异方差的影响较大。$\alpha+\beta=0.953$，满足 $\alpha+\beta<1$ 的参数约束条件，说明人民币汇率预期与美国 VIX 指数的动态相关性是稳定的。

人民币汇率预期（*rndf*）与欧洲 DAX 指数（*rdax*）DCC 模型的参数估

计结果，参数 $\alpha=0.013$，在5%的水平下显著；参数 $\beta=0.928$，在1%的水平下显著；参数 $\alpha<\beta$，说明前期条件异方差项（GARCH 项）对当期条件异方差的影响较大；$\alpha+\beta=0.941$，满足 $\alpha+\beta<1$ 的参数约束条件，说明人民币汇差与欧洲 DAX 指数动态相关性是稳定的。

人民币汇差（*cnycnh*）与人民币汇率预期（*rndf*）的 DCC 模型的参数估计结果，参数 $\alpha=0.004$，在10%的水平下显著；参数 $\beta=0.928$，在1%的水平下显著；参数 $\alpha<\beta$，说明前期条件异方差项（GARCH 项）对当期条件异方差的影响较大；$\alpha+\beta=0.932$，满足 $\alpha+\beta<1$ 的参数约束条件，说明人民币汇差与人民币汇率预期走势的动态相关性是稳定的。

美国金融市场 VIX 指数（*rvix*）与欧洲 DAX 指数（*rdax*）的 DCC 模型的参数估计结果，参数 $\alpha=0.043$，在5%的水平下显著；参数 $\beta=0.529$，在1%的水平下显著；参数 $\alpha<\beta$，说明前期条件异方差项（GARCH 项）对当期条件异方差的影响较大。$\alpha+\beta=0.572$，满足 $\alpha+\beta<1$ 的参数约束条件，说明 VIX 指数与 DAX 指数动态相关性是稳定的。

表 5－10　DCC 模型的参数估计结果

原假设	α	β	$\alpha+\beta$
cnycnh & *rvix*	-0.010*** (-41.994)	0.845*** (4.898)	0.835
cnycnh & *rdax*	-0.006 (-1.178)	0.810*** (2.962)	0.804
rndf & *rvix*	0.025* (1.652)	0.928*** (16.504)	0.953
rndf & *rdax*	0.013** (2.491)	0.928*** (104.636)	0.941
cnycnh & *rndf*	0.004* (1.933)	0.928*** (147.194)	0.932
rvix & *rdax*	0.043** (2.020)	0.529*** (2.632)	0.572

注：1. 变量为 t 分布；2. 括号内为 T 值

第三步，为了更加直观地观察人民币国际化与国际金融市场的关联性，根据 θ_1、θ_2 结果，绘制动态相关系数图（见图 5－13 和表 5－11），变量间的动态相关系数随时间变动而变化的动态特征十分明显。

人民币汇差与国际金融市场呈现负相关关系，人民币汇差与美国 VIX 指数（*cnycnh & rvix*）的动态相关系数均值为 -0.153，人民币汇差与欧洲 DAX 指数（*cnycnh & rdax*）动态相关系数均值为 -0.068。

人民币汇率预期 NDF 汇率（*rndf*）与国际金融市场在绝大多数样本区间呈现正相关关系，呈现同涨同跌的趋势，即一个市场的升值（贬值）波动将同时传递到另一个市场，但也有极个别样本区间呈现负相关关系。人民币汇率预期与美国 VIX 指数（*rndf & rvix*）的动态相关系数均值为 0.130，人民币汇率预期与欧洲 DAX 指数（*rndf & rdax*）动态相关系数均值为 0.142。总体来看，人民币汇差、人民币汇率预期与美国 VIX 指数的动态相关性大于其与欧洲 DAX 指数的动态相关性。

表 5-11　DCC-MVGARCH 模型的动态相关系数

变量	均值	中位数	最大值	最小值	标准差	偏度	峰度	J-B
cnycnh & rvix	-0.153	-0.155	0.042	-0.381	0.022	0.432	22.344	28774.9
cnycnh & rdax	-0.068	-0.069	0.108	-0.135	0.012	3.579	48.027	159538.1
rndf & rvix	0.130	0.123	0.482	-0.129	0.077	0.541	4.871	358.7
rndf & rdax	0.142	0.159	0.391	-0.134	0.102	-0.430	2.708	63.414
cnycnh & rndf	-0.318	-0.298	-0.230	-0.596	0.062	-2.012	7.494	2792.877
rvix & rdax	0.513	0.512	0.843	0.205	0.039	0.484	15.113	11332.150

人民币汇差（*cnycnh*）与人民币汇率预期走势 NDF 汇率（*rndf*）呈现负相关关系；*cnycnh & rndf* 动态相关系数均值为 -0.318。美国 VIX 指数（*rvix*）和欧洲 DAX 指数（*rdax*）呈现正相关关系，*rvix & rdax* 动态相关系数均值为 0.513。

从动态条件相关系数的波动特征来看，人民币汇差（*cnycnh*）与美国 VIX 指数（*cnycnh & rvix*）、人民币汇差与欧洲 DAX 指数（*cnycnh & rdax*）、人民币汇率预期走势 NDF 汇率与美国 VIX 指数（*rndf & rvix*）、美国 VIX 指数和欧洲 DAX 指数（*rvix & rdax*）的相关系数上下波动较为剧烈和频繁，且呈现一定程度的集聚性。而人民币汇率预期 NDF 汇率（*rndf*）与欧洲 DAX 指数（*rndf & rdax*）和人民币汇差与人民币汇率预期（*cnycnh & rndf*）之间的相关系数波动相对平缓，并没有表现出明显的集聚特征。

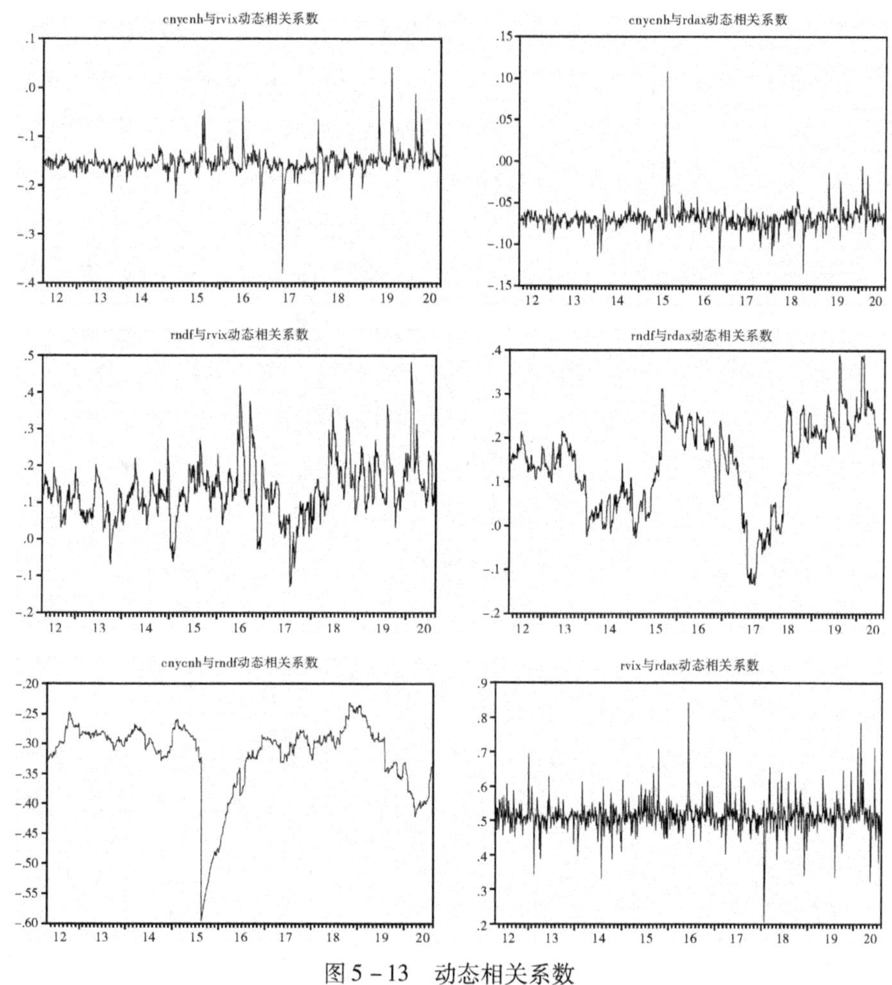

图 5－13　动态相关系数

（4）波动溢出效应分析

金融市场波动溢出效应是基于不确定性信息的随机反映，反映了两个或者两个以上不同市场之间价格波动的影响。人民币国际化和国际金融市场的联动关系不仅包括价格报酬溢出传导关系，还包括波动溢出传导关系，采用 BFGS 算法估计变量间的 MVGARCH－BEKK（1，1）模型（见表 5－12），对波动溢出效应的方向和大小进行判断。MVGARCH－BEKK 模型能够反映变量之间的 ARCH 效应（α_{11}、α_{22}）、GARCH 效应（β_{11}、β_{22}）以及变量间的波动溢出效应（α_{12}，α_{21}，β_{12}，β_{21}）。

从 MVGARCH－BEKK 模型系数矩阵 A 来看，*cnycnh*、*rndf*、*rvix*、*rdax*

的模型估计参数α_{11}、α_{22}均显著不为零，这意味着各变量自身均具有显著波动聚集性的GARCH型效应。同样，从系数矩阵B来看，*cnycnh*、*rndf*、*rvix*、*rdax*的模型估计参数β_{11}、β_{22}均通过显著性检验，这意味着各变量自身具有显著的波动持续性GARCH型效应。对MVGARCH－BEKK模型估计结果进行Wald检验，检验参数的显著性，结果见表5－13。

第一，人民币汇差与国际金融市场。根据人民币汇差与美国VIX指数的Wald检验结果（*cnycnh & rvix*），“$\alpha_{12}=\beta_{12}=0$”“$\alpha_{12}=\beta_{12}=\alpha_{21}=\beta_{21}=0$”两个原假设被拒绝，“$\alpha_{21}=\beta_{21}=0$”原假设被接受，说明人民币汇差（*cnycnh*）到美国金融市场VIX指数（*rvix*）存在单向的波动溢出效应。

根据人民币汇差与DAX指数的Wald检验结果（*cnycnh & rdax*），“$\alpha_{12}=\beta_{12}=0$”“$\alpha_{21}=\beta_{21}=0$”“$\alpha_{12}=\beta_{12}=\alpha_{21}=\beta_{21}=0$”三个原假设均被拒绝，说明人民币汇差（*cnycnh*）和欧洲金融市场DAX指数（*rdax*）存在双向的波动溢出效应。

第二，人民币汇率预期NDF汇率与国际金融市场。根据人民币汇率预期走势与VIX指数的Wald检验结果（*rndf & rvix*），“$\alpha_{12}=\beta_{12}=0$”“$\alpha_{21}=\beta_{21}=0$”“$\alpha_{12}=\beta_{12}=\alpha_{21}=\beta_{21}=0$”三个原假设均被拒绝，说明人民币汇率预期NDF汇率（*rndf*）和美国金融市场VIX指数（*rvix*）存在双向的波动溢出效应。

根据人民币汇率预期NDF汇率与DAX指数的Wald检验结果（*rndf & rdax*），“$\alpha_{12}=\beta_{12}=0$”“$\alpha_{21}=\beta_{21}=0$”“$\alpha_{12}=\beta_{12}=\alpha_{21}=\beta_{21}=0$”三个原假设均被拒绝，说明人民币汇率预期NDF汇率（*rndf*）和欧洲金融市场DAX指数（*rdax*）存在双向的波动溢出效应。

第三，人民币汇差与人民币汇率预期NDF汇率（*cnycnh & rndf*），“$\alpha_{12}=\beta_{12}=0$”“$\alpha_{21}=\beta_{21}=0$”“$\alpha_{12}=\beta_{12}=\alpha_{21}=\beta_{21}=0$”三个原假设均被拒绝，说明人民币汇差（*cnycnh*）和人民币汇率预期NDF汇率（*rndf*）存在双向的波动溢出效应。

第四，美国VIX指数与德国DAX指数（*rvix & rdax*），“$\alpha_{12}=\beta_{12}=0$”“$\alpha_{21}=\beta_{21}=0$”“$\alpha_{12}=\beta_{12}=\alpha_{21}=\beta_{21}=0$”三个原假设均被拒绝，说明美国金融市场VIX指数（*rvix*）和欧洲金融市场DAX指数（*rdax*）存在双向的波动溢出效应。

表 5－12　MVGARCH－BEKK 模型参数估计结果

原假设	α_{11}	α_{12}	α_{21}	α_{22}	β_{11}	β_{12}	β_{21}	β_{22}
cnycnh & *rvix*	0.488*** (19.997)	−33.000*** (−3.096)	0.000 (0.044)	0.389*** (11.589)	0.896*** (107.660)	6.941*** (1.372)	0.000 (0.363)	0.736*** (17.961)
cnycnh & *rdax*	0.504*** (21.607)	−18.355** (−2.160)	0.000 (−0.017)	0.227*** (7.209)	0.885*** (99.373)	6.956* (1.621)	0.000*** (−5.198)	0.859*** (17.584)
rndf & *rvix*	0.232*** (11.820)	−0.007 (−0.010)	−0.002** (−2.240)	0.398*** (14.048)	0.953*** (148.007)	0.467 (1.214)	0.003*** (8.142)	0.813*** (33.408)
rndf & *rdax*	0.308** (11.747)	−0.322*** (−0.578)	0.004*** (4.375)	0.223*** (12.144)	0.892*** (39.578)	3.234*** (7.407)	−0.009*** (−10.469)	0.910*** (59.914)
cnycnh & *rndf*	0.501*** (22.448)	−5.592*** (−11.713)	−0.006*** (−4.050)	0.104** (2.524)	0.908*** (76.175)	−1.487* (−1.661)	0.018*** (7.724)	−0.619*** (−7.983)
rvix & *rdax*	0.322*** (8.406)	−0.205*** (−8.227)	0.162** (2.251)	0.340*** (10.070)	0.701*** (15.394)	0.115*** (3.587)	0.127*** (2.621)	0.809*** (24.177)

注：(1) *cnycnh* & *rvix* 表示 *cnycnh* 为变量 1，*rvix* 为变量 2，其余以此类推。(2) 括号内为 T 值

表 5－13　Wald 检验结果

原假设	$\alpha_{12}=\beta_{12}=0$	$\alpha_{21}=\beta_{21}=0$	$\alpha_{12}=\beta_{12}=\alpha_{21}=\beta_{21}=0$	结论
cnycnh & *rvix*	10.567*** (5.283)	0.303 (0.151)	10.651** (2.662)	单向波动溢出效应
cnycnh & *rdax*	5.330* (2.565)	30.237*** (15.119)	31.878*** (7.969)	双向波动溢出效应
rndf & *rvix*	6.935* (2.967)	81.162*** (40.581)	89.622*** (22.406)	双向波动溢出效应
rndf & *rdax*	65.386*** (32.693)	110.874*** (55.437)	120.193*** (30.048)	双向波动溢出效应
cnycnh & *rndf*	128.551*** (64.275)	76.203*** (38.101)	322.604*** (80.651)	双向波动溢出效应
rvix & *rdax*	69.984*** (34.992)	16.005*** (8.002)	90.045*** (22.511)	双向波动溢出效应

注：*cnycnh* & *rvix* 表示 *cnycnh* 为变量 1，*rvix* 为变量 2；*rndf* & *rvix* 表示 *rndf* 为变量 1，*rvix* 为变量 2；其余以此类推；括号内为 F 值

5.2.4 小结

采用非线性格兰杰因果检验法和 DCC－MVGARCH－BEKK 模型，主要基于国际金融市场波动与离岸、在岸人民币汇差的动态关系的视角检验了人民币国际化进程中的风险，主要得出如下结论：

（1）从报酬溢出效应来看，人民币汇差与美国金融市场 VIX 指数存在双向的非线性格兰杰因果关系，人民币汇差和欧洲金融市场 DAX 指数存在双向的非线性格兰杰因果关系，这意味着人民币汇差与国际金融市场波动存在双向的报酬溢出效应。

人民币汇率预期 NDF 汇率和美国金融市场 VIX 指数存在单向的非线性格兰杰因果关系，即人民币 NDF 汇率对美国金融市场 VIX 指数不存在报酬溢出效应，但美国金融市场 VIX 指数对人民币 NDF 汇率存在报酬溢出效应。人民币汇率预期 NDF 汇率和欧洲金融市场 DAX 指数存在双向的报酬溢出效应。

人民币汇差和人民币汇率预期 NDF 汇率存在双向的非线性格兰杰因果关系，即双向的报酬溢出效应。美国金融市场 VIX 指数和欧洲金融市场 DAX 指数存在双向的非线性格兰杰因果关系，即双向的报酬溢出效应。

（2）从动态相关性来看，人民币汇差与国际金融市场呈现负相关关系，人民币汇差与美国 VIX 指数的动态相关系数均值为－0.153，人民币汇差与欧洲 DAX 指数动态相关系数均值为－0.068。人民币汇率预期与国际金融市场在绝大多数样本区间呈现正相关关系，只有极个别样本区间呈现负相关关系。人民币汇率预期与美国 VIX 指数的动态相关系数均值为 0.130，人民币汇率预期与欧洲 DAX 指数动态相关系数均值为 0.142。总体来看，人民币国际化与美国 VIX 指数的动态相关性大于人民币国际化与欧洲 DAX 指数的动态相关系。

人民币汇差与人民币汇率预期走势呈现负相关关系，人民币汇差与人民币汇率预期走势的动态相关系数均值为－0.318。美国 VIX 指数和欧洲 DAX 指数动态相关系数均值为 0.513，呈现同涨同跌的正相关关系。从动态条件相关系数的波动特征来看，人民币汇差与美国 VIX 指数、人民币汇差与欧洲 DAX 指数、人民币汇率预期走势与美国 VIX 指数、美国 VIX 指数和欧洲 DAX 指数的相关系数上下波动较为剧烈和频繁，且呈现一定程度的集聚性。

而人民币汇率预期与欧洲 DAX 指数和人民币汇差与人民币汇率预期之间的相关系数波动没有表现出明显的集聚特征。

（3）从波动溢出效应来看，人民币汇差到美国金融市场 VIX 指数存在单向的波动溢出效应；人民币汇差和欧洲金融市场 DAX 指数存在双向的波动溢出效应。人民币汇率预期 NDF 汇率和美国金融市场 VIX 指数存在双向的波动溢出效应；人民币汇率预期和欧洲金融市场 DAX 指数存在双向的波动溢出效应。人民币汇差和人民币汇率预期存在双向的波动溢出效应。美国金融市场 VIX 指数和欧洲金融市场 DAX 指数存在双向的波动溢出效应。

5.3 人民币国际化的困境与挑战分析

伴随着我国经济的快速增长，对外贸易规模的扩大和跨境人民币使用的增加，人民币逐渐被周边地区和国家所接受和使用，人民币国际化的趋势也日趋明显。然而目前人民币国际化还处于初级阶段，与美元、欧元、英镑等国际货币相比，人民币的流通规模、范围及影响力仍显不足。根据中国人民大学国际货币研究所编制的人民币国际化指数（RII），2010—2019 年的数值分别为 0.02、0.58、0.87、1.69、2.47、3.6、2.26、3.13、2.95、3.03，目前进入较为平稳的常态化发展阶段，但与美元、欧元相比还有 16.7 倍、8.67 倍的差距，跟英镑、日元相比也有 1.29 倍和 1.52 倍的差距。

5.3.1 人民币跨境贸易结算失衡，国际储备占比较低

随着跨境贸易人民币结算业务的跨越式的发展，人民币的跨境贸易结算使用比例虽然一直在上升，然而目前在国际贸易和投资中使用人民币计价的还很少，货币互换也只是体现在协议金额上，还没有真正发挥出作用（翁东玲，2016）。在人民币还不是可自由兑换货币的情况下，国际交易不能完全用人民币进行结算，货币错配风险就始终存在。2019 年 12 月，人民币在全球支付中占比 1.94%，在全球支付最活跃货币排名第六；前五位最活跃货币分别为美元、欧元、英镑、日元、加拿大元，其占比分别为 42.22%、31.69%、6.96%、3.46%，1.98%。2020 年 6 月，人民币在全球支付中占比 1.76%，在全球支付最活跃货币排名第五；前四位最活跃货币分别为美元、欧元、英镑、日元，其占比分别为 40.33%、34.10%、7.08%、3.74%，与其他国际货币仍然有着巨大的差距（见图 5－14 和图 5－15）。

人民币跨境贸易结算存在失衡和非对称性，主要集中在进口贸易结算中，而出口贸易结算仍然主要采用美元、欧元、英镑等国际货币，这导致以美元计价的外汇储备持续增长，外汇储备资产风险暴露头寸增加。原因在于在现行结售汇制度下，我国出口企业主动选择人民币结算的动力不足，他们主要关注收汇前的人民币汇率风险，而结汇后的汇率风险已经转嫁给了中国人民银行（王晓雷、刘昊虹，2010），实际上中国人民银行是我国外汇市场上唯一的接盘方，也是外汇储备资产损益的主要风险承担者，由于目前我国金融市场尚不发达，缺乏可供规避汇率风险和金融风险的投资工具，尽管央行不以营利为目的，仍然不得不承担较大的成本与风险。人民币国际化的终极目标就是成为国际储备货币，要达到这一目标，人民币必须被世界各国或地区广泛接受，并能够在国际上能够承担和执行国际储备货币的职能。人民币加入 SDR，标志着人民币历经了国际贸易融资货币、国际金融交易货币、进而进入国际储备货币的过程，然而目前人民币仅仅被少数周边国家或地区视为其储备货币，在国际外汇储备中的占比还很低。根据 IMF 官方外汇储备货币构成（COFER）数据，截至 2019 年第四季度末，人民币储备规模达 2176.7 亿美元，占标明币种构成外汇储备总额的 1.95%，排名超过加拿大元的 1.88%，居第五位，这是 IMF 自 2016 年开始公布人民币储备资产以来的最高水平。据不完全统计，全球已有 70 多个央行或货币当局将人民币纳入外汇储备。

5.3.2 人民币资本项目尚未实现完全可兑换

我国资本项目按其开放程度的大小可划分为：完全可兑换项目、基本可兑换项目、部分可兑换项目和不可兑换项目。从资本项目可兑换具体实践来看，如果一个国家对 IMF 列示的金融和资本交易项下七大类共 40 个交易子项目都达到了可兑换的程度，那就表明其资本项目实现了可兑换。我国目前已有 37 个的交易子项目实现部分可兑换及以上水平，达到 92.5%（见表 5 –14）。我国目前只有衍生品业务、货币市场工具和非居民境内发行股票等不可兑换项目，主要存在于境内资本市场一级发行交易环节等。虽然人民币国际化进程阶段性目标中的资本项目可兑换已接近完成，但这些资本项目的开放程度间还有这很大差距。例如，我国股票市场对于机构和个人投资者仍有着十分严格的限制，如准入门槛、总投资金额和单日投资金额等限制。另

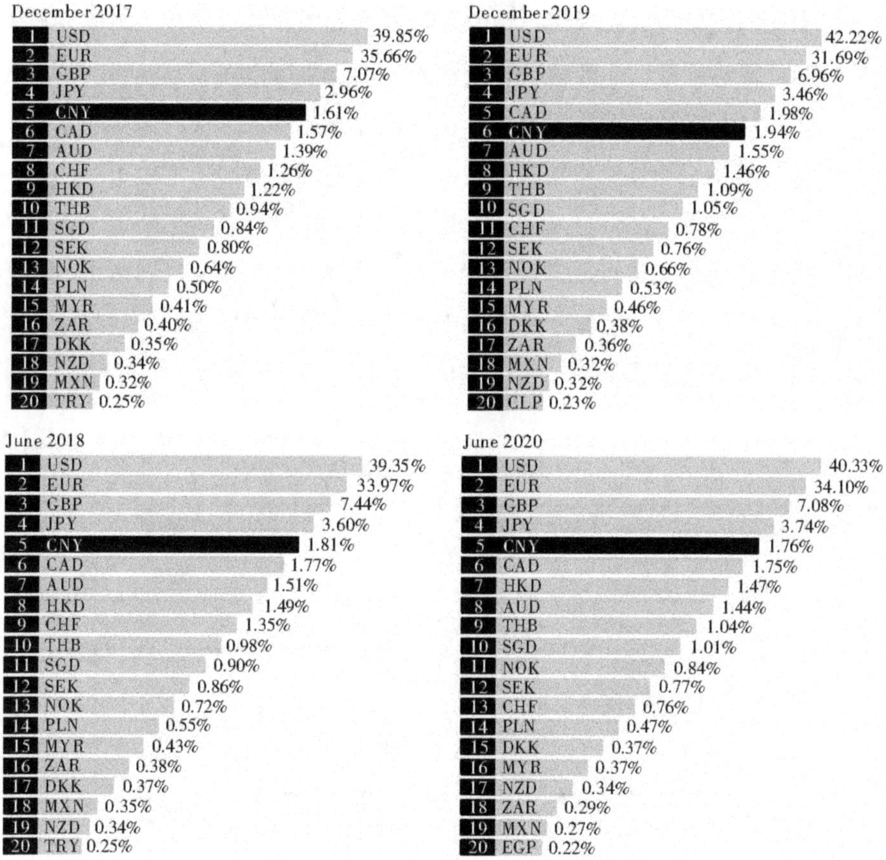

December 2017
1 USD 39.85%
2 EUR 35.66%
3 GBP 7.07%
4 JPY 2.96%
5 CNY 1.61%
6 CAD 1.57%
7 AUD 1.39%
8 CHF 1.26%
9 HKD 1.22%
10 THB 0.94%
11 SGD 0.84%
12 SEK 0.80%
13 NOK 0.64%
14 PLN 0.50%
15 MYR 0.41%
16 ZAR 0.40%
17 DKK 0.35%
18 NZD 0.34%
19 MXN 0.32%
20 TRY 0.25%
December 2019
1 USD 42.22%
2 EUR 31.69%
3 GBP 6.96%
4 JPY 3.46%
5 CAD 1.98%
6 CNY 1.94%
7 AUD 1.55%
8 HKD 1.46%
9 THB 1.09%
10 SGD 1.05%
11 CHF 0.78%
12 SEK 0.76%
13 NOK 0.66%
14 PLN 0.53%
15 MYR 0.46%
16 DKK 0.38%
17 ZAR 0.36%
18 MXN 0.32%
19 NZD 0.32%
20 CLP 0.23%
June 2018
1 USD 39.35%
2 EUR 33.97%
3 GBP 7.44%
4 JPY 3.60%
5 CNY 1.81%
6 CAD 1.77%
7 AUD 1.51%
8 HKD 1.49%
9 CHF 1.35%
10 THB 0.98%
11 SGD 0.90%
12 SEK 0.86%
13 NOK 0.72%
14 PLN 0.55%
15 MYR 0.43%
16 ZAR 0.38%
17 DKK 0.37%
18 MXN 0.35%
19 NZD 0.34%
20 TRY 0.25%
June 2020
1 USD 40.33%
2 EUR 34.10%
3 GBP 7.08%
4 JPY 3.74%
5 CNY 1.76%
6 CAD 1.75%
7 HKD 1.47%
8 AUD 1.44%
9 THB 1.04%
10 SGD 1.01%
11 NOK 0.84%
12 SEK 0.77%
13 CHF 0.76%
14 PLN 0.47%
15 DKK 0.37%
16 MYR 0.37%
17 NZD 0.34%
18 ZAR 0.29%
19 MXN 0.27%
20 EGP 0.22%

图 5－14 人民币在全球支付货币中的份额

Evolution of RMB's share as a global payments currency
Live and delivered, MT 103 and MT 202 (Coustomer initiated and institutional pay ments)
Messages exchanged on SWIFT. Based on value.
RMB Ranking
RMB Share
2.30%
2.20%
2.10%
2.00%
1.90%
1.80%
1.70%
1.60%
1.50%
1.40%
1.30%
1.20%
1.10%
1.00%
Jan Feb Mar Apr May Jun Jul Aug Sep Oct Nov Dec Jan Feb Mar Apr May Jun Jul Aug Sep Oct Nov Dec Jan Feb Mar Apr May Jun Jul Aug Sep Oct Nov Dec Jan Feb Mar Apr May Jun
2017
2018
2019
2020
RMBTracker
Source: Watch
Powered by SWIFT BI

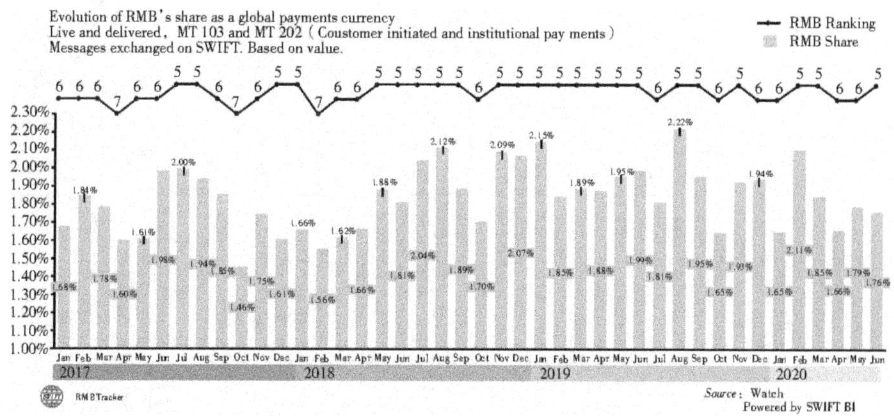

图 5－15 人民币在全球支付货币中的份额

外虽然我国降低了境外投资者在境内银行间债券市场进行投资的最低限制，

允许三类机构在境内人民币离岸债券市场开展投资业务。但我国对境外投资者的管制仍较为严格，主要体现在投资规模和收益等方面。

按照《IMF2018年汇兑安排与汇兑限制年报》中对中国2017年度资本账户管制的描述，不可兑换项目主要集中于非居民参与国内货币市场和衍生工具的出售和发行；部分可兑换的项目主要集中在股票市场交易、个人资本交易、债券市场交易和房地产交易等方面（见表5－15）。报告指出，2016年较上一年对七个项目的管制稍有放松，具体包括资本市场证券交易、货币市场工具、集体投资类证券、衍生工具与其他工具、商业信贷、金融信贷和直接投资。表明中国的资本账户进一步向开放推进。

表5－14　我国7类40项资本项目开放表

开放程度	开放领域	项目开放数量	占比
完全可兑换		0	0
基本可兑换	信贷工具交易、直接投资、直接投资清盘	14	35%
部分可兑换	债券市场交易、股票市场交易、房地产交易、个人资本交易	23	57.5%
不可兑换	非居民境内发行股票、货币市场工具和衍生品业务	3	7.5%

表5－15　2018年我国资本账户各项目开放情况

我国资本与金融账户各项目			兑换情况
一、资本和货币市场工具	股票或有参股性质的其他证券	1. 非居民在境内买卖	部分可兑换
		2. 非居民在境内发行	不可兑换
		3. 居民在境外买卖	基本可兑换
		4. 居民在境外发行	基本可兑换
	债券和其他债务性证券	5. 非居民在境内买卖	部分可兑换
		6. 非居民在境内发行	部分可兑换
		7. 居民在境外买卖	部分可兑换
		8. 居民在境外发行	部分可兑换
	货币市场工具	9. 非居民在境内买卖	部分可兑换
		10. 非居民在境内发行	不可兑换
		11. 居民在境外买卖	基本可兑换

续表

我国资本与金融账户各项目			兑换情况
一、资本和货币市场工具	货币市场工具	12. 居民在境外发行	部分可兑换
	集体投资类证券	13. 非居民在境内买卖	部分可兑换
		14. 非居民在境内发行	部分可兑换
		15. 居民在境外买卖	基本可兑换
		16. 居民在境外发行	部分可兑换
二、衍生工具和其他工具		17. 非居民在境内买卖	部分可兑换
		18. 非居民在境内发行	不可兑换
		19. 居民在境外买卖	部分可兑换
		20. 居民在境外发行	不可兑换
三、信贷业务	商业信贷	21. 居民向非居民提供	基本可兑换
		22. 非居民向居民提供	基本可兑换
	金融信贷	23. 居民向非居民提供	基本可兑换
		24. 非居民向居民提供	部分可兑换
	担保、保证和备用融资便利	25. 居民向非居民提供	基本可兑换
		26. 非居民向居民提供	基本可兑换
四、直接投资		27. 对外直接投资	部分可兑换
		28. 对内直接投资	基本可兑换
五、直接投资清盘		29. 直接投资清盘	基本可兑换
六、不动产交易		30. 居民在境外购买	部分可兑换
		31. 非居民在境内购买	部分可兑换
		32. 非居民在境内出售	基本可兑换
七、个人资本交易	个人贷款	33. 居民向非居民提供	部分可兑换
		34. 非居民向居民提供	部分可兑换
	个人礼品、捐赠、遗嘱和遗产	35. 居民向非居民提供	部分可兑换
		36. 非居民向居民提供	部分可兑换
	外国移民在境外的债务结算	37. 外国移民境外债务的结算	基本可兑换

续表

我国资本与金融账户各项目			兑换情况
七、个人资本交易	个人资产的转移	38. 移民向国外的转移	部分可兑换
		39. 移民向国内的转移	基本可兑换
	博彩和中奖收入的转移	40. 博彩和中奖收入的转移	部分可兑换

5.3.3 人民币国际化问题中的“特里芬难题”

“特里芬难题”（Triffin Dilemma 或 Triffin Paradox）最早由比利时裔美籍经济学家 Robert Triffin 于 20 世纪 60 年代提出，其核心内容是指：在布雷顿森林体系之下，美元的两大主要责任包括：一是承诺对所有成员国按照 1 盎司黄金等于 35 美元的价格进行无限制兑换；二是要维持美元对各成员国的信心和向其提供清偿力（美元）。特里芬认为，既然美国以外的其他国家的储备可以是黄金和美元，而且美元和黄金之间存在固定不变的稳定价格关系，则其他国家想方设法通过贸易手段从美国获取美元，即通过贸易顺差方式获取美元，对于美国来说就是处于对应状态的贸易逆差。而另一方面，美国又必须保持各国对美元的信心，这就需要美国在强大的经济和综合国力之下，保持国际收支顺差状态或者至少是国际收支平衡状态，并储备足够多的黄金。这两者之间就出现了不可避免的矛盾。即美国之外的国家对美元存在大量需求，并通过贸易顺差方式获得美元，造成美元大额逆差，而美国又希望保持顺差来维持其他国家对美元的信心。而当其他国家所累积的美元储备超过美国自身所拥有的黄金储备，一旦其他国家发现这种状况的存在，则很有可能出现向美国提出对黄金的挤兑，其他国家大量的美元兑换黄金需求将使美国不堪重负，而最终无法维持 1 盎司黄金等价 35 美元并无限制兑换的承诺，因而布雷顿森林体系将崩溃，这就是“特里芬难题”的逻辑（范智勇，2015）。布雷顿森林体系解体后，美元不断贬值，“特里芬难题”进一步加剧。

人民币国际化正积极推进，这是世界经济格局演变的必然结果。为确保人民币国际化进程的顺利，一个行之有效的办法就是吸取其他货币国际化进程中的教训，并探寻新的解决办法。美元国际化进程中遭遇的“特里芬难题”曾摧毁了“布雷顿森林”体系，带来了世界金融大动荡。在人民币国际化进程中，如果照搬美元“一币独大”的运作模式，也必然会遭遇“特里芬难题”（范智勇，2015）。目前比较主流的理解是：人民币要成为国际性货币，成为全球广泛持有的价值储藏、交易媒体和记账单位货币，中国就需要通过经常账户和资本账户上的逆差向全球大量输出人民币。但在目前中国经常账和资本账户呈双盈余的情况下，不仅人民币难以大量输出，中国反而持有越来越多的外币。由于人民币国际化还处于初级阶段，人民币的流通主要限于周边国家或地区，境外其他国家流通比例并不是很高，此时“特里芬难题”并不十分明显。然而，随着人民币成为国际投资货币和国际储备货币，我国也将面临保持国际收支平衡和维持人民币汇率稳定的两难选择，“特里芬难题”也将成为不可回避的问题。

长远而言，随着人民币国际储备货币地位的确立和提升，在超越现时的英镑和日元而仅次于美元和欧元之后，困扰美元和欧元的“特里芬难题”就会以更高级的形式在人民币上体显出来。中国要承担人民币成为国际储备货币的种种责任和义务：维持人民币币值稳定以保护持有者的利益；保证跨境资金的自由流动；在需要时发挥全球和区域经济的调节功能；在国内和国外市场注入人民币流动性；容忍外币兑人民币贬值等，这些责任和义务或会使国内实体经济和金融市场的波动性增加（冯叔君，2018）。

5.3.4 外部环境更加严峻，国际霸权货币的抵制

政治是决定货币国际化发展的重要制约因素之一，纵观世界货币的发展史，货币国际化实现的背后有着重要的政治及军事力量的支撑。目前由于美元、欧元等“霸权货币”隐性排斥和联合抵制，导致了国际货币体系改革进程非常缓慢，严重束缚人民币国际化的现实潜力（蒋序怀，2015）。目前，美国、英国、日本发达资本主义国家已经成为货币国际化的主体，中国与它们不仅存在意识形态上的巨大差异，而且存在经济利益上的严重冲突。虽然人民币国际化战略短期内不能撼动美元的霸主地位，但长期内必然会挤占美元在国际计价货币和储备货币体系中的份额，使其重要性下降，意味着分割其在全球的核心利益，必然遭到美国的抵制。2018 年以来，国际形势更加复杂严峻，单边主义、保护主义抬头，贸易摩擦加剧，地缘政治风险上升，全球贸易增速低于经济增长，直接投资连续萎缩，人民币国际化发展的外部环境紧张多变，美国频繁打压中国，对人民币汇率及使用造成很大干

扰。2019年8月至9月初，美国财政部宣布中国为汇率操纵国，人民币汇率突破7.18水平，人民币国际支付份额一度从第五位回落至第六位。

美国挑起经贸摩擦的借口就是“301调查报告”，它的依据是美国《1974年贸易法》第301条，通常被称为“301条款”（Section 301），当美国确认贸易伙伴的贸易政策违反贸易协定，即可启动报复措施。1984年，美国国会扩展了1974年法案的管辖适用范围，从货物贸易扩大至美国企业对外直接投资、服务贸易、知识产权三个领域，促成了“特别301（Special 301）”“超级301（Super 301）”条款的诞生（姚博，2018）。美国“301条款”带有明显的单边主义倾向，具有很强随意性。与反倾销、反补贴调查不同的是，“301调查”完全基于美国意愿，总统或贸易代表均拥有自由裁量权，不需要经过WTO争端解决机制，就可以发起“贸易制裁”（孙丽，王厚双，2017；周金凯、孙娜，2018；毕吉耀、张哲人，2017）。虽然程序简单，但是“301条款”杀伤力较大，更多扮演了威胁恐吓角色，逼迫对手就范从而实现美国贸易利益，在美国和日本之间的“汽车战”“半导体战”“电信战”，美国和欧盟之间的“鸡肉战”“香蕉战”“牛肉战”等贸易争端中，美国都能用“301条款”让与之交锋的大国妥协让步。总之，作为美国贸易救济的重要措施之一，“301条款”过度强调美国单边利益，利用经济霸权和货币霸权地位，大搞贸易霸凌主义，严重践踏多边贸易规则，被称为美国贸易保护主义的“核武器”。

中国是“301调查”主要的受害国之一，1989年美国首布《特别301》报告，《特别301报告》是美国贸易代表办公室公布的关于世界各国知识产权保护的年度报告，在报告中分三级将各个国家列为知识产权保护的“观察国家”名单、“优先观察国家”名单和“306条款监管国家”名单，以供美国政府参考决定是否对不注重知识产权保护的国家进行贸易报复，截止到2020年，连续第16年将中国列入“优先观察名单”。2020年4月，美国贸易代表办公室发布2020年《特别301报告》。报告对美国知识产权保护和执法状况进行年度审查，列举了美国贸易伙伴知识产权保护和执行不充分的情况，指出美国在这些国家难以获得公平合理的市场准入。该报告将中国、印度、俄罗斯、乌克兰等11个国家列为重点观察名单，将巴西、加拿大、泰国、埃及、黎巴嫩、墨西哥、罗马尼亚等22个国家列为观察名单。

历史上美国曾对中国动用六次301调查，在1991年4月、1994年及1996年发起3起“特别301调查”，达成了三个知识产权协议；在1991年10月和2010年发起两起“一般301”调查，前者主要针对市场准入问题，达成了《中美市场准入谅解备忘录》，后者是针对中国清洁能源补贴政策，前五起301调查美国并没有实施贸易报复措施，最终都在WTO争端解决机制下进行磋商得以解决。此次中美经贸摩擦可追溯到2017年4月，美国USTR把中国、俄罗斯等11个国家列入“重点观察名单”；2017年8月，美国对中国发起第六起“301调查”；2018年3月，美国炮制出所谓的“301调查报告”，之后无视双方前期的谈判磋商成果，不断升级关税措施，截止到2019年10月，美国对我国约5500亿美元的出口商品加征10%或25%的关税；为了维护我国国家利益和全球利益，中方不得不做出必要回击，对美国约1850亿美元的商品加征25%、20%、10%或5%的关税（见图5-16）。

中国在经济上的迅猛崛起让美国政府感到焦虑、恐惧和敌视。与奥巴马政府的“价值观战略”不同，特朗普内外政策的出发点不是“美国普世价值”，而是“美国优先”，认为中国成为“让美国再次伟大”的最大障碍和“假想敌”，中国“不仅有蓬勃发展的经济，而且有庞大的人口基础”。特朗普认为，“经济安全就是国家安全”，中美贸易战是美国政府启动的经济遏制措施，特朗普多次指责中国“以操纵汇率的方式，让出口商品具有更大的国际竞争力”，认为中国在贸易领域“扼杀”“洗劫”美国，特朗普政府打着“美国优先”旗号，高举“公平贸易”大旗，而战略上是更具进攻性的“超贸易保护主义”（张茉楠，2017）。美国挑起贸易战最终目的不仅是获取更多经济利益，美国政府已经将中美经贸问题政治化，在民粹主义泛滥的美国，冷战思维和零和博弈盛行，通过指责他国转嫁美国的制造业衰落、失业率高以及双赤字等社会矛盾。特朗普当选总统后的首份《国家安全战略报告》抨击中国和俄罗斯为“修正主义国家”，是美国的“对手国家”，报告宣称：“中国和俄罗斯挑战美国的力量、影响力和利益”“美国在多个领域受到排挤”“未来面对危险，美国必须采取措施”“美国必须重新在国际舞台上发挥领导作用”，这份报告总计68页，其中提及“China”33次，把中国描绘成一个试图破坏美国繁荣的敌手。总之，美国挑起贸易战的最终目的是试图阻止中国从“富起来到强起来的转变”，不仅激化了中美两个大国经济利益的矛盾与冲突，也使得中美关系正在陷入“修昔底德陷阱”。

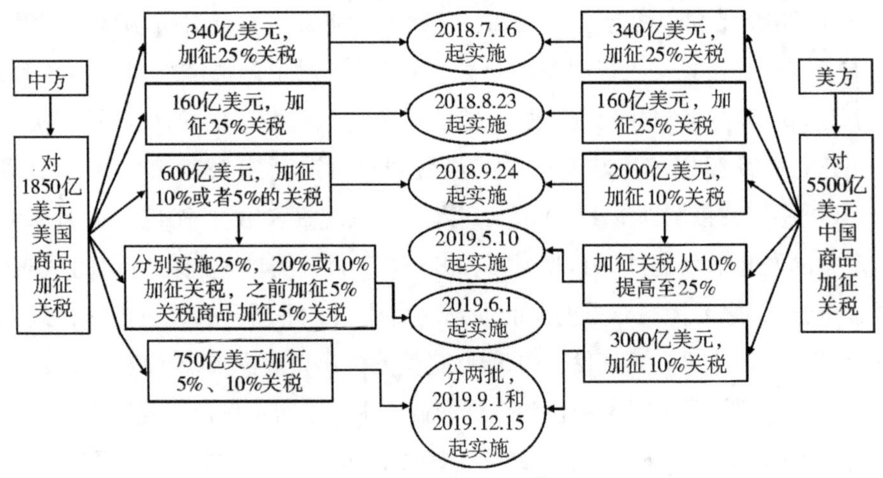

图5－16　中美贸易摩擦涉案金额（截止到2019年9月）

5.3.5　离岸人民币市场有待深化发展

随着人民币对外支付业务的拓展，在境外沉淀的人民币资金规模快速增长，境外人民币投资主要在人民币离岸市场进行。从其离岸市场的现阶段发展情况来看，目前可供投资、交易的金融产品种类和数量仍较为有限，投资收益吸引力也不足，因而人民币投资规模仍偏小，无法在各离岸市场内部以及各市场之间建立起有效的境外“循环圈”，从而制约了离岸人民币资金池以及整个市场的增长能力。就香港而言，香港离岸市场是最大的人民币境外市场，人民币资金池超过了全球人民币离岸资金总量的五成，但仍面临人民币存量不足、增量放缓、可供投资的人民币产品较少、流动性较低、香港离岸市场的人民币债券发行受冷遇等问题。

在国际债券市场占有一席之地，是一国货币成为国际投融资货币和储备货币的重要条件，也是其走向国际化的重要基础，人民币国际债券大量是以“点心债”形式发售。2007年，国家开发银行在香港发行了第一笔离岸市场上的人民币债券，因其发行量小，市场反响好，就像粤式点心一样味美但又吃不饱，故在香港发行的离岸人民币债券被称为“点心债”（宗良、席凯悦，2016）。2007—2010年是“点心债”的初步建立阶段，香港的人民币离岸市场的“点心债”发行量迅速扩大，在短短的数年里，年发行量从2009

年的160亿元跃升至2011年的近846亿元。2014年“点心债”的年发行量更是创纪录突破2000亿元。此后，香港人民币“点心债”的发行量却急转直下，2015年的发行量骤降至1000多亿元，降幅高达近50%（见图5－17），点心债的遇冷背后反映出人民币汇率波动对人民币离岸市场发展的影响，由于在2014年10月底，美联储宣布退出量化宽松货币政策打破了人民币单边升值预期，且2015年“8·11”人民币中间价汇率形成机制改革则加速了人民币贬值进程，从而导致人民币“点心债”发行量加速下滑，2015年12月发行额仅有6.9亿元，而当年6月份发行额则为245.46亿元。未来香港人民币“点心债”的发行量能否回升，很大程度上取决于人民币汇率能否保持基本稳定（丁一兵，2016）。

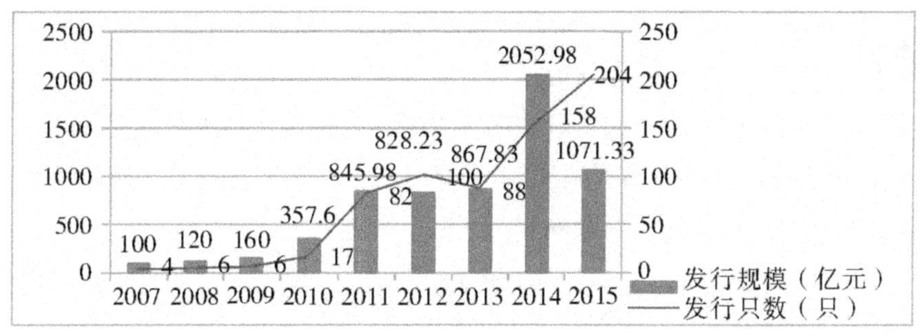

图5－17　香港点心债发行状况

离岸人民币债券市场仍然处于起步阶段，发债主体仍然局限于政府和国际性金融机构，企业参与度较低，股票类产品也较少。由于在岸金融市场的不完善与开放程度不足，离岸市场上的人民币缺乏畅通的回流机制，抑制了正常的投资需求。此外，离岸市场上相当一部分资金属于人民币升值预期引致的投机性资金，这对于人民币国际化健康发展是不利的。与此同时，人民币的国际支付地位在经历了持续的上升期后出现了波动，支付比例的增长进入瓶颈期，虽然在跨境贸易结算和货币互换协议上不断有新的进展，但在周边的东盟国家中人民币的接受程度并没有显著提升（丁一兵，2016）。当前通过贸易和直接投资流出的人民币并未沉淀、转化，而大量兑换为美元等主要货币使用，境外人民币缺乏保值增值渠道，离岸人民币本可以为全球人民币使用提供资金池与投资平台，然而，从2015年以来，离岸人民币市场陷入低迷。截至2019年年末，香港地区人民币存款规模6322.07亿元，比

2015 年减少了 35.6%，中国台湾、新加坡、韩国等市场也出现了不同程度的下降，致使境外人民币“干涸”。总体来看，人民币国际循环路径不健全，离岸市场有待深化发展。

5.4 人民币国际化的政策建议

货币国际化的含义是指一国货币跨越国界，流通到境外国家和地区，成为国际社会普遍认可接受的计价、结算及储备货币的过程。“欧元之父”蒙代尔认为：当一国货币超出法定的流通区域，或者该国货币分数或倍数被其他地区效仿时，就意味着该国货币国际化了。人民币国际化是指人民币在国际范围内发挥货币功能，成为国际贸易计价结算货币、国际金融投资货币以及国际储备货币。货币国际化一般发展进程是：“结算货币→投资货币→储备货币”，这是一个渐进提高的过程，结算货币是指世界上认可度高的货币，可以在国际贸易中用来计价和结算支付；投资货币是指随着国际经济的发展，在国际贸易投资中能够使用的货币；储备货币，也就是国际货币，即一国政府持有的可直接用于国际支付的国际自由兑换货币。

5.4.1 主要货币国际化的经验比较

（1）英镑国际化

英镑国际化走的是一条依靠经济实力的领先地位和殖民体系的扩张作用，凭借金本位制下的黄金背书，通过自由贸易政策而实现国际化的路径（见图 5 - 18）。从时间节点来看，英镑在国际货币领域中的核心地位从 1816 年金本位制确定到 1944 年布雷顿森林体系建立为止。英镑国际化的经济基础是以机器代替手工为特征的第一次工业革命。18 世纪，英国凭借着工业革命的成果和殖民体系的拓张，通过强大的海洋霸权推动了自由贸易发展，对外投资规模不断过大，这使其迅速成为世界经济强国。1816 年，英国颁布了《金本位制法》，成为世界上第一个实行金本位制的国家，明确规定英镑和黄金在固定比价下可以自由兑换。1819 年，英国颁布《黄金兑换条例》，正式确立了以黄金为基础、英镑为核心的国际金本位制。金本位制度普遍建立后，英镑成为第一个执行国际货币职能的信用货币。

同时，中央银行制度的率先建立为英镑国际化打下了金融基础，英国于 1694 年通过法案建立了英格兰银行，成为世界上第一个建立中央银行制度的国家。1844 年，英国颁布《银行特许法》，将维护英镑的稳定性和可兑换性确定为中央银行的重要职责，授权央行开展货币互换，此外，自由贸易政策成为英镑走出去的直接推动力。1860 年，英国和法国签订了《科布登 . 谢瓦利埃条约》，随后又和其他欧洲国家签订以英镑计价结算贸易协定。海外殖民地为英国提供了大量的原材料，英国拥有资金和技术后，又开展了对外直接投资，主要包括对于欧洲大陆国家和美洲等殖民国家，英国在其殖民地设立了货币发行局，剥夺了殖民地国家的货币自主权，到 1914 年，英国殖民地面积相当于全球陆地面积的四分之一，是各列强殖民地总和的一半，一度自称为“日不落帝国”，彰显出其强大的国际地位。但随着两次世界大战和国际货币制度的变迁，英国政治经济实力逐步衰弱，英镑的核心地位逐渐被美元所取代（程鹏，2018）。

英镑地位的动摇始于 1873—1896 年的欧洲经济大萧条，但直到第一次世界大战爆发之前，英镑依然在国际货币体系中占据着霸主的地位，1914 年第一次世界大战爆发，英国经济和金融受到重创。战争让英国政府耗费了巨大的财力。英国的海外投资也因为国力的削弱逐渐萎缩，到 1919 年已经降低至 8. 5 亿英镑。不仅如此，英国的金融体系也陷入瘫痪，外汇市场停止交易，参战国纷纷放弃金本位制。但是，在政府的主导下，当时英镑的信用还比较稳定，英镑汇价一直维持到战争结束。1920 年，英国经济开始缓慢复苏，失业率也逐步降低至了战前水平。1925 年，时任英国财政大臣的丘吉尔推动英国政府做出决定恢复金本位制，其目的是想继续保持英国昔日的辉煌，恢复英镑的地位。然而，由于英国政府规定的英镑汇率比实际汇率高，导致英国商品的相对价格偏高，英国出口商品的价格竞争力大幅下降，英国国际收支困难，黄金大量流失，经济遭受重大打击。到 1931 年，英格兰银行再也无法保证英镑与黄金的兑换，宣布放弃金本位，英镑地位急剧下降。

与此同时，法国、德国、美国、日本等国陆续完成工业革命，特别是美国因未受到战争的直接影响，经济实力迅速提升并超过英国，“黄金一英镑”的国际货币体系犹如风中残烛，奄奄一息。在经历了一百多年的荣耀之后，英镑逐渐丧失了国际本位货币的皇冠，成为与美元、法郎地位相似的区域性货币。1939 年，第二次世界大战爆发。作为战争的主要战场之一，英国经济再一次受到重创。雪上加霜的是二战后反殖民和独立运动在全球兴起，作为世界第一的殖民地国家，曾经的“日不落帝国”也因为英属殖民地的独立运动逐渐丧失了世界霸主的地位。二战后美国成为名副其实的头号资本主义强国，在美国的主导下，国际货币体系进入了“布雷顿森林体系”时代，取代“黄金—英镑”的是“黄金—美元”本位制，英镑的流通范围逐步萎缩。20 世纪 70 年代，布雷顿森林体系崩溃后，德国马克、日元、瑞士法郎等蜂拥而起，国际货币体系进入了多元化的时代，英镑重新进入国际货币体系，但由于英国经济实力所限，英镑的国际地位始终处于美元、德国马克之后（吴丰光，2018）。

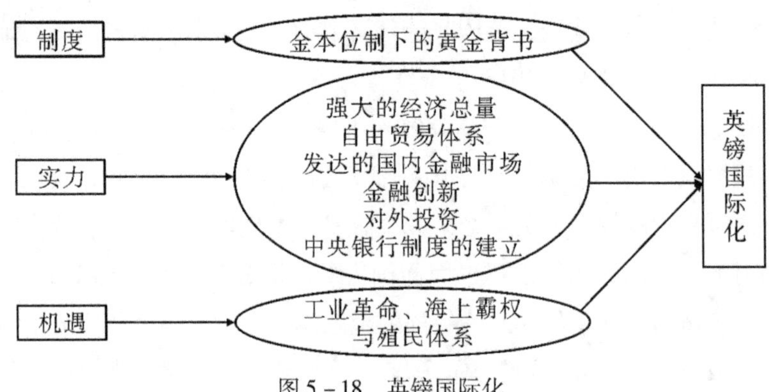

图 5－18　英镑国际化

（2）美元国际化

美元国际化的进程始于“一战”到“二战”期间，19 世纪末到 20 世纪初，“一战”使人们对欧洲经济失去信心，转而将资金和技术转投美国，促进美国经济快速发展，世界经济力量发生了重大转变，美国逐渐超过了主要竞争对手英国、法国和德国的经济实力。一战结束到二战开始的 20 年间，由于大部分欧洲国家受“一战”影响战后币值不稳，美国抓住有利时机，在国际经贸交流中频繁运用美元作为计价结算货币，使得当时按固定价格保持与黄金兑换的美元地位开始上升，基本确立了美元作为国际结算货币的地位。“二战”爆发后，美国大发战争财，经济实力进一步增强，英国因战争等因素影响，英镑作为主要国际货币的地位急速下降，美国适时将美元由结算货币推向投资货币阶段（潘锡泉、于洋，2019）。

1941 年美国通过《租借法案》，向欧洲等国家大量进行美元方式的资本输出或直接投资，如1940—1944年美国长期资本输出和对外直接投资约达1000亿美元，成为当时最大的世界债权国。在“二战”大量资本输出或直接投资的基础上，1944年7月，美国凭借绝对的经济优势同与会国达成协议，确立了以美元为中心的国际金汇兑体制的布雷顿森林体系，美元正式取代英镑，成为国际储备货币，《布雷顿森林协定》的达成，标志着美元国际化的初步完成。此后，美国又利用1947年的“马歇尔计划”和1948年出台的“关贸总协定”，最终巩固和完成了其货币国际化进程，确立了美元国际货币的霸主地位（潘锡泉，于洋，2019）。尽管布雷顿森林体系曾对当时世界经济的发展起到过积极作用，然而，该体系存在着一些根本缺陷，并最终导致了该体系的崩溃。

比如，“特里芬难题”的客观存在，布雷顿森林体系是建立在黄金美元基础之上的，但该制度存在着难以克服的内在矛盾。由于美元的双重身份，它既是美国的主权信用货币，又保障全球流动性的世界货币。在其他货币与美元挂钩、美元与黄金挂钩的双挂钩安排下，美元一方面需要满足世界经济和贸易发展的需要，不断地通过货币发行向世界提供足够的流动性，另一方面黄金储备的增长速度严重受限于有限的黄金产量，这就使固定比率兑换黄金的美元扩张受到严重限制。因此，美元出现了两难，如果为了满足全球经济发展和贸易规模的扩大，通过美元的持续扩张来保证足够的流动性，但美元供给的持续增加却意味着美国国际收支逆差的扩大和美元的贬值，导致黄金与美元的无风险套利，从而使规定的黄金美元兑换率难以维持。如果要维持美元的币值稳定，保证黄金美元的自由兑换，又必须减少美元的供应，限制全球经济的发展。特里芬难揭示了布雷顿森林体系的内在不稳定性以及危机发生的必然性。

在布雷顿森林体系中，美元是本位货币，国际货币体系经历了从“美元荒”到“美元泛滥”的过程。在布雷顿森林体系建立之初，西欧各国严重缺乏美元，美国通过贸易收支逆差和资本输出来输出美元。随着西欧和日本经济的恢复以及贸易收支顺差额的扩大，各国持有的美元储备增多，“美元荒”演变成立“美元灾”，各国对美元能否按官价兑换成黄金心存疑虑，于是发生抛售美元，抢购美国的黄金和顺差国的硬通货，形成美元危机。在布雷顿森林体系的发展过程中经历了三次大的美元危机。

标志性事件一：到20世纪60年代末，在较长时期稳定的国际货币体系之后，金融市场开始出现投机机会，部分私人投资者出于对美英等国经济格局的判断而预期黄金价格将会上涨，从而囤积黄金。在各主要国家央行出售黄金平抑投机动机未果后，1968年3月15日，英国关闭黄金交易市场，并于两天后宣布黄金价格实行官方价格和私人交易价格并存的黄金交易双轨制，即官方的黄金交易仍按1盎司黄金等于35美元进行交易，私人黄金交易则实行自由浮动。这个标志性事件，预示着布雷顿森林体系开始动摇。

标志性事件二：德国央行宣布德国马克实行自由浮动。1971年，美国国际收支平衡出现问题，金融市场敏感地捕捉到这一信息，市场开始大量抛售美元而大量购买德国马克，导致德国央行无法维持原有的德国马克汇率，从而于1971年5月开始放弃维持德国马克固定汇率。

标志性事件三：就是著名的“尼克松冲击”。1972年8月15日，因无法维持美国国际收支平衡，美国时任总统尼克松向全球宣布，美国不再兑现1盎司黄金等于35美元的兑换承诺。1972年12月，美国与其贸易伙伴国签订《史密森协定》，将官方交易黄金价格调整至1盎司黄金等于38美元。至此，布雷顿森林体系已经事实解体（范智勇，2015）。罗伯特·特里芬所提出的“特里芬难题”得出的结论在10多年后真正呈现在了人们面前。

表5-16　美元国际化进程中重要事件

时间	重要事件
1862年	林肯政府完成一系列金融改革，金融体系管制权利收归联邦政府。
1894年	美国GDP跃居世界第一位。
两次世界大战	欧洲经济受到重创，英镑和马克大幅贬值，美元国际地位提升。
1929—1933年	世界性的资本主义危机，英国终止金本位制。
1944年	布雷顿森林体系建立，美元获得国际主导货币的地位。
1960年	朝鲜战争爆发后，美国国际收支恶化，黄金储备下降到178亿美元，却有210亿美元的流动债务，出现了美元的第一次危机。
1968年	越南战争爆发后，美元引发了第二次美元危机，不得不实施黄金双价制。
1971年	爆发第三次美元危机，美国宣布实行“新经济政策”并停止承担美元兑换黄金的义务。

续表

时间	重要事件
1973 年	爆发第四次美元危机，西方国家纷纷取消本国货币与美元固定汇率，实行浮动汇率，布雷顿森林货币体系崩溃。
1974—1979 年	两次石油危机、美国国内通货膨胀及实际收支持续逆差导致美元信心持续下降。
1980—1985 年	美国完成其经济运行体系的重构，由实体经济为主向虚拟经济为主转变，并在世界范围内形成了新的美元循环体系。
1985 年	美国通过与多国签订“广场协议”使其他货币升值，改善美国的对外贸易的环境。
2001 年	互联网泡沫破灭，房地产业成为美国经济的推动力，美国房地产市场相关的金融产品开始向全球销售。
2007 年至今	次贷危机后，美国量化宽松货币政策向国内外市场大量发行美元。

（3）日元国际化

日元国际化的进程始于20 世纪60 年代末到90 年代初。“二战”结束时日本经济基本崩溃，后经过美国援助和自身努力，经过近 30 年的发展，至 70 年代，日本经济取得了迅速发展，进入繁荣时期。当时因日元升值，日本对外贸易采用美元结算使日本企业遭受了较大的汇率风险，为了改变这一现象，日本开始谋求本币国际化，在对外贸易中推行以日元计价结算方式，并取得了初步成功。如 1970—1980 年，在日本进出口总额中，按日元计价结算的比重分别由 0. 2%、0. 9% 提高到 2. 4%、29. 4%。70 年代后期由于日本外贸巨额顺差、日元对美元升值以及世界各国对日元需求的增加，1978 年 12 月，日本大藏省顺势而为，提出“正视日元国际化”，推行在欧洲发行日元债和“促进日元在太平洋地区流通”等政策措施，积极推进日元由结算货币向投资货币转换。与此同时，日本宣布购买外国证券由审批制改为申报制和进行日元利率自由化。以上措施的实施，使大量日元以长期资本和直接投资的方式输向海外（潘锡泉、于洋，2019）。

20 世纪 80 年代，日本加快推进日元国际化，随着 1980 年 12 月新修订的《外汇与外贸管制法》出台，日本外汇管制基本上被取消，日元进入自由兑换时代。五年之后（1986 年 5 月），日本离岸金融市场在东京正式成立，资本流动和投资限制被取消，居民和非居民可以自由投资，同时日本还完善短期金融市场、金融期货市场和推动欧洲日元市场的自由化。到 20 世纪 90 年代初，日本基本完成了日元国际化的进程，成为仅次于美元、德国马克的国际货币，1990 年日元在世界各国外汇储备中所占的比重为 8%，超过了英镑的 3%；在世界外汇交易中的比重与德国马克持平，为 13.5%。1991 年，日元占全球外汇储备份额达到峰值 8.7%，成为仅次于美元和马克的全球第三大储备货币。

20 世纪 90 年代日本经济增长陷入停滞，日元国际化趋势也逐渐减弱，然而日本政府对日元国际化的态度却很积极。1997 年，亚洲金融危机爆发，危机中东南亚国家对救助的渴求和危机后对改革国际金融体系和加强区域金融合作的呼声为日元“再国际化”提供了契机。日本大藏省制定了借助危机救助之机，逐步建立由日本主导的东亚区域金融合作机制，最终实现日元区域化的“三步走”战略目标。1998 年，日本提出“新宫泽构想”，倡议建立亚洲基金，并向危机国家提供了总额约 240 亿美元的贷款和担保。此后，日本政府充分利用“东盟 + 中日韩”和“东亚峰会”等合作平台，倡导由日本主导的区域金融合作机制。2002 年，第四届亚欧财长会议发布《神户研究计划报告》，日本提议建立东亚区域货币篮子机制，2003 年，日本又倡议建设东亚债券市场。同期，日本政府也在积极推进国内金融改革，其目的一方面是想重振日本经济，另一方面是想把东京建设成国际金融中心。在日本国内金融市场方面，1996 年，日本首相桥本龙太郎推出了一系列金融市场去监管措施。1998 年，日本实施新《外汇法》，新法几乎取消了所有外汇交易限制，日本实现了完全的金融自由化和开放。然而，日元国际化水平并没有因为日本政府的积极努力而显著提高，一些指标甚至低于 20 世纪 90 年代初水平（吴丰光，2018）。

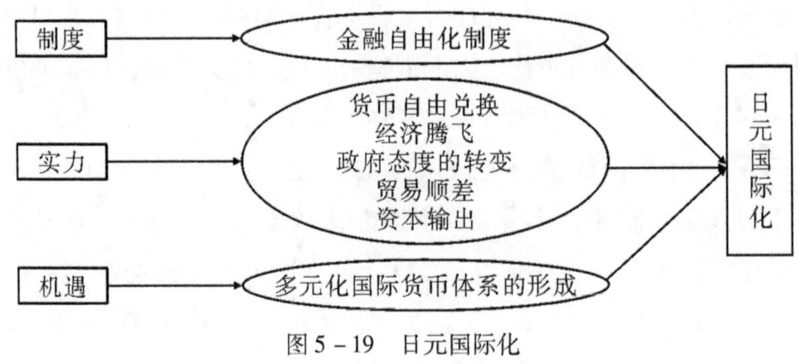

图 5－19　日元国际化

（4）欧元国际化

欧元的诞生是建立在欧洲经济一体化的基础之上的，是欧洲经济一体化深化的要求。欧洲各国的货币合作起始于20世纪50年代。二战前世界上并存着“英镑区”“法郎区”“美元区”，世界货币体系一片混乱。1943年，为了避免二战后的国际货币体系陷入混乱，英美各自提出国际货币体系重建的“凯恩斯计划”和“怀特计划”，最终美国的“怀特计划”获得通过，以美元为中心的布雷顿森林货币体系建立。战后，在布雷顿森林体系下，西欧国家的对外支付和多边自由贸易的夙愿无法实现，欧洲对北美洲的贸易长期保持巨幅逆差，到了20世纪50年代，欧洲对北美洲的出口也未达到对其进口的一半。为了解决上述问题，1950年，欧洲国家在马歇尔计划的框架内构建了欧洲支付同盟（EPU），该同盟是欧洲经济合作组织进行国际结算的机构，还不是真正意义上的货币合作。1958年，由于英法等国宣布货币自由兑换，该同盟解散。1960年后，美国的外贸赤字和资本外流严重，欧洲货币市场上出现了抛售美元、抢购黄金的热潮，外汇汇率的不稳定严重影响了欧共体内部经济政策。1969年12月，欧共体六国的海牙首脑会议确定了建立“欧洲经济货币联盟”（EMU）的目标。

1970年10月“魏尔纳计划”出台，提出实行单一货币，建立欧洲中央银行等目标，虽然计划由于种种原因未能实施，但对货币一体化进程起到了很大影响。20世纪70年代，由于布雷顿森林体系的解体和两次石油危机的冲击，国际货币体系出现动荡，为了稳定欧共体的经济，在“史密森协定”“巴塞尔协定”和“蛇形浮动”的汇率机制的基础上，1973年4月3日欧洲货币合作基金（EMCF）正式成立，并确定了“欧洲记账单位”（EVA）。1978年7月6日，在哥本哈根的欧共体首脑会议上，发表了《不来梅宣言》，确定了建立欧洲货币体系（EMS）的总方案。1979年3月13日，EMS正式成立。欧洲货币体系建立了欧洲货币单位埃居（ECU）、欧洲汇率机制（ERM）和信贷机制。20世纪80年代后期，欧共体重启了经济与货币联盟的构建。1988年6月，以欧共体主席雅克·德洛尔为首的“欧洲经济与货币联盟研究委员会”对经货联盟的可行性进行研究，1989年4月向欧共体马德里首脑会议提交了《关于欧共体经济与货币联盟的报告》，即《德洛尔报告》，它的很多原则和结论反映在日后的《马斯特里赫特条约》中，是欧共体货币一体化的理论指导和先驱性文件（娄季芳，2012）。

1992 年 2 月 7 日，欧共体 12 国首脑在荷兰的马斯特里赫特签署了欧洲货币联盟正式建立的纲领性文件《马斯特里赫特条约》，其主要内容是对欧洲实现单一货币的措施和步骤做出具体安排并提出时间表，最迟在 1999 年 1 月 1 日建立经济货币联盟（EMU），届时在该联盟内实现统一的货币、统一的中央银行和统一的货币政策。至 1993 年《马斯特里赫特条约》正式生效，欧共体正式更名为欧洲联盟，标志着欧洲一体化进入了一个新的阶段。按照《马斯特里赫特条约》，欧元的建设主要分为三个阶段。第一阶段是要促成欧洲大市场的统一，即实现商品、劳务、人员、资本的自由流动。同时加强各成员国之间的货币合作，促成多边的监督，这一阶段的任务在签署《马斯特里赫特条约》之前欧共体已基本完成。第二阶段是在 1994 年至 1998 年期间，在最大限度稳定价格的基础上实现欧洲各国经济、财政和货币政策的相互一协调，为欧洲中央银行的成立和共同货币的引入做准备。第三阶段的任务是到 1999 年 1 月 1 日，欧洲中央银行开始运作，欧元启动，加入欧元区国家间的汇率锁定，由欧洲中央银行确定各国的利率和汇率政策。从欧元的启动到投入流通设置三年的过渡期，在 2002 年 1 月 1 日前，欧元与欧元区国家的货币同时流通。到 2002 年 7 月，各国货币正式退出流通，欧元作为欧元区唯一法定货币流通（见表 5 - 17）。至此，经过了几十年的努力，欧元这一具有重要意义的货币终于诞生，在世界货币中发挥着重要的作用（孙耀，2013）。

综上所述，比较英镑、美元、日元、欧元国际化的经验可以发现，经济实力、在国际分工链中所处地位是决定国际化程度的最核心因素，对国际货币的支付、计价职能形成重要支撑，体现了货币国际化的内生性，而提升资本项目可兑换水平、发展金融市场等政策推动则能促使货币的价值贮藏功能进一步发展（张雪鹿、杨宁，2020）。从货币国际化的一般发展进程看，货币国际化是一个由低级到高级循序渐进的过程，历史上英镑、美元、日元、德国马克等货币最初都是伴随着经济的持续高速增长和贸易额的增加而国际化，但是只有美元和英镑彻底实现了国际化。一国货币要想成为国际货币，不是依靠国家主观意愿就能完成的，需要按照货币国际化的发展进程，循序推进，即按照“结算货币→投资货币→储备货币”这一程序有序推进，才能最终达到货币国际化的目的。

表 5 – 17　欧元发展时间表

时间	事件	内容	参与国家
1951.4.18	《巴黎条约》签订	通过欧洲煤钢共同体成立，1952 年 7 月 23 日生效。	法国、联邦德国、意大利、荷兰、比利时、卢森堡
1952.7.23	欧洲煤炭钢铁共同体成立	协调各成员国的煤钢生产，保证共同体内部的有效竞争。	法国、联邦德国、意大利、荷兰、比利时、卢森堡
1957.3.25	《罗马条约》签订	签订《欧洲经济共同体条约》和《欧洲原子能共同体条约》，建立关税同盟和农业共同市场，逐步协调经济和社会政策，实现商品、人员、服务和资本的自由流通。	法国、联邦德国、意大利、荷兰、比利时、卢森堡
1958.1.1	欧洲经济共同体成立	根据《欧洲经济共同体条约》，建立工业品关税同盟，实现共同体内部工业品、劳动力和资本的自由流通；规定成员国共同的农业政策，筹组农业共同市场；制定共同竞争规则，消除各种限制和歧视竞争的协定和制度。	法国、联邦德国、意大利、荷兰、比利时、卢森堡
1958.1.1	欧洲原子能共同体成立	根据《欧洲原子能共同体条约》，为核子能源联营及分销共同市场，并可出售剩余核子能源至境外国家。	法国、联邦德国、意大利、荷兰、比利时、卢森堡
1965.4.8	《布鲁塞尔条约》签订	欧洲煤钢共同体、欧洲原子能共同体和欧洲经济共同体统一。	法国、联邦德国、意大利、荷兰、比利时、卢森堡
1967.7.1	欧洲共同体成立	《布鲁塞尔条约》生效，在欧共体内部实行一系列共同政策和措施。	法国、联邦德国、意大利、荷兰、比利时、卢森堡
1979.3.1	欧洲货币体系建立	建立欧洲货币单位、建立稳定汇率的机制、建立欧洲货币合作基金。	法国、联邦德国、意大利、荷兰、比利时、卢森堡、丹麦、爱尔兰
1992.2.7	《马斯特里赫特条约》签订	在欧盟内部要求实现资本的自由流通，真正实现统一市场，并使经济政策完美地协调起来。条约规定：最迟于 1999 年 1 月 18 日在欧共体内发行统一货币，实行共同的对外与防务政策，扩大欧洲议会的权力。	比利时、丹麦、联邦德国、希腊、西班牙、法国、爱尔兰、意大利、卢森堡、荷兰、葡萄牙、英国

续表

时间	事件	内容	参与国家
1993. 11. 1	欧盟成立	《马斯特里赫特条约》正式生效，欧洲联盟正式成立，促进和平，追求公民富裕生活，实现社会经济可持续发展，确保基本价值观，加强国际合作为其宗旨。	比利时、丹麦、联邦德国、希腊、西班牙、法国、爱尔兰、意大利、卢森堡、荷兰、葡萄牙、英国
1998. 7. 1	欧洲中央银行成立	根据《马斯特里赫特条约》成立，负责欧盟欧元区的金融及货币政策，是为了适应欧元发行流通而设立的金融机构，同时也是欧洲经济一体化的产物。	
1999. 1. 1	欧元作为无形货币使用	各国纸币和硬币将继续作为法定货币使用三年，但是从 1999 年 1 月 1 日开始，欧元区国家原先货币和欧元的汇率不可更改，各国货币作为欧元的补充货币单位，一直到 2002 年 6 月 30 日各国货币全部被淘汰。	德国、法国、意大利、荷兰、比利时、卢森堡、爱尔兰、西班牙、葡萄牙、奥地利、芬兰
2002. 1. 1	欧元纸币和硬币使用	欧元纸币和货币流通，各国货币逐渐退出流通领域	德国、法国、意大利、荷兰、比利时、卢森堡、爱尔兰、西班牙、葡萄牙、奥地利、芬兰、希腊

5.4.2 人民币国际化的政策建议

(1) 继续推进汇率形成机制改革

人民币国际化的重要前提是保持人民币的币值稳定并且能否自由浮动，只有具有坚挺币值的货币才能使被其他国家或地区作为国际储备货币所持有。我国应加快人民币汇率制度改革，提高人民币汇率双向浮动弹性，改变人民币汇率单边升值预期的现状。2005 年以来，人民银行一直致力于推进人民币汇率形成机制市场化改革，分别在 2007 年 5 月、2012 年 4 月和 2014 年 3 月三次调整人民币对美元汇率浮动幅度，由 0.3% 扩大至 2%；2015 年 8 月完善人民币兑美元汇率的中间价形成机制；2015 年 12 月发布 CFETS 汇率指数，人民币汇率将更多体现以市场供求为基础和参考一篮子货币的特征（见表 5－18 和表 5－19）。

Goldstein & Turner（2004）认为固定汇率制度是造成发展中国家货币错配的重要原因，为了减轻货币错配的风险，发展中国家应该实行浮动汇率制度。根据 Mundell – Fleming 模型（M – F 模型）：随着资本账户和金融账户的开放，国际投机资本的流动性频繁，如果一国采用固定的汇率制度安排，那么其货币政策往往趋于无效；反而，如果采用浮动汇率制度安排，那么其货币政策效力反而是逐渐提高。目前我国实施的有管理的浮动汇率制度使得人民币汇率制度安排的灵活性明显提高，有效避免了汇率的过分波动，然而它毕竟还受到央行调控管理的制约，汇率波动并不是完全外汇市场的供给和需求所决定，不能完全真实的反映货币供需关系。

从长期来看，完全浮动的汇率制度是人民币汇率制度改革的终极目标，使得汇率波动由外汇市场的供给和需求所决定，避免因“三元悖论”使得货币政策独立性下降。人民币汇率自由浮动是大势所趋，因为如果一国是固定汇率制度或者中间汇率制度，则必然是钉住某一种货币或者多种货币，则该国货币计价资产价值必然波动，不符合国际化货币储藏价值的要求，从而也不会被他国作为储备货币所持有（卢曾，2015）。

从政策制定者的角度看，在浮动汇率制度下，中央银行不再承诺维持某一固定汇率水平，汇率风险将成为微观经济主体考虑的重要因素。在这种情况下，货币错配对汇率变动非常敏感，在合并资产负债表结算的时候，常常会因为汇兑风险而造成资产和负债的不相等，如果是资不抵债则会对该国各部门的稳定产生负面影响。在存在净外币负债的情况下，本币贬值将导致经济主体外币债务增加；在存在净外币资产的情况下，本币升值将导致经济主体外币资产缩水。这两种情况如果严重，都将会使经济主体陷入财务困境。因此，私人部门会积极避免货币错配的形成给净值、净收入带来的不确定性或通过各种对冲交易工具减小货币错配（张瑞琪，2015）。

表 5 – 18　2005 年后人民币汇率改革进程

时间	事件
1994. 1. 1	以市场供求为基础、单一的、有管理的浮动汇率制度，1 美元兑换 8. 7 元人民币
2005. 7. 21	废除原先钉住单一美元的货币政策，开始实行以市场供求为基础、参考一揽子货币进行调节、有管理的浮动汇率制度；1 美元兑 8. 11 元人民币

续表

时间	事件
2007. 5. 21	人民币兑美元交易价浮动幅度由3‰扩大至5‰
2008. 7 ~ 2010. 6	次贷危机期间，汇率固定在1美元兑6. 83人民币
2010. 6. 19	重启参考一篮子货币的有管理浮动汇率制度
2012. 4. 16	人民币兑美元交易价浮动幅度由5‰扩大至1%
2014. 3. 17	人民币兑美元交易价浮动幅度由1%扩大至2%
2014. 7. 2	取消银行对客户美元挂牌买卖价管理，基本退出常态外汇干预
2015. 8. 11	进一步完善人民币汇率中间报价

表5－19　2015年后人民币汇率波动幅度

时间	中间价形成	波动幅度
2005年之前	“钉住美元”	0. 3%
2005. 07. 21 ~ 2015. 08. 10	做市商询价，参考一篮子货币	0. 5% ~ 2%
2015. 08. 11 ~ 2016. 01. 11	中间价 = 前日收盘价	2%
2016. 01. 11 ~ 2017. 05. 25	中间价 = 前日收盘价 + 过滤系数* 一篮子汇率变动	2%
2017. 05. 26 ~ 2018. 01. 09	中间价 = 前日收盘价 + 过滤系数* 一篮子汇率变动 + 逆周期因子	2%
2018. 01. 09 ~ 至今	中间价 = 前日收盘价 + 过滤系数* 一篮子汇率变动	2%

（2）审慎推进资本账户开放，加快国内金融领域的改革

我国金融体系不健全和不发达是培育人民币成为国际货币面临的最大挑战，不利于分散来自国际金融市场和国际投机资本流动的风险。Prasad & Ye（2012）认为，人民币国际化无法在短期内超越美元的地位，最主要的原因是中国金融市场仍然有外汇和利率管制。在人民币国际化的加速进程中，其境外流通量会大幅增加，其中大多数人民币会回流国内，少部分人民币会在境外流入离岸人民币市场。由于我国资本账户还未完全开放，在境外结算的人民币无法回流国内市场，不利于分散来自国际金融市场和国际投机资本流动的风险（邵华明、侯臣，2015）。然而，资本账户的完全开放对人民币国际化来说是收益与风险并存。当前学术界关于我国是否应该立刻全面开放资本项目并未达成一致意见，国际经济学界并未能从理论上和经验上证

明，资本项目的完全开放对发展中国家或新兴经济体国家来说是利大于弊，还是弊大于利。

从内部看，我国亟须完善健全国内金融市场，不仅是人民币国际化的必要条件，也是汇率自由兑换稳步实施的重要保障。一方面，需要不断丰富境内资本市场投资机构和产品，推动包括股票市场、债券市场、外汇市场等金融市场的双向开放；另一方面，支持更多境外金融投资机构在境内、境内机构在境外发行人民币债券；并积极支持我国优质企业“走出去”，鼓励其在境内外上市，条件成熟时取消资格和额度审批（管晓明，2016）。从外部看，我国正面临是否全面放开资本管制，以及如何开放资本账户交易的艰难抉择。目前我国距实现人民币资本项目可兑换的目标已经不遥远，从国际货币基金组织资本和金融项目交易分类标准下的 40 个子项来看，我国达到部分可兑换的项目和完全可兑换已经有 37 项。目前，我国需要渐进、可控的推进我国资本金融账户开放；如果短期内过快开放我国的资本账户和金融账户，很可能导致人民币汇率剧烈波动，短期国际投机资本大进大出，冲击了国内金融体系，甚至引发国内系统性金融危机。

（3）积极推动香港离岸人民币市场发展

第一，完善离岸人民币的供给和流回机制。目前，人民币国际化仍然处于初级阶段，离岸市场的发展有助于为全球市场主体获得、持有和使用人民币提供便利。离岸人民币市场具备一定的资金规模和顺畅的资金流动机制，是离岸人民币业务持续发展的基础。因此，建议进一步扩大香港内地资本市场的互联互通的渠道，继续完善离岸市场人民币的供给和回流机制，使在岸市场与离岸市场之间实现良性互动与循环机制。

第二，丰富离岸人民币计价的金融产品种类，增加国际投资者投资人民币资产的动力。目前外汇产品和点心债是离岸人民币市场的主要金融产品，以人民币计价的离岸权益类金融产品相对缺乏，仅仅依靠人民币升值预期带来点心债市场繁荣不可持续。要推动人民币的国际使用和发展离岸市场，需进一步丰富离岸市场人民币计价产品，增强其对国际投资者的吸引力，形成离岸人民币市场的自我循环机制。应加强与境外金融市场基础设施的合作，联合起来，推动离岸人民币业务创新，在股票、债券、回购、外汇、衍生品等多方面金融产品的创新发展，进一步充实点心债市场的发行主体，提升二级市场流动性（吴立雪，2019）。

第三，完善流动性管理和产品定价机制，提升离岸市场的深度和广度。离岸人民币市场发展、人民币金融产品创新、人民币投融资活跃的关键是充足的离岸人民币流动性。目前，香港是最大的离岸人民币市场，其不仅为香港本地提供人民币清算服务，也为世界其他地区提供人民币的资金调拨功能，充分发挥其广泛的全球清算网络和全球流动性管理中心功能。当前需要进一步完善香港的多层次流动性补充机制，提升离岸市场的深度。同时，进一步完善离岸人民币利率定价机制，形成可供参考的人民币债券收益率曲线，为全球离岸市场开发人民币利率相关产品提供更为稳定的利率基础。

第四，加强监测分析，防范离岸市场波动带来的冲击。香港离岸市场人民币价格形成机制更为市场化，衍生品交易量远大于内地，在人民币定价方面有较大的影响力。此外，尽管离岸人民币市场自身的存款创造并不会直接影响境内的货币总量，但人民币资金频繁的跨境流动仍然会增加货币政策调控的复杂性。未来，应加强对香港离岸市场资金流动和衍生品异常交易的监测力度，分析两地人民币价格波动的联动性规律，防范国际投机资本冲击香港市场并对在岸市场产生负面影响。同时，对离岸市场的政策引导和政策沟通是不可或缺的，这些引导和沟通有助于帮助离岸市场形成更合理的人民币汇率、利率走势预期。要及时、准确地把握离岸人民币市场对境内经济的各种可能影响，这需要进一步强化全口径跨境资金流动监测体系，完善跨境资金流动及境外人民币业务的统计分析框架（吴立雪，2019）。

（4）“一带一路”推动人民币国际化进程

2013 年 9 月和 10 月，习近平总书记提出共建“丝绸之路经济带”和“21 世纪海上丝绸之路”的重大倡议，是我国以新方式参与全球分工和全球治理的重要探索，契合中国和沿线国家和地区的共同需求，也将为人民币国际化战略带来历史性的新机遇。一国经济地位的崛起必定伴随着本国货币国际化地位的确立，在历史上英国和美国崛起之时，英镑和美元也随之成为国际货币。根据英镑、美元和欧元的国际化经验，货币国际化在地理位置上应该遵循“周边化→区域化→国际化”路线。由于人民币尚不具备美元、欧元、英镑等国际货币的天然优势，在当前国际金融格局、经济格局和政治格局没有根本改变情况下，短期内人民币成为全球通用储备货币的可能性不大，学术界普遍认为人民币的区域化是人民币国际化必要的一步。“一带一路”沿路国家的海路通道、陆路通道等互联互通有利于以人民币为主要流通与结算货币的“人民币投资与贸易圈”的形成，将人民币由周边化推向区域化，最后形成人民币的国际化。“一带一路”倡议与人民币国际化战略之间有着深度契合发展。

第一，“一带一路”倡议创造贸易需求。投资贸易合作是“一带一路”建设的重点内容，在“一带一路”倡议的最初阶段，最主要的是人民币能够服务于中国与沿线国家的国际贸易和国际投资，我国从沿线国家进口能源、矿产、金属和粮食等多种大宗商品，沿线各国从我国进口大型制造业产品，包括机械设备、交通运输工具等。沿线各国或地区依托资源禀赋优势形成了各自的优势产业，与我国存在良好的产业优势互补，带来了更加便利的区域内部商品流动，有利于从低端到中高端价值链的连接，沿线国家可以充分利用“一带一路”建立的贸易通道融入国际产业分工并获得较好的经济效益。

中国已经成为沿线许多国家的最主要贸易伙伴国，2013—2019 年，我国与“一带一路”沿线国家货物贸易进出口总额从 1.04 万亿美元增至 1.34 万亿美元（见图 5 - 20）。2019 年，我国与 138 个签署“一带一路”合作文件的国家货物贸易总额达 1.90 万亿美元，占我国货物贸易总额的 41.5%，其中，出口 9837.6 亿美元，进口 9173.9 亿美元；2019 年，我国与“一带一路”沿线国家服务贸易进出口总额 1178.8 亿美元，其中出口 380.6 亿美元，进口 798.2 亿美元。人民币已与马来西亚林吉特、新加坡元、泰铢等 9 个周边国家及“一带一路”沿线国家货币实现了直接交易，与柬埔寨瑞尔等 3 个国家货币实现了区域交易。

由于“一带一路”沿线国家的发展对基础设施的有着强大需求，改变了以往我国单一的工业制成品出口的困境，通过以资本输出带动初级产品出口贸易与工业制成品出口贸易的双重效应，实现产业转移，有效缓解我国国内比较突出的产能过剩问题。产能过剩主要表现为产品库存的长期积压或者生产设备的闲置，从钢铁行业、煤化工行业、水泥行业、有色金属行业和平板玻璃等扩大到汽车、机械、电解铝、船舶等众多产业，甚至波及新兴产业，“一带一路”有效发掘了对外投资需求和消费需求（刘瑞、高峰，

2016），为化解传统产业产能过剩带来新的契机。

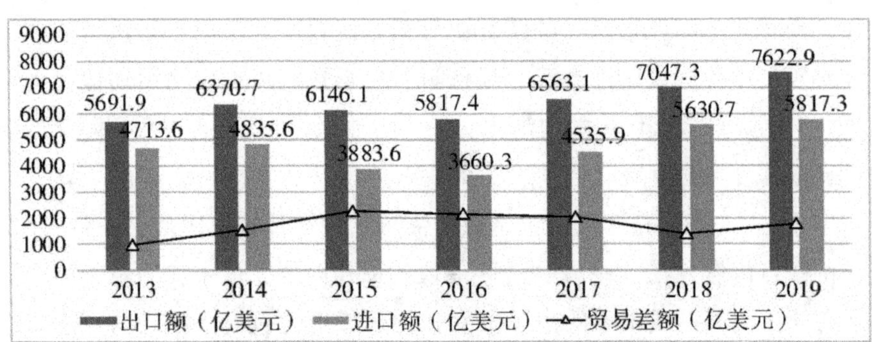

图5－20　中国与“一带一路”沿线国家货物贸易额

第二，“一带一路”倡议创造对外投资需求。从货币国际化的发展史来看，在美元、英镑国际化进程中，美国和英国主要通过对外资本输出，奠定了较高的国际经济地位和政治地位，为取得更大更多的经济收益和最终实现本国货币国际化奠定了良好的基础（韩骏、朱淑珍，2015）。“一带一路”建设的投资需求和融资需求为人民币国际化提供了新的战略契机，沿线国家大多处于工业化进程初期或工业化进程之中，多数国家的基础设施发展水平低，建设融资缺口大。沿线国家与我国在经济结构以及产业结构上有很强的互补性，我国可以发挥比较优势，向沿线国家输出电力、高铁等基建行业，以及建筑机械、钢铁、运输设备等制造业；我国可以从沿线国家输入石油、天然气等各种资源（杜秀红，2016）。

虽然目前“一带一路”沿线国家和地区并不是我国对外直接投资的主要目的地，仍具有非常大的投资潜力。目前我国对外投资流量遍及全球80%的国家和地区，亚洲依然是中国对外投资流量最大的地区。2013—2019年，中国企业对“一带一路”沿线国家非金融类直接投资累计超过1000亿美元，年均增长4.4%，较同期全国平均水平高1.4个百分点，主要投向新加坡、越南、老挝、印度尼西亚等国。2013—2019年，“一带一路”沿线国家对华直接投资超过500亿美元，设立企业超过2.2万家。2019年，“一带一路”沿线国家在华实际投入外资金额84.2亿美元，同比增长30.6%，占同期中国实际吸收外资总额的6.1%（见图5－21）。2020年1—6月，我国企业在“一带一路”沿线对54个国家非金融类直接投资571亿元人民币，同比增长23.8%（折合81.2亿美元，同比增长19.4%），占同期总额的

15.8%。

我国金融市场开放为周边国家及“一带一路”沿线国家投资者提供了多元化的投融资渠道。“一带一路”沿线投资者不仅可以通过RQFII、沪深港通、直接入市投资、债券通等多种渠道投资我国金融市场，我国机构投资者也可以通过RQDII机制投资周边国家及“一带一路”沿线国家金融市场人民币计价的金融产品。2019年，菲律宾政府、葡萄牙政府、新开发银行、意大利存贷款集团等周边国家及“一带一路”沿线国家境外机构在我国债券市场共发行熊猫债超过400亿元，占2019年发行总金额的68%。越来越多的周边国家及“一带一路”沿线国家投资者投资我国金融市场，获取人民币金融资产的高收益投资回报，分享中国经济增长的好处。

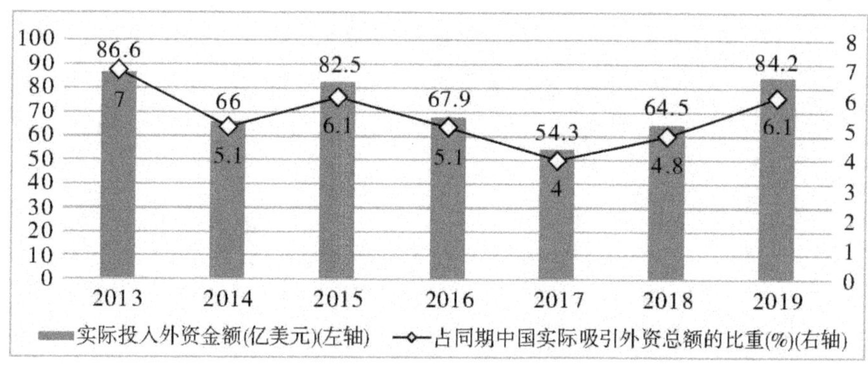

图5-21 2013—2019年“一带一路”沿线国家在华投资流量

第三，“一带一路”倡议创造人民币国际化的市场网络条件。“一带一路”沿线的国家日益广阔的专业化分工为人民币国际化带来了创造更多的市场网络的机遇，直接扩大贸易领域和投资领域的人民币计价结算，增加了双边的货币互换，扩大了包括人民币在内的多个国家的货币在跨境交易中的使用，对建设覆盖全球的人民币跨境支付清算系统的支持作用。2018年，中国与“一带一路”沿线国家办理人民币跨境收付金额超过2.07万亿元，占同期人民币跨境收付总额的13.1%。2019年，中国与“一带一路”沿线国家办理人民币跨境收付金额超过2.73万亿元，占同期人民币跨境收付总额的13.9%，其中货物贸易收付金额7325亿元，直接投资收付金额2524亿元，跨境融资收付金额2135亿元。截至2019年年末，中国与21个“一带一路”沿线国家签署了本币互换协议，在8个“一带一路”沿线国家建立了人民币清算机制安排。除了在央行层面签订货币互换协议外，清算行制度也在市场层面为人民币流动性提供了保障，中国人民银行分别授权在吉隆坡、曼谷、卡塔尔、阿联酋等“一带一路”国家或地区建立了人民币清算行，为当地使用人民币提供便利和支持，不仅维护区域金融稳定，还促进双边贸易和投资。

6 结论

货币错配是经济全球化下发展中国家普遍面临的经济金融现象。在开放经济条件下，以美元和欧元为关键货币的国际货币体系，使得发展中国家不可避免地要面对货币错配，作为货币尚未国际化的发展中国家，外部经济不平衡使得我国存在债权型的货币错配。本研究紧紧围绕三大核心问题：如何测算我国货币错配的程度，呈现什么特征？货币错配存在哪些福利损失？如何缓解货币错配？主要沿着“我国货币错配的动态特征→货币错配的福利效应→缓解我国货币错配的汇率政策选择：人民币国际化”思路展开研究，主要得出如下的结论：

第一，从我国货币错配的特征来看，我国货币错配的绝对指标国际投资净头寸规模一直处于一个较为稳定的水平，国际投资净头寸规模较大，2016年为19504亿美元，2017年为21007亿美元，2018年为21301亿美元，2019年为21240亿美元，这表明我国存在债权型的货币错配。货币错配的相对指标AECM指数变动具有明显的阶段性特征，表现为依次经过稳步上升期（1986—1999年）、缓慢增长期（2000—2006年）、快速增长期（2007—2014）和回落期（2015年之后）四个阶段。

我国货币错配的成因包括外部原因和内部原因，前者包括美元本位制、经济全球化等，后者包括高储蓄两难综合症、原罪论、外向型经济发展战略、巨额外汇储备等。货币错配给我国宏观经济政策造成较大压力，影响到宏观经济的稳健运行，削弱了我国货币政策独立性，导致了“逆资产负债表效应”，加剧了金融体系的脆弱性，制约汇率制度的灵活性。而且逐渐由宏观政府层面向微观经济领域扩散，汇率风险敞口突出，对微观经济主体掣肘会更加突出，其危害程度不亚于债务型的货币错配。

第二，从我国货币错配的经济效应来看，货币错配对我国经济增长的影响存在明显的时变特征，呈现“先下降，后上升，再下降，又上升”的“W形”非线性波动特征。2007—2017年，货币错配对经济增长存在消极影响，2018—2020年，货币错配对经济增长存在积极影响。货币错配对人民币汇率的影响存在明显的时变性特征，呈现“先上升，后下降，再上升，再下降”的“M形”波动趋势，货币错配对人民币实际汇率存在积极影响，即货币错配程度的增加促使人民币汇率升值。

货币错配对我国数量型货币政策的影响并不是线性的，而是非线性动态过程，具有明显的时变性和相机抉择特征，脉冲响应函数值呈现“先上升，后下降，再上升，又缓慢下降，又缓慢上升”的波动趋势，货币错配对货币供应量存在积极影响，即货币错配程度的增加促进我国货币供应量的增加。货币错配对我国价格型货币政策影响存在时变特征，脉冲响应函数值呈现“先上升，后下降，又上升”的“N形”波动趋势，货币错配对名义利率的影响方向存在不确定性，脉冲响应函数值呈现“正负交替”的波动态势：在2007—2011年为负值，2012—2014年9月为正值，之后为负值，2018—2020年为正值。

第三，从缓解我国货币错配的汇率政策选择来看，人民币国际化是破解我国货币错配难题的根本举措，人民币非国际货币是造成我国货币错配最根本的原因，人民币国际化是指人民币在国际范围内发挥货币功能，成为国际贸易计价结算货币、国际金融投资货币以及国际储备货币。作为全球第二大经济体和第一大贸易国，人民币国际化的势头非常好，跨境贸易人民币结算、货币互换协议以及离岸人民币金融中心的发展是人民币国际化的主要驱动力。

然而，人民币国际化的进程中也有风险与挑战：国际金融市场动荡的均值溢出效应和波动溢出效应，人民币跨境贸易结算存在失衡现象，人民币国际储备占比较低，人民币资本项目尚未实现完全可兑换，人民币国际化问题中的“特里芬难题”，外部环境更加严峻，国际霸权货币的抵制，离岸人民币市场有待深化发展等。货币国际化是一个由低级到高级循序渐进的过程，推动人民币国际化的政策建议包括：建立推进汇率形成机制改革、改变人民币单边升值预期、审慎推进资本账户开放、加快国内金融领域的改革、积极推动香港离岸人民币市场发展、“一带一路”推动人民币国际化进程等。

参考文献

[1] Ajayi R A, Serletis A. *Testing for Causality in the Transmission of Eurodollar and US Interest Rates* [J] . Applied Financial Economics, 2009, 19 (6): 439 - 443.

[2] Ann A T H, Alles I. *An Examination of Causality and Predictability between Australian Domestic and Offshore Interest Rates* [J] . Journal of International Financial Markets Institutions and Money, 2000, 10 (1): 83 - 106.

[3] Baeck E G, Brock W A. *A Nonparametric Test for Independence of A Multivariate Time Series* [J] . Statistica Sinica, 1992, 2 (1): 137 - 156.

[4] Baek S G. *On The Determinants of Aggregate Currency Mismatch* [J]. Journal of Policy Modeling, 2013, 35 (4): 623 - 637.

[5] Barry Eichengreen, Jeffry Frieden, Dr. Jürgen von Hagen. *Monetary and Fiscal Policy in An Integrated Europe* [M] . Springer Berlin Heidelberg, 1995.

[6] Batten J, Covrig V. *The Japan Premium and the Floating-Rate Yen Euro Market* [J] . Journal of the Asia Pacific Economy, 2004, 9 (3): 288 - 300.

[7] Beckmann E, Stix H. *Foreign Currency Borrowing and Knowledge about Exchange Rate Risk* [J] . Journal of Economic Behavior & Organization, 2015, 112: 1 - 16.

[8] Billmeier A, Mathisen J. *Analyzing Balance Sheet Vulnerabilities in A Dollarized Economy-The Case of Georgia* [D] . IMF Working Papers, 2006, 06 (173) .

[9] Bollerslev, T. *Modeling the Coherence in Short-Run Nominal Exchange Rates: A Multivariate Generalized ARCH Model* [J] . Review of Economics and

Statistics, 1990, 72 (3): 498 - 505.

[10] Bowles, Paul; Wang, Baotai. *Renminbi Internationalization: A Journey to Where?* [J] . Development and Change, 2013, 44.6: 1363 - 1385.

[11] Broock W A, Scheinkman J A, Dechert W E. *A Test for Independence Based on the Correlation Dimension* [J] . Econometric Reviews, 1995, 15 (3): 197 - 235.

[12] Byström, Hans. *The Impact of Currency Movements on Asset Value Correlations* [J] . Journal of International Financial Markets Institutions & Money, 2014, 31 (08): 178 - 186.

[13] Cetorelli N, Goldberg L S. *Follow the Money: Quantifying Domestic Effects of Foreign Bank Shocks in the Great Recession* [J] . The American Economic Review, 2012, 102 (3): 213 - 218.

[14] Chan Y K, Lee S K. *The Dynamics of Interest Rates between Eurodollar and Domestic US Dollar* [J] . Applied Financial Economics, 1996, 6 (4): 347 - 349.

[15] Chang R, Velasco A. *Liquidity Crises in Emerging Markets: Theory and Policy* [D] . NBER Working Papers, 1999.

[16] Chui M, Kuruc E, Turner P. *Leverage and Currency Mismatches: Non-Financial Companies in the Emerging Markets* [J] . The World Economy, 2018, 41 (12): 3269 - 3287.

[17] Chuluunbayar D. *Macroeconomic Determinants of Non-Performing Loans in Mongolia: The Influence of Currency Mismatch and Bank Size* [D]. MPRA Paper, 2020.

[18] Clark T, Kotabe M, Rajaratnam D. *Exchange Rate Pass-Through and International Pricing Strategy: A Conceptual Framework and Research Propositions* [J] . Journal of International Business Studies, 1999, 30 (2): 249 - 268.

[19] DE Jone P, Shephard N. *The Simulation Smoother for Time Series Models* [J] . Biometrika, 1995, 82 (2): 339 - 350.

[20] Diks C, Valentyn Panchenko. *A New Statistic and Practical Guidelines for Nonparametric Granger Causality Testing* [J] . Journal of Economic Dynamics

& Control, 2006, 30 (9): 1647 - 1669.

[21] Douglas W. Diamond, Philip H. *Dybvig. Bank Runs, Deposit Insurance, and Liquidity* [J]. Journal of Political Economy, 1983.

[22] Durbin, James, Koopman, Siem Jan. *Time Series Analysis by State Space Methods: Second Edition* [J]. Siem Jan Koopman, 2012, 39 (461): 255 - 256.

[23] Eichengeen B, Mody A. *Is Aggregation A Problem for Sovereign Debt Restructuring?* [J]. The American Economic Review, 2003, 93 (2): 80 - 84.

[24] Eichengreen B, Hausmann R, Panizza U. *Currency Mismatches, Debt Intolerance and Original Sin: Why They Are Not the Same and Why It Matters* [D]. NBER Chapters, 2003, 10036: 121 - 170.

[25] Eichengreen B, Hausmann R. *Exchange Rates and Financial Fragility* [C]. Proceedings-Economic Policy Symposium-Jackson Hole. Federal Reserve Bank of Kansas City, 1999.

[26] Eichengreen B, Irwin D A. *Currency Crises* [D]. NBER Chapters, 1999, 38 (1 - 2): 1 - 24.

[27] Eichengreen, B., & Kawai, M. *Issues for Renminbi Internationalization: An Overview* [D]. 2014

[28] Endresz M, Harasztosi P. *Corporate Foreign Currency Borrowing and Investment: The Case of Hungary* [J]. Emerging Markets Review, 2014, 21 (11): 265 - 287.

[29] Engle R F, Kroner K F. *Multivariate Simultaneous Generalized ARCH* [J]. Econometric Theory, 1995, 11 (1): 122 - 150.

[30] Engle R F. *Dynamic Conditional Correlation: A Simple Class Of Multivariate Generalized Autoregressive Conditional Heteroskedasticity Models* [J]. Journal of Business & Economic Statistics, 2002, 20 (3): 339 - 350.

[31] Fairl, Kathleen E. *How Does Currency Mismatch Affect Resilience to an External Shock? Evidence from the* 2007—2009 *Global Financial Crisis* [D]. Georgetown University, 2013.

[32] Fischer, Stanley. *Exchange Rate Regimes: Is the Bipolar View Correct?* [J]. Journal of Economic Perspectives, 2001.

[33] Frankel J A, Fajnzylber E, Schmukler S L, et al. *Verifying Exchange Rate Regimes* [J]. Journal of Development Economics, 1999, 66 (2): 351 - 386.

[34] Frankel J, Wei S J. *Estimation of De Facto Exchange Rate Regimes: Synthesis of the Techniques for Inferring Flexibility and Basket Weights* [D]. Working Paper Series, 2008.

[35] Frederic S Mishkin. *Lessons from the Asian Crisis* [J]. Journal of Human Development & Capabilities, 2000, 18 (4): 709 - 723.

[36] Goldstein M, Turner P. *Controlling Currency Mismatches in Emerging Markets* [M]. Peterson Institute Press, 2004.

[37] Granger, C. W. J. *Investigating Causal Relations by Econometric Models and Cross-Spectral Methods* [J]. Econometrica, 1969, 37 (03): 424 - 438.

[38] Hiemstra C, Jones J D. *Testing For Linear and Nonlinear Granger Causality in the Stock Price-Volume Relation* [J]. Journal of Finance, 1994, 49 (5): 1639 - 1664.

[39] Hung-Gay Fung, Wai-Chung Lo. *An Empirical Examination of the Ex Ante International Interest Rate Transmission* [J]. The Financial Review (Statesboro), 1995, 30 (1): 175 - 192.

[40] Janković Irena, Živković Boško. *An Analysis of the Effect of Currency Mismatch on A Country's Default Risk* [J]. Economic Annals, 2014.

[41] Jeanne O, Rancière R G. *The Optimal Level of International Reserves for Emerging Market Countries: Formulas and Applications* [D]. IMF Working Papers, 2006: 1 - 33.

[42] Jiajia Y, Chunsong G, Li Z. *Hong Kong Offshore RMB Interbank Interest Rate Risk Measurement Research: Based on the Analysis of AR-GARCH-Pot Method* [J]. Finance & Trade Economics, 2015, 36 (6): 73 - 84.

[43] Qin J. *Relationship Between Onshore and Offshore Renminbi Exchange Markets: Evidence from Multiscale Cross-Correlation and Nonlinear Causal Effect*

Analyses [J]. Physica A: Statistical Mechanics and Its Applications, 2019, 527: 121183.

[44] Jones H J D. *Testing for Linear and Nonlinear Granger Causality in the Stock Price-Volume Relation* [J]. The Journal of Finance, 1994, 49 (5): 1639 - 1664.

[45] Kamil H. *How Do Exchange Rate Regimes Affect Firms' Incentives to Hedge Currency Risk? Micro Evidence for Latin America* [D]. IMF Working Papers, 2012.

[46] Kim Y J. *Foreign Currency Exposure and Balance Sheet Effects: A Firm-level Analysis for Korea* [J]. Emerging Markets Review, 2016, 26 (4): 64 - 79.

[47] Krugman, Paul R. *Currencies and Crises* [M]. Mit Press Books, 1993.

[48] Krugman, Paul. *The Return of Depression Economics* [J]. Foreign Affairs, 1999.

[49] Lane P R, Shambaugh J C. *Financial Exchange Rates and International Currency Exposures* [D]. CEPR Discussion Papers, 2007.

[50] Lane P R, Shambaugh J C. *The Long or Short of It: Determinants of Foreign Currency Exposure in External Balance Sheets* [D]. NBER Working Papers, 2009.

[51] Levin J H. *The Eurodollar Market and the International Transmission of Interest Rates* [J]. Canadian Journal of Economics, 1974: 205 - 224.

[52] Liu L G, Pauwels L L. *Do External Political Pressures Affect the Renminbi Exchange Rate?* [J]. Journal of International Money & Finance, 2012, 31 (6): 1800 - 1818.

[53] Lo W C, Fung H G, Morse J N. *A Note on Euroyen and Domestic Yen Interest Rates* [J]. Journal of Banking & Finance, 1995, 19 (7): 1309 - 1321.

[54] Magud N E. *Currency Mismatch, Openness and Exchange Rate Regime Choice* [J]. Journal of Macroeconomics, 2010, 32 (1): 68 - 89.

[55] Magud N. *Exchange Rate Regime Choice and Country Characteristics: An Empirical Investigation into the Role of Openness* [D]. University of Oregon Economics Department Working Papers, 2004.

[56] Masson P R. *Exchange Rate Regime Transitions* [J]. Journal of Development Economics, 2001, 64 (2): 571 -586.

[57] McCauley R N. *Renminbi Internationalisation and China's Financial Development* [J]. Journal of Chinese Economic and Business Studies, 2013, 11 (2): 101 -115.

[58] Mckinnon R I, Pill H. *International Overborrowing: A decomposition of Credit and Currency Risks* [J]. World Development, 1998, 26 (7): 1267 -1282.

[59] McKinnon R I. *Exchange Rate Co-Ordination for Surmounting the East Asian Currency Crises* [J]. Journal of International Development, 1999, 11 (1): 95.

[60] Mckinnon R I. *Optimum Currency Areas and Key Currencies: Mundell I versus Mundell II* [J]. Journal of Common Market Studies, 2004, 42 (4): 689 -715.

[61] Mishkin F S. *International Experiences with Different Monetary Policy Regimes* [J]. Journal of Monetary Economics, 1999, 43 (3): 579 -605.

[62] Morris Goldstein, Philip Turner. *Measuring Currency Mismatch and Aggregate Effective Currency Mismatch* [M]. World Entific Book Chapters, 2017.

[63] Mougoue M, Noula A G, Ajayi R A. *Maturities, Nonlinearities, and the International Transmission of Short-Term Interest Rates* [J]. Review of Applied Economics, 2008, 4 (1 -2): 93 -112.

[64] Nakajima J. *Time-varying Parameter VAR Model with Stochastic Volatility: An Overview of Methodology and Empirical Applications* [D]. Institute for Monetary and Economic Studies, Bank of Japan, 2011.

[65] Obstfeld M, Rogoff K. *Exchange Rate Dynamics Redux* [J]. Journal of Political Economy, 1995, 103 (3): 624 -660.

[66] Obstfeld M, Rogoff K. *The Mirage of Fixed Exchange Rates* [J]. Journal of Economic Perspectives, 1995, 9 (4): 73 -96.

[67] Park Y C, Song C Y. *Renminbi Internationalization: Prospects and Implications for Economic Integration in East Asia* [J] . Asian Economic Papers, 2011, 10 (3): 42 -72.

[68] Prasad E. *The Renminbi's Role in the Global Monetary System* [R]. Institute for the Study of Labor (IZA), 2012.

[69] Prat S. *The Relevance of Currency Mismatch Indicators: An Analysis Through Determinants of Emerging Market Spreads* [J] . Economie Internationale, 2007, 111 (3Q): 101 -122.

[70] Primiceri G E. *Time Varying Structural Vector Autoregressions and Monetary Policy* [J] . The Review of Economic Studies, 2005, 72 (3): 821 - 852.

[71] Ramirez-Rondan N R. *Balance Sheet and Currency Mismatch: Evidence for Peruvian Firms* [J] . Empirical Economics, 2019, 57 (2): 449 -473.

[72] Ranaldo, Angelo, Söderlind, *Safe Haven Currencies* [D] . Swiss National Bank Working Papers, 2007.

[73] Rancière, Romain G, Tornell A, Vamvakidis A. *A New Index of Currency Mismatch and Systemic Risk* [D] . 2011, 10 (263) .

[74] Ranciere R, Tornell A, Vamvakidis A. *Currency Mismatch, Systemic Risk and Growth in Emerging Europe* [J] . Economic Policy, 2010, 25 (64): 597 -658.

[75] Reinhart C M, Rogoff K S, Savastano M A. *Debt Intolerance* [C]. Conference of the Brookings-Panel on Economic Activity, 2003: 1 -74.

[76] Reinhart C, Calvo G. *Fear of Floating* [D] . MPRA Paper, 2002, 117 (2): 379 -408.

[77] Ronald McKinnon, Kenichi Ohno, Kazuko Shirono. *The Syndrome of the Ever-Higher Yen, 1971—1995: American Mercantile Pressure on Japanese Monetary Policy* [D] . NBER Chapters, 2009.

[78] Schnabl G, Mckinnon R I. *The East Asian Dollar Standard, Fear of*

Floating, *and Original Sin* [J]. Review of Development Economics, 2004, 8 (3): 331-360.

[79] Setser B, Roubini N, Keller C, et al. *A Balance Sheet Approach to Financial Crisis* [D]. IMF Working Papers, 2002, 2 (210): 1-22.

[80] Shambaugh L J C. *Financial Exchange Rates and International Currency Exposures* [J]. American Economic Review, 2010, 100 (1): 518-540.

[81] Shao-Bo L, Qing-Chun H E. *The Central Bank's Behavior under Currency Mismatch*: *A Multiple Equilibrium Model* [J]. Journal of Finance and Economics, 2010.

[82] Sims C A. *Macroeconomics and Reality* [J]. Econometrica: Journal of the Econometric Society, 1980: 1-48.

[83] Swanson, Peggy E. *The International Transmission of Interest Rates*: *A Note on Causal Relationships between Short-Term External and Domestic U. S. Dollar Returns* [J]. Journal of Banking & Finance, 2006, 12 (4): 563-573.

[84] Tobal Martín. *Currency Mismatch in the Banking Sector in Latin America and the Caribbean* [D]. Working Papers, 2017, 14 (1).

[85] Tobal M. *Currency Mismatch*: *New Database and Indicators for Latin America and the Caribbean* [R]. Centro de Estudios Monetarios Latinoamericanos, CEMLA, 2013.

[86] Tornell S A. *Balance Sheet Effects*, *Bailout Guarantees and Financial Crises* [J]. Review of Economic Studies, 2004, 71 (3): 883-913.

[87] Triffin Robert. *Gold and the Dollar Crisis* [J]. Challenge, 1960, 9 (2): 40-43.

[88] Waiwah Cheung D, Wansing Hung B. *The International Transmission of US*, *Eurodollar and Asian Dollar Interest Rates*: *Some Empirical Evidence* [J]. Pacific-Basin Finance Journal, 1998, 6 (1-2): 77-86.

[89] Wang J, Yang M. *Asymmetric Volatility in the Foreign Exchange Markets* [J]. Journal of International Financial Markets Institutions & Money, 2009, 19 (4): 597-615.

［90］ Watanabe，T. *A Multi-move Sampler for Estimating Non-Gaussian Time Series Models：Comments on Shephard & Pitt*（1997）［J］. Biometrika，2004，91（1）：246－248.

［91］ Yang J，Shin J，Khan M. *Causal Linkages between US and Eurodollar Interest Rates：Further Evidence*［J］. Applied Economics，2007，39（2）：135－144.

［92］ Ye M，Hutson E，Muckley C. *Exchange Rate Regimes and Foreign Exchange Exposure：The Case of Emerging Market Firms*［J］. Emerging Markets Review，2014（21）：156－182.

［93］ 卜林，刘淇．境内外人民币利率联动关系研究——基于非线性Granger因果关系检验［J］．南开经济研究，2018（04）：53－66.

［94］ 蔡彤娟．中国货币错配问题的实证研究［J］．中国经济问题，2010（04）：59－66.

［95］ 曾之明，岳意定．人民币离岸金融中心发展模式及策略选择［J］．中南财经政法大学学报，2010（01）：56－61.

［96］ 陈昊，陈平．离岸与在岸人民币利率定价权的实证分析——基于溢出指数及其动态路径研究［J］．国际金融研究，2016（06）：86－96.

［97］ 陈华，刘春紫．“一带一路”背景下人民币国际化的秩序与路径［J］．上海企业，2015（11）：66－69.

［98］ 陈建奇．破解“特里芬”难题——主权信用货币充当国际储备的稳定性［J］．经济研究，2012（04）：113－123.

［99］ 陈九生，周孝华．境内外人民币利率风险溢出度量研究——基于MSV－COVAR模型的实证分析［J］．系统工程，2017（11）：48－57.

［100］ 陈晓莉．本币升值冲击与银行业危机：一个基于不对称信息的分析框架［J］．世界经济，2006（07）：36－45＋95.

［101］ 程立燕，李金凯．香港人民币离岸市场发展对在岸外汇市场的动态冲击效应——基于TVP－VAR模型的实证检验［J］．国际商务（对外经济贸易大学学报），2019（02）：130－142.

［102］ 单宏，孙树强．人民币国际化纾解货币错配［J］．中国金融，2015（10）：55－56.

［103］杜秀红．中国与其他金砖国家多边贸易成本测算：1995—2014年［J］．现代管理科学，2016（04）：42－44.

［104］冯永琦．香港人民币离岸市场形成与发展研究［D］．吉林大学，2012.

［105］高杰英，廉永辉．人民币外汇市场间溢出效应研究——基于VAR和DCC－MVGARCH模型［J］．四川大学学报（哲学社会科学版），2020（03）：138－147.

［106］高麟睿，王霞，李佳凝．人民币在中亚地区国际化的基础条件和途径：基于“一带一路”背景［J］．广西财经学院学报，2015（04）：60－67.

［107］葛海玲．在岸金融市场与文化软实力对伦敦人民币离岸市场发展影响的跨学科研究［D］．对外经济贸易大学，2017.

［108］谷亚光，谷牧青．推进人民币国际化的宏观选择［J］．当代经济研究，2015（01）：81－85.

［109］管晓明．人民币国际化稳步推进［J］．中国金融，2016（21）：36－37.

［110］郭明，李保林．人民币国际化的条件及路径选择［J］．郑州大学学报（哲学社会科学版），2016（01）：74－77.

［111］郭萍．货币错配——新兴市场国家汇率制度的选择困境［J］．工业技术经济，2010，29（09）：23－26.

［112］韩骏，朱淑珍．人民币国际化“升级”：由结算货币向投资货币推进［J］．人文杂志，2015（11）：41－48.

［113］韩玉军，王丽．“一带一路”推动人民币国际化进程［J］．国际贸易，2015（06）：42－47.

［114］贺力平，林娟．论外汇投资中的估值效应及其经济影响［J］．金融评论，2011（06）：33－48.

［115］黄西洋，方兆本．货币错配：理论分析、实证检验与中国的抉择［J］．财经问题研究，2009（09）：66－70.

［116］蒋序怀．人民币国际化的现实基石，主要障碍及推进路径［J］．中国流通经济，2015，29（03）：62－67.

［117］金祥义，张文菲．外汇风险暴露、货币错配与银行稳定性——来自银行微观数据的经验证明［J］．中南财经政法大学学报，2019（01）：147－156.

［118］李成刚，李峰，赵光辉．货币政策规则对国际资本流动与人民币汇率的时变影响——基于 TVP－SV－VAR 模型的实证检验［J］．中国管理科学，2020（10）：1－12.

［119］李锋．“一带一路”沿线国家的投资风险与应对策略［J］．中国流通经济，2016（02）：115－121.

［120］李辉，张驰，刘璟．境内外人民币利率联动关系研究——基于内地与香港同业拆放市场的实证分析［J］．商业研究，2018（09）：74－83.

［121］李杰辉．新形势下人民币国际化风险研究［J］．长沙理工大学学报（社会科学版），2016（02）：127－133.

［122］李雪莲，邓翔，刘万明．论中国债权型货币错配对通货膨胀的影响——基于 VAR 模型的实证分析［J］．经济学动态，2012（12）：76－82.

［123］李扬，余维彬．人民币汇率制度改革：回归有管理的浮动［J］．经济研究，2005（08）：24－31＋53.

［124］李扬．汇率制度改革必须高度关注货币错配风险［J］．财经理论与实践，2005（04）：2－5.

［125］李政，郝毅，袁瑾．在岸离岸人民币利率极端风险溢出研究［J］．统计研究，2018（02）：29－39.

［126］刘华，周为，蒋超．利率和汇率市场化改革是否会影响人民币离岸和在岸市场间的溢出效应？［J］．上海金融，2015（07）：66－74

［127］刘瑞，高峰．“一带一路”战略的区位路径选择与化解传统产业产能过剩［J］．社会科学研究，2016（01）：45－56.

［128］刘少波，贺庆春．中国货币错配程度及其影响因素——1986—2005 年中国货币错配的演变态势分析［J］．管理世界，2007（03）：32－41.

［129］刘亚，张曙东，许萍．境内外人民币利率联动效应研究——基

于离岸无本金交割利率互换［J］．金融研究，2009（10）：94－106.

［130］龙少波，陈璋，黄林．中国能源消耗与经济增长之间的关系再研究——基于线性与非线性Granger因果关系检验［J］．北京交通大学学报（社会科学版），2015（01）：36－44＋69.

［131］卢曾，邓强．人民币国际化的现状，挑战和对策［J］．宏观经济管理，2015（01）：56－58.

［132］鲁政委．中国货币错配问题值得关注［N］．第一财经日报，2015－06－04（A15）.

［133］马续补，刘玮，秦春秀．基于知识图谱的我国政策评估研究主体、知识基础、研究热点与演进分析［J］．现代情报，2019，39（03）：166－177.

［134］梅冬州，龚六堂．货币错配、汇率升值和经济波动［J］．数量经济技术经济研究，2011（06）：37－51.

［135］梅冬州，龚六堂．新兴市场经济国家的汇率制度选择［J］．经济研究，2011，46（11）：73－88.

［136］苗师玮．货币错配中的汇率风险问题研究综述［J］．管理现代化，2016，36（06）：124－126.

［137］潘越．基于非线性Granger因果检验的股市间联动关系研究［J］．数量经济技术经济研究，2008（09）：87－100.

［138］裴平，孙兆斌．中国的国际收支失衡与货币错配［J］．国际金融研究，2006（08）：66－72.

［139］羌建新．货币错配与汇率制度选择［M］．中国发展出版社，2014.

［140］乔依德，李蕊，葛佳飞．人民币国际化：离岸市场与在岸市场的互动［J］．国际经济评论，2014（02）：93－104.

［141］阙澄宇，马斌．在岸与离岸人民币利率溢出效应的实证研究［J］．财经问题研究，2016（12）：47－56.

［142］邵华明，侯臣．人民币国际化：现状与路径选择——以美元国际化历程为借鉴［J］．财经科学，2015（11）：23－33.

［143］石岩．美元本位下的货币错配［D］．吉林大学，2009.

［144］孙兆斌，张亮．货币错配、金融风险与中国的外汇储备管理［J］．经济前沿，2006（12）：40－44.

［145］汤凌霄．新兴大国货币错配的债权型特征［J］．管理世界，2011（11）：170－171.

［146］田泽，许东梅．我国对“一带一路”沿线国家的投资效率与对策［J］．经济纵横，2016（05）：84－89.

［147］王凯，庞震．时变参数视角下货币政策冲击对我国通货膨胀的影响研究［J］．管理现代化，2019，39（01）：8－12.

［148］王凯，庞震．我国房价上涨对居民消费的影响：财富效应还是挤出效应？［J］．华东经济管理，2019，33（04）：102－107.

［149］王凯，庞震．我国外汇储备减少的成因及有效管理策略研究［J］．经济纵横，2017（06）：75－81.

［150］王三兴，陈帅．外汇储备、人民币汇率与货币错配：基于SSM的实证分析［J］．国际贸易问题，2012（08）：157－167.

［151］王嵩青，谢国梁，郑光平．“一带一路”战略背景下人民币跨境使用研究——基于四大自贸区与中哈合作中心跨境人民币政策的分析［J］．金融发展评论，2016（03）：63－72.

［152］王素琴．发展中国家货币错配与货币政策的有效性［J］．江汉论坛，2008（06）：58－61.

［153］王晓雷，刘昊虹．跨境贸易人民币结算失衡，外汇储备膨胀与人民币国际化路径选择［J］．国际金融，2012（06）：20－27.

［154］王永茂，卓星．基于债权型货币错配视角探寻人民币国际化路径［J］．湖北社会科学，2013（07）：74－77.

［155］王远林．中国股票市场股利、股价之间非线性Granger因果关系的实证研究［J］．预测，2014，33（01）：45－49.

［156］王中昭．汇率与货币错配协动性关系及机理探析［J］．国际金融研究，2010（05）：30－39.

［157］翁东玲．国际货币体系改革进程中的人民币国际化［J］．亚太经济，2016（06）：30－37.

［158］翁东玲．人民币国际化的三大转变及其发展策略［J］．亚太经

济，2020（05）：25 - 34 + 149.

[159] 吴丽华，奉艳红，江蓝微．在岸与离岸人民币汇率价差的影响因素研究［J］．亚太经济，2018（05）：38 - 48 + 150.

[160] 夏建伟，曹广喜．我国货币错配问题探讨［J］．财贸研究，2006（03）：71 - 76.

[161] 夏建伟．货币错配对我国宏观经济的影响研究［J］．求实，2009（04）：47 - 50.

[162] 夏建伟．新兴市场货币错配的成因、影响及控制［D］．河海大学，2007.

[163] 项后军，吴丹婷，汤烨斐．货币错配与货币政策有效性——以中国为例的实证分析［J］．中央财经大学学报，2016（09）：48 - 56.

[164] 邢雅菲．国际金融市场波动与离在岸人民币汇差的动态相关性研究［J］．财贸研究，2017，28（03）：50 - 62.

[165] 徐涛，崔静宜．债权型货币错配下的货币政策困境分析［J］．山东大学学报（哲学社会科学版），2014（01）：81 - 87.

[166] 许祥云，朱钧钧，郭朋．国际金融市场动荡和人民币 NDF 汇率的动态关系分析［J］．国际金融研究，2013（06）：67 - 77.

[167] 闫力，孙勇．美元，日元和马克国际化对人民币国际化的启示［J］．经济研究参考，2015（54）：27 - 28.

[168] 杨子晖，赵永亮，柳建华．CPI 与 PPI 传导机制的非线性研究：正向传导还是反向倒逼？［J］．经济研究，2013，48（03）：83 - 95.

[169] 杨子晖．“经济增长”与“二氧化碳排放”关系的非线性研究：基于发展中国家的非线性 Granger 因果检验［J］．世界经济，2010，33（10）：139 - 160.

[170] 叶冠世．人民币汇率制度改革的有效性研究［D］．东北师范大学，2018.

[171] 印重．金融稳定、通货膨胀与经济增长［D］．吉林大学，2014.

[172] 于孝建，菅映茜．人民币隔夜利率互换境内外市场联动效应研究［J］．上海经济研究，2011（10）：67 - 76.

［173］余向荣，梁红．揭秘中国 3 万亿美元外汇储备是如何配置的?［R］．中金公司，2017.

［174］袁佳，魏磊．后危机时代中国经常项目变动趋势分析［J］．世界经济研究，2014（08）：22－27＋34＋87.

［175］张德进，李金良．汇率波动背景下商业银行货币错配的风险及应对措施［J］．金融理论与实践，2014（03）：59－64.

［176］张杰平，刘晓光．价格结构性上涨：货币、物价和房价［J］．经济评论，2016（06）：55－69.

［177］张礼卿．人民币国际化面临的挑战与对策［J］．金融论坛，2016（03）：3－8.

［178］张明．人民币国际化的最新进展与争论［J］．经济学动态，2011（12）：42－47.

［179］张瑞琪．近年来我国货币错配问题研究——实证分析和治理之道［J］．金融与经济，2015（07）：27－33.

［180］张生玲，魏晓博，张晶杰．“一带一路”战略下中国能源贸易与合作展望［J］．国际贸易，2015（08）：11－14.

［181］张喜玲，沈骏．境内外人民币货币市场利率联动效应实证分析［J］．上海金融，2015（12）：61－68.

［182］张雪鹿，杨宁．人民币国际化：内在逻辑、基本特征及政策建议［J］．新金融，2020（06）：53－57.

［183］郑永辉，蒋昭乙．金融深化和加工贸易转型升级的线性与非线性 Granger 分析［J］．世界经济与政治论坛，2015（02）：99－115.

［184］中国人民大学国际货币研究所．人民币国际化报告 2015：“一带一路”建设中的货币战略［M］．北京：中国人民大学出版社，2015

［185］周璞，李自然．基于非线性 Granger 因果检验的中国大陆和世界其他主要股票市场之间的信息溢出［J］．系统工程理论与实践，2012，32（03）：466－475.

［186］周五七．“一带一路”沿线直接投资分布与挑战应对［J］．改革，2015（08）：39－47.

［187］周先平，李标，邹万鹏．境内外银行间人民币同业拆借利率的

联动关系研究［J］．国际金融研究，2014（08）：69－77.

［188］朱超．货币错配：一种新的测度模型［J］．数量经济技术经济研究，2008（01）：85－96.

［189］朱孟楠，张雪鹿．境内外人民币汇率差异的原因研究［J］．国际金融研究，2015（05）：87－96.

［190］祝恩扬．基于货币错配视角的新兴市场货币危机研究［D］．大连理工大学，2013.

［191］宗良，席凯悦．人民币国际债券发展的特征、前景与策略［J］．国际金融，2016（05）：6－10.